Ulla Fröhling
Leben zwischen den Geschlechtern

Ulla Fröhling

Leben zwischen den Geschlechtern

Intersexualität –
Erfahrungen in einem
Tabubereich

Ch. Links Verlag, Berlin

Für Marieke, Katharina, Tom und die anderen

Die **Deutsche Bibliothek** verzeichnet diese Publikation
in der Deutschen Nationalbibliographie;
detaillierte bibliographische Daten sind im Internet
über http://dnb.ddb.de abrufbar.

1. Auflage, November 2003
© Christoph Links Verlag – LinksDruck GmbH
Schönhauser Allee 36, 10435 Berlin, Tel.: (030) 44 02 32-0
www.linksverlag.de; mail@linksverlag.de
Umschlaggestaltung: KahaneDesign, Berlin
Lektorat: Heike Olbrich, Andernach
Satz: Ch. Links Verlag, Berlin
Druck und Bindung: Friedrich Pustet, Regensburg

ISBN 3-86153-290-5

Inhalt

Kinder

Ein mögliches Modell: Patenschaften

Anhang

Zora hatte eine Androgenresistenz. Ihr Körper war blind für männliche Hormone. Obwohl sie wie ich XY war, hatte sie sich weiblich entwickelt.

[...]

»Eine Frage habe ich«, sagte ich eines Tages zu Zora. »Warum hast du es überhaupt erzählt?«

»Was meinst du damit?«

»Sieh dich doch an. Keiner würde es merken.«

»Ich möchte, daß die Leute es wissen, Cal.«

»Und warum?«

Zora schlug ihre langen Beine unter sich. Ihre Feenaugen, paisleyförmig, blickten blau und eisig in mich hinein, und sie sagte: »Weil wir das sind, was als nächstes kommt.«

aus: Jeffrey Eugenides: Middlesex.
Reinbek 2003, S. 677–681.

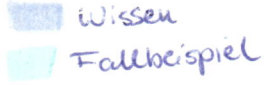 Wissen
Fallbeispiel

Vorwort

Sie stehen an der Schwelle zu einem Tabuthema. Wenn Sie die Schwelle zu diesem Buch überschreiten, tun Sie es mit Respekt. Die Menschen, denen Sie hier begegnen, beweisen großen Mut, wenn sie aus ihrem Leben berichten. Intersexualität ist eines der letzten Tabus. Lange nachdem sich andere ausgegrenzte Gruppen – Schwule und Lesben, vergewaltigte Frauen und Kinder, Menschen mit Behinderungen – geoutet und in Selbsthilfegruppen zusammengeschlossen haben, trauen sich Intersexuelle allmählich an die Öffentlichkeit. Homosexuelle werden heute als normale Mitbürger gesehen, ihre kulturellen Leistungen geschätzt. Und das ist auch gut so – was immer Päpste oder Kirchen dazu meinen. Diesen Weg haben Intersexuelle noch vor sich.

Intersexuelle, Hermaphroditen oder Zwitter sind Menschen, die nach medizinischen Normen nicht in die Zwei-Klassen-Gesellschaft Mensch passen: 1. Klasse für Männer, 2. Klasse für Frauen. Die Klasseneinteilung bei U- und S-Bahnen ist abgeschafft. Bei Menschen leider noch nicht.

Vor vielen Jahren saß mir in der S-Bahn ein junger Mensch gegenüber, den ich nicht einordnen konnte. War es Mann oder Frau? Es war kein Transvestit, dem man die Lust an gegengeschlechtlicher Verkleidung schnell ansieht. Es war kein Mann-zu-Frau-Transsexueller: kein erwachsener Mann mit männlichem Körperbau, der mit Kleidung und Hormonen, eventuell auch mit Operationen versuchte, zierliche Weiblichkeit zu imitieren. Diese Person *war* zierlich. Es war auch keine Frau-zu-Mann-Transsexuelle, die Weiblichkeit ablegen und nur Mann sein wollte. Mein Gegenüber hatte zwar eher männliche Gesichtszüge, aber fast keinen Bartschatten, trug neutrale Kleidung, Jeans, ein kariertes Hemd, unter dem sich sehr schwach Brüste abzeichneten. Nur die Unauffälligkeit war auffällig. Keinerlei Koketterie oder Provokation. Selbstverständlich. Ich war irritiert. Vor allem, weil ich so irritiert war. Ich wollte mein Gegenüber weder heiraten noch sonst in irgendeine Beziehung zu ihm treten. Warum also wollte ich wissen, wer oder was er war? Brachte er meine gut sortierte Welt durcheinander, die es mir ermöglichte, Menschen mit einem Blick in Kästchen zu packen und keinen Gedanken

mehr an sie zu verlieren? Es war nicht nur eine intellektuelle Irritation. Ich spürte ein Gefühl, das ich fast archaisch nennen möchte. Fühlte ich mich bedroht? Wohl kaum, mein Gegenüber las eine Zeitung (keine Frauenzeitung) und kümmerte sich nicht um mich.

Als ich vor drei Jahren begann, zum Bereich Intersexualität zu recherchieren, fiel mir diese Begegnung wieder ein. Würde sich die Irritation wiederholen? Sie tat es nicht. Vielleicht, weil ich jetzt offene Gespräche haben konnte mit intersexuellen Menschen. Das Tabu war verschwunden. Gemeinsam dachten wir nach über Männliches und Weibliches in ihnen, in uns.

Meine Gesprächspartner leben in sehr verschiedenen Regionen Deutschlands. Sie sind Single, geschieden, verheiratet oder verwitwet. Ich sprach mit erwachsenen Intersexuellen, mit Eltern intersexueller Kinder und mit diesen Kindern. Einige Kontakte entstanden durch Vermittlung der Selbsthilfegruppen. Andere Gesprächspartner hatten bisher kaum jemandem ihre Besonderheit anvertraut. Überzeugt, daß Intersexualität häufiger ist als bisher vermutet, wollte ich auch in meiner Nähe betroffene Menschen finden. So lernte ich die Familie Warncke kennen, es sind Bekannte von Bekannten. So fand ich Rainer Haller, er war die Schulkameradin einer Kollegin. Chris Hausendorf kenne ich seit 20 Jahren. Einige, wie Ernst Bilke, haben den Mut, mit ihrem richtigen Namen zu erscheinen. Indem sie sichtbar werden, tragen sie zu einer Veränderung unserer Einstellung bei.

Ergänzend kamen Interviews hinzu mit Fachpersonen aus den Bereichen Medizin, Therapie, Traumatologie, Endokrinologie und Sexualwissenschaften. Keiner dieser Interviewten tat, als wüßte er oder sie die Wahrheit. Die Interviews mit Fachpersonen sind ebenfalls als Begegnungen geschrieben, die ein wenig vom jeweiligen Gegenüber aufscheinen lassen. Und von deren eigenen Fragen und Unsicherheiten. Das geschah im Einverständnis mit ihnen. Mir war es wichtig, weil alle, die sich zu diesem Thema äußern, auch persönlich Farbe bekennen sollten. Niemand sollte sich verstecken bei der Gretchenfrage: Wie hältst du's mit den Geschlechtergrenzen?

Ich habe meine intersexuellen Gesprächspartner und Gesprächspartnerinnen immer gefragt, wie sie angesprochen werden wollen. Natürlich sind ihnen die sprachlichen Grenzen sehr bewußt. Wir konnten sie nicht sprengen. Um die Grenzen bewußtzuma-

chen, wechselt im Verlaufe des Buches hin und wieder ein »sie« zu einem »er«. Diese Irritation ist gewollt, sie kann die existierenden Grenzen nicht auflösen, aber vielleicht problematisieren.

Manche Fragen waren voller Vorurteile. Ich habe das nicht verborgen, denn es sind gesellschaftliche Vorurteile. Als Erika Kasal* mir erzählte, daß ihr in der Pubertät ein Penis wuchs, fragte ich, ob das erschreckend gewesen sei. Psychologen nennen dieses Verhalten Projektion. Mein eigenes Erschrecken darüber, daß so etwas passieren kann, versuchte ich unbewußt, Erika zu unterstellen. Ihre Antwort war klar: Nein, nicht erschreckend, sondern interessant sei das gewesen. »Jetzt werde ich also ein Junge«, hatte sie damals gedacht. In meinem Erschrecken steckt das Erschrecken der sogenannten normalen Gesellschaft. Alles, was anders ist, bedroht die bestehende Ordnung, und nicht selten löst es Angst, Ablehnung, Intoleranz aus. Manchmal auch Aggression.

Ziel dieses Buches ist nicht, Leid und Elend auszubreiten. Es will mit Menschen bekannt machen, die eine medizinische Zurichtung sondergleichen überlebt haben. Aber auch mit solchen, die ihre chirurgischen Veränderungen zufriedenstellend finden. Und mit anderen, die diesem Schicksal entgangen sind, weil sie hindurchschlüpften durch die Maschen der Medizin.

Meine Vorstellungen von Geschlecht, von Mann und Frau und den Grenzen zwischen ihnen veränderten sich im Laufe meiner Gespräche nachhaltig. Die Grenzen wurden fließender. Ich nehme die Geschlechter nicht als zwei Extreme wahr, sondern als ein Kontinuum. Viele Zwischenformen sind möglich. Das erscheint mir als eine tröstliche Version, anders als die uralte feindliche Variante, in der Mann und Frau Gegner sind und es über Jahrtausende darum ging zu beweisen, daß Frau die unterlegene Ausgabe Mensch ist.

Damit will ich keineswegs die sich entwickelnde eigene Position intersexueller Menschen schmälern. Manche, die ich kennenlernte, nehmen sich wahr als etwas andere Frauen oder Männer. Einige aber sehen sich als ein Drittes, grundsätzlich anders als Frau oder Mann. Diese Position erfordert Mut, denn es gibt kei-

---

* Die Texte in diesem Buch basieren auf Interviews mit Fachleuten und Gesprächen mit Betroffenen. Die Namen einiger Betroffener sowie persönliche Details, durch die sie identifizierbar wären, wurden auf ihren Wunsch geändert. Sie sind bei der ersten Nennung mit einem * gekennzeichnet.

nerlei gesellschaftliche Vorbilder, jedenfalls nicht bei uns. Was man aus anderen Gesellschaften weiß, aus Indien, Indonesien, von amerikanischen Indianern zum Beispiel, ist oft nur anekdotisch. Hermaphroditen seien als Schamanen geehrt, als Weise geachtet worden, sie stellten eine besondere Kaste da. Doch wenig ist bekannt über ihr Lebensgefühl in diesen Rollen. Sie sind hervorgehoben, aber sind sie zufrieden?

Dieses Buch ist ressourcenorientiert: Es will die Stärken, die Individualität, die Vielfalt dieser Menschen sichtbar machen. Es will betroffenen Familien mögliche Wege weisen. Es will etwas Verwegenes versuchen: Vorbilder zeigen für Menschen, die einen Teil ihres Lebens geglaubt haben, sie wären ganz allein auf der Welt, ein »Monstrum«, das in früherer Zeit auf Jahrmärkten zur Schau gestellt worden wäre. Es will die Idee denkbar machen, daß intersexuellen Menschen ein Raum in dieser Gesellschaft zusteht. Nicht nur als Mitmenschen, nicht *obwohl* sie sind, wie sie sind. Sondern gerade *weil* sie so sind. Wegen des Wertes ihrer Eigenart und ihrer Kreativität für uns alle.

Hamburg, im Oktober 2003   Ulla Fröhling

Intersexuelle – Die Dritten im Bunde

Weltweit gibt es und zu allen Zeiten gab es Intersexuelle: Menschen, die bei ihrer Geburt die Hebamme in Verwirrung bringen, weil sie auf die allererste Frage »Was ist es denn?« nur antworten kann: »Es ist ein gesundes Kind.« Ob Junge oder Mädchen, weiß sie nicht so recht. Jedes 1000. bis 2000. Neugeborene, so schätzen selbst vorsichtige Experten, zeigt sich diesem ersten Blick weder als eindeutig weiblich noch als zweifellos männlich. Bei einer weiteren Gruppe, vielleicht sind es ebenso viele, ruft die Hebamme ohne jedes Zögern: »Es ist ein Mädchen!« Doch diese Gewißheit hält nur etwa bis zur Pubertät an. Dann setzen Veränderungen ein, mit denen kaum jemand gerechnet hätte: Manche Mädchen entwickeln sich nicht zu Frauen weiter, andere scheinen sich in Jungen zu verwandeln. Plötzlich steht das ganze Leben für diese Kinder und Jugendlichen in Frage.

Vor 2000 Jahren tauchte der Sohn von Hermes und Aphrodite, schon damals eine Gestalt der Mythologie, in den *Metamorphosen* des Dichters Ovid[1] auf. Dem 15jährigen begegnete an einer Quelle die Nymphe Salmacis, die sich unsterblich in den Kleinen verliebte und die Götter um Verschmelzung mit ihm bat, »so daß sie weder Knabe noch Frau genannt werden konnten und wie keines oder wie beides schienen«. Hermaphroditus eben. Die Metamorphose, die Veränderung geschah in der Pubertät des Jungen, den Sexualität – zumal mit dieser aufdringlichen Nymphe – überhaupt noch nicht interessierte. Pubertät, eine verletzliche Phase des Übergangs, der Verwandlung. Dieser Mythos inspiriert seither die Phantasie von Dichtung, bildenden Künsten und – nicht zuletzt – Sexualwissenschaften. Ich vermute allerdings, daß die lüsterne Nymphe Salmacis nie existiert hat; Aphrodite und Hermes erfanden sie, um zu verbergen, was wirklich geschehen war. Verschiedenen Quellen zufolge waren die beiden nämlich Kinder desselben Vaters: Uranus. Aphrodite ist die Göttin der Liebe, genannt »die Schaumgeborene«, – dieser Schaum bildete sich übrigens um das abgeschnittene Geschlechtsteil von Uranus, das auf den Wellen des Meeres trieb; so dicht liegen Liebe und Haß, Zerstörung und Geburt beieinander. Vater Uranus muß diesen beiden Kindern wohl im Chromosomensatz seines Erbguts ein besonderes Gen mitgegeben haben. Ein Gen mit einer Macke. Dieses Gen war rezessiv vererblich, das heißt, es konnte seinen speziellen Auftrag nur erfüllen, wenn es bei der Zeugung auf ein gleiches Gen traf. Dann aber schuf es ein Wesen, das weder Mann noch Frau und wie keines oder wie beides schien. Und da bot eine Geschwisterliebe wie die von Hermes und Aphrodite natürlich optimale Bedingungen. Hermaphrodit – das ist der Beweis – trug seinen Namen von Geburt an, nicht erst seit der Pubertät, als die Verwandlung begann und sichtbar wurde, was sonst noch alles in ihm steckte.

Geschwisterliebe als Transporteur eines mutierten Gens ist auch die Quelle, der Ursprung von Calliope/Cal Stephanides. Calliope ist Heldin – und Held – im mitreißenden Romanepos *Middlesex* des griechisch-amerikanischen Autors Jeffrey Eugenides.[2] Ihr besonderes Gen sitzt auf dem Chromosom Nr. 5, Mediziner katalogisieren Calliope als 5-alpha-Reduktase-Pseudohermaphroditen.* Sie aber widersetzt sich allen Normierungsversuchen und wird in der Pubertät zum Beinahe-Jungen Cal.

In den Jahrtausenden zwischen diesen beiden Dichtungen gab es viele Mythen, aber auch viele Berichte über reale Hermaphroditen. Jeanne d'Arc, heißt es, hätte XY-Chromosomen gehabt, sei also genetisch männlich gewesen, doch ihre Körperzellen hätten nicht auf Androgene reagieren und daher keine Männlichkeit produzieren können. Lebte sie heute, dann wäre sie vielleicht Mitglied der Selbsthilfegruppe *XY-Frauen* – statt Krieg gegen England zu führen. Auch der Amerikanerin Wallis Simpson – König Edward VIII. zog sie dem britischen Thron vor – wird diese Androgenresistenz (AIS) nachgesagt. Manchen Schauspielerinnen, Sportlerinnen und Models ebenfalls. Abwegig ist das nicht, denn eine erstaunliche Folge dieser speziellen Genveränderung ist perfekte Weiblichkeit – äußerlich jedenfalls: schlanke, großgewachsene Frauen mit dichten, kräftigen Haaren, wunderbar reiner Haut und schönen Brüsten. Geradezu liebevoll singt die amerikanische Wissenschaftsjournalistin Natalie Angier in ihrem Buch *Frau*[3] eine Hymne auf die AIS-Frauen und fegt dabei reihenweise Vorurteile über Bord, wie oder was Frau sei.

* Alle Fachbegriffe sind im Glossar erklärt (siehe Anhang).

Der Schein trügt also: Männliche Chromosomen produzieren nicht immer männliche Körper. Weibliche Körper können männliche innere Geschlechtsorgane beherbergen. Oder ein wenig von beiden. In unterschiedlichen Mischungen. Geschlecht ist nicht gleich Identität. Sexualität ergibt sich nicht automatisch aus dem Geschlecht. Weibliche Erziehung ist kein Garant für Weiblichkeit. Sogenannte geschlechtsanpassende Operationen an intersexuellen Kindern sind es ebenfalls nicht.

Dieser kurze Überblick soll eines zeigen: daß es *den* Intersexuellen nicht gibt. Eine Vielzahl von Ursachen kann dazu führen, daß das körperliche Geschlecht eines Menschen sich nicht in die Richtung entwickelt, die seine genetische Ausstattung oder die seiner Keimdrüsen vermuten lassen. Die Entwicklungen sind unterschiedlich, die Auswirkungen auch. Die Lebenswege ebenfalls. Die Traumatisierungen durch medizinische Einstellungen, Ein- und Übergriffe allerdings ähneln sich oft.

Oberflächlich betrachtet, führen die meisten Intersexuellen ein ganz normales Leben. 80 000 bis 100 000 Intersexuelle, vielleicht noch mehr, leben in der Bundesrepublik. Wahrscheinlich ist Ihnen schon jemand begegnet oder wohnt vielleicht in Ihrer Nähe, ohne daß Sie es wissen, möglicherweise Ihre Anwältin, Ihr Hauswirt, das schlanke junge Mädchen, das morgens durch Ihre Straße joggt. Die meisten verbergen ihre Besonderheit und sprechen kaum darüber. Vielleicht auch nie. Sie würden sie nicht erkennen. Viele von ihnen haben erlebt, daß sich unser Sozialverhalten manchmal nicht besonders weit von dem unzivilisierterer Tiere, etwa der Hühner, entfernt hat. Ohne viel Federlesens picken die reinweißen Hühner ein blau gefärbtes Huhn tot. Warum? Weil es anders ist. Natürlich muß man hier die Frage stellen, wer das Huhn blau gefärbt hat. Und warum. Aber das Andere kann auch schön sein: Die Mutter eines intersexuellen Kindes machte mich darauf aufmerksam, daß wir alle uns über ein vierblättriges Kleeblatt freuen, das doch auch eine Laune der Natur ist; normaler Klee hat nur drei Blätter.[4]

Einige seriöse Fernsehdokumentationen zu Intersexualität wurden in den letzten Jahren produziert.[5] Aber es gab auch das eine oder andere TV-Team, das – auf der Suche nach blauen Hühnern – enttäuscht von hinnen zog, weil ihnen die Intersexuellen, die sie kennenlernten, irgendwie zu normal erschienen oder nicht so schillernd, erregend, wie sie es sich vorgestellt hatten.

[Randnotiz:]
– Überleitung Biologisch
– traumatisierend
– geheim haltend
– TV Dokumentation

Schwarze Medizin

Die meisten Intersexuellen verbergen diesen Aspekt ihrer Person, weil Ärzte ihnen einschärften, ihre anatomischen Eigenheiten geheimzuhalten, um nicht im sozialen Abseits zu landen. Die Tabuisierung war so dogmatisch, so einschneidend, daß viele sich kaum gestatteten, über sich selbst nachzudenken. Einige wurden im Laufe ihres Lebens so tief beschämt und gedemütigt, daß sie sich weit in sich selbst zurückzogen. Oder sich das Leben nahmen. Es ist journalistische Pflicht, über Methoden dieser schwarzen Medizin zu informieren. Wie auch berichtet werden muß, daß fortschrittliche Mediziner sich heute davon distanzieren. Doch auch sie gestehen ein, daß manche Kollegen noch vorgehen wie in früheren Jahrzehnten.

Geschlechtliche Identität – ein soziales Konstrukt?

Dieses Buch stellt mehr Fragen, als es Antworten geben kann. Daß diese Fragen endlich gestellt werden, verdanken wir intersexuellen Menschen, die seit Mitte der neunziger Jahre zuerst in den USA, dann in Großbritannien und nun auch in Deutschland auf ihre Situation aufmerksam machen. Eine Antwort immerhin steht fest: Die Medizin hat sich an Intersexuellen über lange Zeit hinweg schuldig gemacht. Nicht nur in Deutschland, aber gerade in Deutschland hat die Medizin eine schwarze Tradition, die auf nationalsozialistischem Denken fußt. Nur wenige führende Ärzte der Nazizeit praktizierten nicht mehr nach 1945; manche über[...] [...]eneration und prägten [...] so kann ich mir einige [...], die in diesem Buch ge[...]

[...] sehen, als sei das »Pro[...]che Anpassung zur Aus[...]: Die Annahme, daß die [...]n soziales Konstrukt ist, [...]urch. Die Frauenbewe[...]nicht geboren, zur Frau [...]auvoir – nicht ganz kor[...]ieses, Erziehung könnte [...]en Jungen machen. Und [...]ie technischen Möglich-

[Handschriftliche Notizen auf gelbem Zettel:]

Schwarze Medizin
- Tabuisierung durch die Ärzte
  └ Folge: psychische Probleme
         Suizid
- Intersexualität kommt zur Sprache
- sechziger Jahre: „Problem der Zwitter gelöst"
→ chirurgische Anpassung
→ Zitat
  └ biologischen Mädchen könnte auch ein Junge werden ☞
- LEICHTER aus einem int. Kind ein Mädchen zu machen
  └ chirurgische Vorgabe durch Erziehung „Mädchen" unterstützt
  └ nach soziologischen Erkenntnissen müsste die Identität Mädchen entstehen

keiten der Mikrochirurgie kontinuierlich verfeinert, aber immer noch galt es als leichter, aus einem intersexuellen Kind ein Mädchen zu konstruieren als einen Jungen. Wenn also die chirurgische Vorgabe »Mädchen« durch Erziehung unterstützt würde, müßte dann nicht soziologischen Erkenntnissen folgend auch die Identität »Mädchen« entstehen? Und die Sache wäre geritzt.

Das Menschenexperiment

Das Experiment, das den Beweis erbringen sollte, bahnte sich an: Am 27. April 1966 sollte in einer Kinderklinik im kanadischen Winnipeg an den eineiigen Zwillingsbabys Bruce und Brian Reimer eine Vorhautbeschneidung durchgeführt werden. Bruce war der erste. Durch technisches oder ärztliches Versagen wurde sein Penis vollkommen verbrannt (kein einmaliger Fall!). Diese Katastrophe beschädigte nicht nur einen gesunden kleinen Körper, sondern die seelische Gesundheit der gesamten Familie Reimer. (Den anderen Zwilling, Brian, nahmen die Eltern natürlich unbeschnitten wieder mit nach Hause.) Bruce war ein Junge mit XY-Chromosomen, ein gesundes, ganz »normales« Baby, kein intersexuelles Kind. Dennoch prägte die weitere Entwicklung seiner Geschichte den Umgang mit intersexuellen Kindern in aller Welt über Jahrzehnte hin. Wegen dieser Folgen wird der Fall hier ausführlich dargestellt.

Zehn Monate nach dem Unfall sahen die unglücklichen Eltern von Bruce und Brian in einer Fernseh-Talkshow den bekannten Sexualforscher Dr. John Money vom Johns Hopkins Hospital in Baltimore. Er sprach über operative Geschlechtsumwandlungen an Transsexuellen. Transsexuelle sind Menschen mit biologisch eindeutigen Körpern und der Überzeugung, eine gegengeschlechtliche Identität zu besitzen. Viele streben eine operative Geschlechtsumwandlung an. Auf derartige Operationen hatte sich das Johns Hopkins Hospital spezialisiert. Money stellte in der Talkshow eine Mann-zu-Frau-Transsexuelle v[...] zeugendes Bild modischer Sechziger-Jahre-Weiblic[...] der Diskussion äußerte Money, »das Geschlecht, [...] geboren wurden, spiele keine Rolle. Man konnte [...] eines Babys umwandeln.«[6] Diese Botschaft erre[...] von Bruce, endlich sahen sie einen Hoffnungssc[...] Zukunft ihres Sohnes und nahmen Kontakt mit [...] Dieser befürwortete eine Geschlechtsumwandlur[...]

hätte aber bald zu geschehen, mahnte er, innerhalb der ersten zweieinhalb Lebensjahre. Danach »sei die psychosexuelle Orientierung des Kindes weniger leicht zu beeinflussen«, gibt der Journalist John Colapinto die Einstellung John Moneys wieder. In seiner sorgfältigen Dokumentation des Falles, *Der Junge, der als Mädchen aufwuchs,* fährt Colapinto fort: »War über das Geschlecht des Kindes erst einmal entschieden, durften Ärzte und Eltern die einmal getroffene Entscheidung keineswegs mehr in Frage stellen, weil sonst eine fatale Desorientierung des kindlichen Bewußtseins zu befürchten sei.«[7]

Ein Junge wird zum Mädchen

Am 3. Juli 1967 erhielt Bruce Reimer, der Junge ohne Penis, im Johns Hopkins Hospital eine Narkose, dann wurden ihm die Hoden und Samenleiter entfernt und aus der verbleibenden Hodenhaut eine Art äußere Vagina geformt. Als Brenda, das Mädchen, erwachte sie wieder. Brendas Eltern erhielten strikte Anweisungen, ihrem Kind niemals die Wahrheit zu sagen, um jegliche Zweifel im Entstehen zu ersticken. Ab 1972 publizierte John Money breit über diesen Fall, den er als Erfolg verbuchte. Die bisher gültige Theorie – die wichtigsten seelischen und körperlichen Unterschiede zwischen männlichem und weiblichem Geschlecht stünden im Moment der Zeugung genetisch fest – geriet ins Wanken. Das war Wasser auf die Mühlen der entstehenden Emanzipationsbewegung der Frauen. Moneys Schriften weisen Brenda als ein zufriedenes Mädchen mit lauter mädchenhaften Eigenschaften aus: Schüchternheit, Zurückhaltung, häufiges Lächeln. Die Vergleichsperson, der Zwillingsbruder Brian, entwickelte sich entsprechend dominant männlich. Für Money war Bruce/Brenda der Beweis, daß Weiblichkeit und Männlichkeit soziale Konstrukte sind.

Die Wahrheit sah anders aus: Brenda verbrachte eine unglückliche Jugend, blieb in der Schule weit hinter ihrem ...llingsbruder zurück, wurde weder von anderen Kin... sich selbst als Mädchen anerkannt und beendete ... 1980, als der Vater ihr endlich die Wahrheit ge... 1, mit 16 Jahren, nahm Bruce/Brenda den Namen ... es begann eine lange Kette von Operationen, mit ...tücke seiner körperlichen Männlichkeit zurückzu... e. Am 22. September 1990 heiratete er eine Frau.

- psychoseruelle Orienney
- chirurgischer Eyriff
- Schweigepflicht der Eltern
- unglückliche Jugend unangepasst
- keine akzeptanz als Mädchen (Selbst/Fremde)
- Wahrheit ?
- viele Omoperationen zum Mann

Der amerikanische Sexualwissenschaftler Milton Diamond hatte John Moneys Thesen von der Formbarkeit geschlechtlicher Identität wiederholt angegriffen. Weder in den sechziger, noch in den siebziger Jahren löste er damit Resonanz aus. Soziale Prägung, nicht biologische Determination, entsprach dem Zeitgeist. Selbst eine kritische Dokumentation der *BBC* über die Geschichte des unglücklichen Zwillings im Jahre 1980 blieb ohne Widerhall. Erst der Aufsatz über Bruce/Brenda, den Diamond zusammen mit dem Psychiater Keith Sigmundson verfaßte und 1997 veröffentlichte,[8] schlug ein wie eine Bombe. Der Zeitgeist hatte sich wieder einmal gewendet. (David Reimer war 31 Jahre alt.) »Sexuelle Identität laut Studie doch nicht beeinflußbar« titelte die *New York Times*. Natalie Angier, die den Artikel dazu geschrieben hatte, veröffentlichte zwei Jahre später ihr Buch über den weiblichen Körper. Biologie als prägende Kraft war zurückgekehrt.

Gibt es ein »wahres Geschlecht«?

Dieser Wandel in der Einstellung zu menschlichen Prägungen läßt ahnen, wie wechselhaft der Umgang mit Hermaphroditen in der Geschichte war. Oft reagierten die Anderen, die Nicht-Intersexuellen, mit Vorurteilen, sehr selten nur mit Respekt oder gar Verehrung, meist aber mit Verfolgung und Vernichtung. Im »dunklen« Mittelalter legte der Vater im Zweifelsfall bei der Taufe das überwiegende Geschlecht eines intersexuellen Kindes fest, eher fiel die Wahl auf das männliche, vielleicht aus Gründen der Erbfolge; als junge Erwachsene, vor der Eheschließung, konnten Hermaphroditen noch einmal die Seite wechseln. Auch das Preußische Recht erlaubte bis zum Jahre 1900 »Personen zweifelhaften Geschlechts«, im 18. Lebensjahr selbst zu entscheiden, »zu welchem Geschlechte sie sich halten wollen«.

Doch diese freie Entscheidung wurde beseitigt. Z[...] rungen gingen voraus: Die Medizin hatte das »wahr[...] entdeckt – zur Auswahl standen genau zwei –, u[...] konnte sein Bedürfnis nach Kontrolle und Verwalt[...] kes immer effektiver durchsetzen. »Nicht mehr da[...] entscheidet über das Geschlecht, zu dem es in rec[...] sozialer Hinsicht gehören will, sondern der Exper[...] welches Geschlecht die Natur für es ausgewählt hat[...]

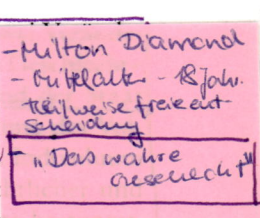

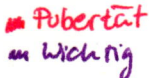

ches sich zu halten die Gesellschaft darum von ihm verlangen muß«,[9] schrieb der französische Soziologe und Philosoph Michel Foucault 1978 in seiner Studie über den Hermaphroditen Herculine Barbin. Herculine, Lehrerin in einer Klosterschule, wurde mit 22 Jahren nach eingehender Untersuchung juristisch zum Mann erklärt. Man meinte, ihr »wahres Geschlecht« erkannt zu haben: es sei das männliche. Ob sie einverstanden war, wurde nicht erfragt. Mit 29 Jahren schrieb sie ihre Autobiographie, im Jahr darauf, 1868, nahm sie sich das Leben.

Wäre Herculine nicht 1838, sondern 1968 geboren worden, dann hätten Ärzte bei ihrer Geburt vielleicht ein Adrenogenitales Syndrom an ihr entdeckt und als ihr »wahres Geschlecht« das weibliche diagnostiziert. Vielleicht aber hätte man sie als »männlichen Pseudo-Hermaphroditen« definiert, also überwiegend männlich, und dennoch beschlossen, das chirurgisch Machbare zu produzieren: eine Frau. Dann wäre ihre – nach medizinischen Kriterien – übergroße Klitoris amputiert, ihre Vagina verlängert oder künstlich angelegt worden, man hätte Hormonsubstitution und Schweigegebot verordnet. Beides lebenslang. Mit 29 Jahren, also 1997, zeitgleich mit Milton Diamonds Kritik an John Moneys Experiment, hätte sie vielleicht ihre Medikamente abgesetzt und beschlossen, von nun an als Mann zu leben. Dann wären ihm einige Barthaare gewachsen, und nach einer gewissen hormonellen Anpassungszeit wäre sein Leben weitergegangen. Oder eine andere Möglichkeit: die vielen medizinischen Untersuchungen und Operationen, vor allem aber der Verlust der Klitoris und damit ihrer Orgasmusfähigkeit, hätten sie so traumatisiert, daß sie sich nach Jahren von Depressionen und selbstverletzendem Verhalten das Leben genommen hätte.

Seit Mitte des 20. Jahrhunderts besteht die Gesellschaft also auf Anpassung. Und die Chirurgie führt sie durch. Nur sehr wenige Intersexuelle, die bei der Geburt erkannt wurden, entgingen dem Zwang zur Angleichung. In den meisten Fällen konstruierten die Chirurgen Mädchen, weil es »einfacher sei, ein Loch zu graben, als einen Pfahl zu errichten«.[10]

Fatale Folgen einer schwarzen Medizin

Die ärztlichen und chirurgischen Maßnahmen, die viele der heute erwachsenen Intersexuellen in ihrer Kindheit und Jugend im ganz normalen Medizinbetrieb erlebten, unterscheiden sich in nichts von schwerstem sexuellen Mißbrauch. Nein, das ist falsch: Sie unterscheiden sich dadurch, daß dieses menschenverachtende Verhalten den offiziellen, anerkannten Behandlungsmethoden entsprach. Wie manches im deutschen Medizinbetrieb der Nachkriegszeit hat auch dies seine Wurzeln im Nationalsozialismus. Einige Chirurgen waren noch von Nazikoryphäen ausgebildet worden. Das Tabu über die Taten wurde den Patienten auferlegt. Sie sollten schweigen. Aber die Ärzte sowie eilends herbeigeholte Kollegen und Studenten in Ausbildung durften nach Herzenslust schauen (habe ich *Herzenslust* geschrieben?), wenn ein intersexuelles Kind in der Klinik auftauchte. Sie durften sich darüber austauschen, publizieren, promovieren, sich habilitieren. So entdeckten sich einige erwachsene Intersexuelle nach Jahrzehnten wieder, als sie in medizinischen Fachbüchern blätterten. Plötzlich standen sie ihm gegenüber, dem kleinen Kind, das sie einmal waren, nackt vor einer Meßlatte, mit einem schwarzen Balken vor dem Gesicht, die Geschlechtsteile noch einmal extra in Großaufnahme. Daneben lasen sie die medizinischen Informationen über sich selbst, die man ihnen in der Kindheit und Jugend verweigert hatte. Dieser Umgang mit den Patienten und Patientinnen galt als optimale Behandlungsmethode.

«It's easier to make a hole than a pole.« Diese Behauptung ist nicht nur chauvinistisch, sondern hat sich auch als falsch erwiesen, wie Ute Thyen, Fachärztin der Kinder- und Jugendklinik am Universitätsklinikum Lübeck, bei der Veröffentlichung erster Forschungsergebnisse zur Lebensqualität intersexueller Menschen betonte.[11] Neue Studien zeigen, so Ute Thyen, daß fast alle Operationen, bei denen intersexuelle Kinder z.B. Neovaginen erhielten, das sind künstliche Scheiden, mehr als eine Folgeoperation erforderlich machten. Die Operationen an sich glichen oft sexueller Folter und hatten nicht das Geringste mit Verbesserungen der Lebensqualität zu tun. Einem Mädchen wurden große Hautteile von Rücken und Po abgelöst und zur Konstruktion einer Vagina verwendet. Während des schmerzhaften Heilungsprozesses der großen Rückenverletzungen wurde sie hängend gelagert – wie ein Brandopfer. Nur um eine Scheide zu konstruieren, mit der keinerlei körperliche Empfindungen für die geplante Frau verbunden waren als Schmerzen. Zumal man diesen Kindern oft die vergrößerte Klitoris amputierte, da sie den weiblichen Gesamteindruck störte. Der weibliche Gesamteindruck, das war die äußere

Erscheinung der Barbiepuppe: eine vollkommen geschlossene, sittsam verhüllende Scham. Im Gegensatz dazu die vollkommene Männlichkeit: der erigierte Penis, aggressiv vordrängend und sichtbar. Mann und Frau, so sollten sie sein.

Alle Betroffenen, mit denen ich sprach und die dem deutschen Medizinapparat ausgeliefert waren, mußten Behandlungen erleiden, die sexueller Gewalt ähnlicher sind als einer medizinisch notwendigen Behandlung auf der Basis des hippokratischen Eides. Hierzu zähle ich auch die ärztliche Neugier, die dazu führt, daß Mediziner ihre Machtpositionen ausnutzen und Patientinnen, die über Brustspannungen klagen oder ein Hormonrezept verlängert haben möchten, auf den gynäkologischen Stuhl zwingen, um auch mal schauen zu können, »wie so etwas aussieht«. Das ist Machtmißbrauch und sexueller Mißbrauch zugleich. So ein Verhalten basiert auf einer Tradition, in der Ärzte einen höheren Wert haben als Patienten, die Menschen betrachtet wie Dinge und von »Patientengut« spricht, als handle es sich um »Leergut«. Manche Mediziner gaben in den Interviews Einblicke in diese Praktiken ihrer Ausbildung. Sie versuchten, sich deutlich davon zu distanzieren, vielfach glaubwürdig.

Allmählich beginnt sich die Einstellung zu ändern. Das Bemühen, Veränderungen in der Pädiatrie, der Kinderheilkunde, darzustellen, ist nicht zu überhören. Andererseits ist es erschreckend, daß die Wahrnehmung der Ärzte erst durch den Protest der intersexuellen Menschen geschärft wurde. Und daß Einsicht und Veränderung nicht ohne Kampf erreicht werden. Amerikanische Patientenverbände haben durchgesetzt, daß die Gefühle der Patientinnen und Patienten selbst im ärztlichen Handeln eine Rolle spielen. Der Arzt ist nicht mehr der Halbgott in Weiß, der unhinterfragt über die Geschicke von Menschen befindet und entscheidet, was die Patientin wissen darf und was nicht.

Sprache: Verständigen, ohne zu verletzen

Dieses Buch macht den Versuch, über ein Tabuthema zu sprechen, ohne zu verletzen. Das gelingt sicher nicht immer. Die Wörter, die uns zur Verfügung stehen, sind dürftig. Die deutsche Sprache ist voller Vorurteile. Sie sortiert strenger nach Geschlechtern als andere Sprachen. Sie kennt nur den Patienten oder die Patientin und kann nicht, wie das Englische, beide zusammenfassen – the patient. Besonders in den siebziger und achtziger Jahren wurde kritisiert, daß die deutsche Sprache meist die männliche Form wählt – der Patient –, um Männer und Frauen gemeinsam zu benennen. Dies führt dazu, daß im öffentlichen Bewußtsein eher Männer als Frauen vorkommen. Es gab Versuche, das zu verändern. Stets beides zu benennen – Patientinnen und Patienten –, war zwar ein Versuch in Fairneß, machte die Sprache aber so ungelenk wie eine Bundestagsrede. Der Versuch der *taz,* ein großes »I« in die Wörter zu pflanzen – PatientInnen –, war zwar originell und platzsparend, konnte sich aber nicht durchsetzen. Wir müssen also damit leben, daß unsere Sprache besonders männlich voreingenommen ist. Es wird sicher noch einige Generationen dauern, bis sich nachhaltig etwas daran verändert.

Die Begegnungen mit intersexuellen Menschen machen bewußt, daß unsere Sprache noch einen weiteren Defekt hat: Menschen, die weder eindeutig männlich noch eindeutig weiblich sind, bietet sie überhaupt keinen Raum. Hier spiegelt sie natürlich unsere Gesellschaft, die das ebenso hält.

Als was sehen sie sich selbst? Sind sie Intersexuelle, Hermaphroditen, Menschen mit Intersexualität? Wie fühlen sie sich, wenn sie das Wort »Zwitter« lesen? Was machen die Worte »unklare Geschlechtszugehörigkeit«, »uneindeutig« mit ihnen? Anna, die im ersten Kapitel aus ihrem Leben erzählt, meint dazu: »In der Fachliteratur taucht immer wieder der Begriff ›genetischer Mann‹ auf. Das ist eine Zuschreibung: Was da vor mir steht und wie eine Frau aussieht, ist eigentlich ein Mann, verkleidet vielleicht. ›Genetisch männlich‹ finde ich besser, denn das ist nun mal eine Tatsache. Der Begriff ›testikuläre Feminisierung‹ ist in der Szene sehr verhaßt. Außerdem ist er biologisch falsch. ›Pseudo-Hermaphroditismus‹ ist nicht ganz falsch. Aber wie ist jemandem zumute, der von sich hört: ›Du bist noch nicht mal ein echter, du bist bloß so ein Pseudo‹? ›Kastration‹ sagen Mediziner leicht, wenn sie rudimentäre Gonaden entfernen. Was wollen sie damit sagen: Diese Frau ist ein Kastrat? Die Begriffe sind verstörend für jemanden, der eine Diagnose hört.«

Ein letztes Tabu?

Viele Jahre habe ich über sexuelle Gewalt, besonders an Kindern, geschrieben. Die Parallelen waren mir schnell deutlich. Dennoch scheint mir Intersexualität ein tabuisierteres Thema zu sein als Inzest. Ist das möglich? Über Inzest und sexuelle Gewalt an Kindern zu reden, ist gefährlich, weil es die Illusion von Gewaltfreiheit in der bürgerlichen Familie bedroht. Das kann heftige Reaktionen auslösen. Aber warum könnten wir uns von Intersexuellen bedroht fühlen? Vielleicht weil sie eine andere liebgewordene Täuschung in Frage stellen, die uns noch näher ist: Mann und Frau. Die bürgerliche Familie ist unser engstes Umfeld, und wir wollen, daß es intakt und schützend ist. Aber zur Not können wir dieses Feld verlassen. Vielleicht nicht in der Kindheit; aber wenn wir erwachsen sind, können wir die Tür öffnen, die Familie verlassen und frei sein. Doch Mann oder Frau zu sein, betrifft unsere eigene Identität, ist zutiefst mit ihr verbunden. Die können wir nicht ohne weiteres hinter uns lassen. Oder doch? Gleichzeitig aber gibt es eine Angst vor Identitätsverlust. In manchen Phasen unseres Lebens sind wir uns gar nicht so sicher, ob wir eine *richtige* Frau, ein *richtiger* Mann sind. Und was das überhaupt ist. Auch wenn uns alle Medien unablässig mit Klischees von Weiblichkeit und Männlichkeit zuschütten. Oder vielleicht gerade deshalb? Vielleicht ist dieser heterosexuelle, zweigeschlechtliche Overkill, der sich aus den Medien über uns ergießt, das Zeichen einer großen Unsicherheit.

Vielleicht ist das auch eine gewagte These. Dennoch, längst weiß man, daß wir identische Anfänge haben, männliche und weibliche Embryos unterscheiden sich in den ersten Wochen ihrer Entwicklung in nichts. Wir alle haben sowohl Östrogen als auch Testosteron in uns. Durch diese beiden Hormone definierte man im vorletzten Jahrhundert Mann und Frau. Gibt es diese Grenzen überhaupt? Oder geraten wir nun alle ins Schwimmen? Jedenfalls hat Intersexualität mit uns allen zu tun. Das wird durch alle Zeiten hindurch sehr deutlich an den Reaktionen der anderen, der Nicht-Intersexuellen. Es sind nicht *sie* und *wir*. Ihre Anpassung an *uns* ist ein Irrweg.

Erwachsene

»Ich kann damit leben, aber akzeptieren
kann ich es nicht.«
Anna Heinrichs, 61, Dozentin für Sonderschulpädagogik,
Mecklenburg-Vorpommern

»Dieses Leben, so wie es gewesen ist, war es nicht wert, gelebt zu
werden«, sagt sie. Mitten hinein in eine matt-zufriedene Sommer-
stimmung sagt sie das. Und bekräftigt, als sei es vielleicht noch
nicht deutlich genug gewesen: »Das ist meine tiefinnerste Überzeugung.«

Vogelgezwitscher durch geöffnete Fenster, auf dem Tisch eine
Schale mit fetten schwarzen Kirschen, der Hund schlafend zu
ihren Füßen, der große Garten, der Pool, die Pferde zu ihrer Verfügung. Der Blick geht über eine kleine Dorfstraße, Mais- und
Weizenfelder, im Hintergrund der Wald. Hier läßt es sich leben.

»Es ist vollkommen ungerecht, daß ich das sage«, fügt sie an,
den Blick der Besucherin deutend. »Aber es ist so. Soviel psychische Schmerzen. All das Positive wiegt die nicht auf. Dieses Leben
würde ich nicht noch einmal leben wollen.« Ihre Stimme, als sie
dieses Urteil ausspricht, klingt gelassen. Eine angenehme Stimme,
tief, oft mit leichter Ironie im Nachklang. Dann lacht sie. Sie lacht
oft in unserem Gespräch. Manchmal scheint das Lachen nicht
recht zu ihren Worten zu passen. Und dennoch ein ansteckendes
Lachen, es klingt nach Lebensfreude. Doch in keinem meiner Gespräche mit intersexuellen Menschen habe ich mehr Verzweiflung gespürt. »Eine unergründliche Verzweiflung«, findet Anna
Heinrichs* selbst. »Ich weiß, daß es dummes Zeug ist. Es ging
mir immer gut, ich hatte viel Glück. Ich bin nicht vereinsamt,
hatte immer Beziehungen, Sie sehen, ich lebe hier angenehm und
friedlich.«

Der alte Bauernhof in Mecklenburg-Vorpommern, ein wenig
außerhalb des kleinen Dorfes, gehört der 61jährigen. Diese Einsamkeit hat sie gesucht.

Äußerlich zeigen, was innerlich ist. Und es verbergen zugleich.
»Das können Sie nicht verstehen«, wehrt sie Fragen ab. »Menschen, die nicht intersexuell sind, können diese Verzweiflung nicht

nachfühlen«, erklärt sie, sich kategorisch gegen Versuche abgrenzend. »Sie können auch Blinde nicht verstehen. Gut, Sie können sich die Augen zuhalten, aber Sie haben immer noch Bilder im Kopf und wissen, Sie können sehen. Aber die geschärften anderen Sinne Blinder haben Sie nicht.«

57 Jahre alt war Anna Heinrichs, als sie zum ersten Mal jemanden traf, der es genauso ging wie ihr. Die das Gefühl kannte, die einzige zu sein, »ein Monster, mit dem nichts stimmt«. Dann sagt sie es wieder: »Sie können sich überhaupt nicht vorstellen, wie das war.« Andere kennenlernen, denen es genauso geht. Ein Schlüsselerlebnis für viele meiner Gesprächspartner. Nach zehn, 20, 30 oder 50 Jahren Einsamkeit ist da plötzlich jemand, der das gleiche erlebt hat, eine, die dasselbe fühlt. Überwältigend. Befreiend. Der Kontakt war über die XY-Frauen entstanden, eine Selbsthilfegruppe, die 1998 in Hamburg gegründet wurde, nachdem es kleinere Treffen schon vorher in München und Würzburg gegeben hatte.

Was kommt da jetzt auf dich zu, dachte Anna Heinrichs besorgt, als sie sich auf den Weg machte, die andere kennenzulernen. Dann ist sie mit ihr essen gegangen. Ganz normal, sagt sie, in ein normales Restaurant in einem Einkaufszentrum.

Anna Heinrichs: »Eine unglaubliche Erfahrung. Du brauchst gar nicht viel rumzulabern, denn der versteht das, weil er das genauso empfindet. Es war faszinierend. Das hatte ich vorher noch nie erlebt.«

Das Gefühl hingegen, etwas stimme nicht mit ihr, kannte sie seit früher Jugend. Den Namen dafür – die Diagnose – hat sie sich erst vor kurzem geholt: 17-beta-HSD-Mangel. Endokrinologen – Mediziner, die auf Hormone spezialisiert sind – brauchten fast ein Jahr für die genaue Bestimmung. Aber darauf kam es dann auch nicht mehr an. 17-beta-HSD-Mangel: eine winzige Unregelmäßigkeit auf dem Chromosom Nummer 9. Genauer: bei jenem der 1330 Gene auf Chromosom 9, das die Hausnummer 9q22 trägt. Mit dem Ergebnis, daß die Produktion von Testosteron nicht ganz so funktioniert, wie sie soll.

All diese medizinischen Fachausdrücke können nicht annähernd wiedergeben, welche körperlichen und seelischen Folgen der Enzymmangel für Anna hat.

Nein, welche Auswirkungen der gesellschaftliche Umgang mit den Folgen für das gesamte Leben von Anna hat. Fast ein Lebenswerk war es für Anna, sich die Wahrheit, die Bedeutung, die Konsequenzen wirklich bewußt zu machen. Zuerst waren es Schocks, Tiefschläge. Sie konnte nur reagieren. Aber welche Reaktionen waren möglich? Sie konnte nichts verändern. Sie konnte nichts akzeptieren. Nur beiseite schieben, so gut wie möglich, das ging. Und weitermachen mit dem Leben.

Auf Spurensuche durch die Kindheit

Annas Leben spiegelt den Umgang der Gesellschaft mit intersexuellen Menschen seit Beginn der Bundesrepublik wider. Auf Spurensuche gehen wir durch ihre Erinnerungen: Wann gab es erste Hinweise? Wer hat etwas bemerkt, wer etwas übersehen, wer wissentlich weggeschaut? Gab es Unterstützung? Wie hätte gute Hilfe aussehen müssen?

Im Bombenkrieg zur Welt gekommen, wuchs Anna in eine typische Nachkriegskindheit hinein. Ein introvertiertes kleines Mädchen, so schamhaft, so genant, wie es eben normal war für ein Kind aus bürgerlicher katholischer Familie. Oder vielleicht doch etwas schamhafter schon als andere? »Ich bin ganz normal als Mädchen aufgewachsen«, sagt sie. Brav und fleißig. Puppenspiel mit Freundinnen. Alles ganz normal. Bis auf dieses Gefühl, daß irgendetwas mit ihr nicht stimmt: »Ich würde so gerne rauskriegen, was mich eigentlich zu dem Gefühl gebracht hat. Ich glaube nicht, daß bei meiner Geburt schon irgendwelche Zweifel waren.« Das Etwas, das anders war, hatte keinen Namen. Wie hätte sie damals ohne Worte danach fragen können? Wann sind die Zweifel aufgetaucht? Der ältere Bruder kann sich nicht erinnern, und die Eltern leben nicht mehr. Als sie noch am Leben waren, konnte Anna ihnen die Fragen nicht stellen. Hatte ihr Lebensthema an den Rand ihres Bewußtseins verdrängt.

Weiter alles normal: die üblichen Kinderkrankheiten. Bis auf den Leistenbruch mit sieben. Bei Jungen kommt so etwas schon mal vor. Bei Mädchen aber ist es ein Alarmsignal. Manchmal ruhen im Inneren nämlich winzige Hoden, Anzeichen dafür, daß es einen chromosomalen Auftrag gibt, Männlichkeit zu produzieren. Wenn Mediziner diesen Hinweis entdecken und verstehen, sprechen sie von rudimentären Gonaden. Gonaden sind Keimdrüsen. Aus ihnen entwickeln sich bei Mädchen Eierstöcke und bei Jungen Hoden. Normalerweise. Normalerweise hätte ein Arzt auch aufmerksam werden müssen, der den Leistenbruch eines

Mädchens operieren sollte. »Aber dieser bescheuerte Kerl hat nichts gemerkt. Der hat aufgeschnitten, wieder zugemacht, und fertig war die Laube.« Das nimmt Anna ihm heute noch übel.

»Das war ein Doktor«, fügt sie hinzu, »der bei jeder Krankheit sagte: viel Fisch und warme Fußbäder«. Das hätte nicht geholfen. Genau, sagt sie. Und dann lacht sie wieder. Hatte es vielleicht auch Vorteile, daß er nichts begriff? Viele Intersexuelle blicken zurück auf eine Kindheit, durch die sich eine Kette von Operationen zog. Wenigstens das ist Anna erspart geblieben.

Ende der vierziger, Anfang der fünfziger Jahre werden in der Bundesrepublik und der DDR zusammen jährlich fast eine Million Kinder geboren, aller Wahrscheinlichkeit nach jeweils 1000 davon intersexuell. In jedem Jahr. Früher hatte man andere Wörter für diese Kinder. Hermaphrodit. Oder Zwitter. Das erste taugte für die Wissenschaft. Das zweite nur als Schimpfwort, unter dem man zusammenzuckt. Kein Wort, in dem man zu Hause sein kann. Kein Wort, bei dem man lächelnd sagen kann: Das bin ich.

Die Medizin hielt die Zahl der Intersexuellen damals für verschwindend gering. Ein extrem seltenes – und nicht nur deshalb besonders faszinierendes – Phänomen. Was das kleine Kind im Blick des anderen entdeckt, in seinem Spiegel, ist prägend für sein ganzes Leben. Im anderen nimmt das Kind sich selbst wahr. Eines der Kinder sieht anders aus als erwartet, fremd. Was aber sieht das Kind in den Augen der Eltern – Angst, Liebe, Ekel, Sorge, Mitleid?

Manche fallen bei der Geburt auf, weil die Hebamme auf die allererste Frage – was ist es denn? – ins Stottern gerät. Manche merken es erst in der Pubertät, wenn unerwartete körperliche Veränderungen eintreten. Oder wenn erwartete Veränderungen – Brustwachstum, Menstruation, Schambehaarung – ausbleiben. Manchmal aber halten sich Familien über Jahrzehnte Augen und Ohren zu, entschlossen, nicht wahrzunehmen, was ihr Fassungsvermögen übersteigt.

Anna ist überzeugt, daß sie bei der Geburt ein unauffälliges kleines Mädchen war, mit allem ausgestattet, was die Mediziner für normal hielten. »Sonst hätten meine Eltern etwas unternommen, wären früher mit mir zum Arzt gegangen.« Wirklich? In der Nazizeit galt ein intersexuelles Kind als nicht »erbgesund« und schwebte daher in Lebensgefahr. Zum Arzt zu gehen wäre sicher keine gute Idee gewesen.

Die nächste Erinnerung: Kinderlandverschickung Ende der vierziger Jahre. Das gemeinsame Bad aller Kinder, Abschrubben im Bottich. Da hat sie sich mit Händen und Füßen gewehrt, nackt vor allen wollte sie sich auf keinen Fall waschen lassen. Warum? fragt sie sich heute. Warum war mir das so wichtig? Was wollte ich verbergen? Die Antwort darauf weiß sie nicht. Und der Bruder, sieben Jahre älter als sie, findet in seiner Erinnerung kein einziges Bruchstück, das helfen könnte. Ob er sich überhaupt traut, dort zu suchen, überlegt Anna.

Schulzeit. Und der Wunsch, auch mal lange Hosen tragen zu dürfen statt der Röcke. Eine Sehnsucht, die sie mit Millionen Mädchen ihrer Generation teilte. Ein ganz normaler Wunsch. Anna ist zwölf, vielleicht 13. Sie bekommt Akne, »so heftig, so therapieresistent, daß ich schier verzweifelt bin«. Heute weiß sie, daß ihr zumindest dies erspart geblieben wäre, wenn der Arzt den Leistenbruch richtig gedeutet hätte. Dies und der Stimmbruch.

Der Musikunterricht hieß damals Singen. Vorsingen ist angesagt. Anna bleibt stumm. »Warum?« will die Lehrerin wissen. Die Antwort, »Ich bin im Stimmbruch«, läßt die Klasse aufjohlen: »Das gibt's doch gar nicht, Stimmbruch haben nur Jungs!« Das hatte Anna nicht gewußt. Vollkommen unvorbereitet, wie ein Tritt in die Kniekehlen, traf sie das Gelächter der anderen. Die Rettung kam von einer Mitschülerin, die sich ermannte und in das Gejohle hinein die anderen zurechtwies: »Mensch, hört doch auf, klar gibt's das, meine Schwester hat das auch.« Ihr ist Anna bis heute dankbar. Rettung in einem Moment der Beschämung. Das Bild dieses Mädchens steht ihr bis heute vor Augen, sie weiß, wie sie heißt und wie sie aussah. Wo war eigentlich die Lehrerin in diesem Bild?

Hinterher dachte Anna nach, hörte hin und stellte fest, daß tatsächlich keine ihrer Mitschülerinnen Stimmbruch hatte. Nur Anna. Wieso ausgerechnet Anna? Mit dieser Frage ist sie dann wieder allein geblieben. Ist es schon nicht mehr möglich, sie den Eltern zu stellen? Anna tut also, was sie inzwischen gut kann: Sie legt sie ab am Rande des Bewußtseins.

Streng katholisch, einfache Verhältnisse – so beschreibt Anna ihr Elternhaus. In den fünfziger, sechziger Jahren war das ein Umfeld, in dem es ein absolutes Tabuthema gab: Sex. Auch in Annas Familie wurde nicht aufgeklärt. Ein kleines Beispiel fällt ihr ein: Schon immer mochte sie Pferde – wie viele junge Mädchen, gerade die einsamen. »Ja«, unterbricht sie ihren Rückblick und versachlicht dieses emotionale Bild. »Pferde sind therapeutisch wirksam. Hunde noch mehr. Deshalb bin ich ein Tiernarr. Menschen, da steh' ich nicht so drauf. Ein Tier akzeptiert einen so, wie man ist.« Das Pferdebuch zu Weihnachten für die Elfjährige. Die traute Familie unter dem Weihnachtsbaum: Vater, Mutter, Sohn und Tochter, mit ihren Geschenken beschäftigt. »Vati«, fragt Anna, »was ist ein Wallach?« Der ältere Bruder grinst, schnell verläßt die Mutter den Raum, um nach dem Braten zu sehen. »Das ist ein Pferd«, sagt der Vater, spürbar peinlich berührt.

Der Fund einer mysteriösen blauen Packung mit der Aufschrift »Camelia« im Kleiderschrank der Mutter inklusive der normalen Frage »Was ist denn das?« kam einem mittleren Familienbeben gleich. Als Antwort mußte die Drohung genügen, bei Strafe nie wieder im Kleiderschrank zu wühlen. Solche Geschichten erzählen viele Frauen aus Annas Generation. Doch für Anna haben sie eine ganz andere Bedeutung. Es ist Annas Tragödie, daß der Kern ihres Problems an eben jener Stelle lokalisiert ist, die in ihrem Elternhaus niemals zur Sprache kommen darf. »Ich habe meine Eltern geliebt«, sagt Anna, »sie waren nett zu mir, nie ein Streit, ein ganz normales, freundschaftliches Verhältnis. Und solche Fragen machten die verrückt, brachten sie aus dem Gleichgewicht. Ich wollte meinen Eltern ja nichts Böses.« Dann hat sie nicht mehr gefragt. Die meisten Kinder lernen aus solchen Erfahrungen, manche Fragen nicht mehr zu stellen. Jedenfalls zu Hause nicht. Für Anna aber verschmilzt die Prüderie ihrer Familie, das Tabu, über Sexualität zu sprechen, mit ihrem eigenen Körper, ihrem eigenen Selbst. Sie selbst wird tabu. Zu einer Zeit, in der sie sich finden müßte, geht sie sich verloren.

Anna wird 14, 15. Alle Mädchen in ihrer Klasse haben inzwischen die Menstruation. Anna nicht. Aus Büchern weiß sie jetzt, daß ihr Körper anders aussieht als die Frauenkörper, die dem medizinischen Blick des letzten Jahrhunderts als normal gelten. Ihre Klitoris beginnt zu wachsen, über das Maß hinaus, das Mediziner als normal bezeichnen. »Ich habe«, erklärt sie, »ja eine vergrößerte Klitoris, aber ich denke, daß das erst mit der Pubertät eingesetzt hat.« Doch genau weiß sie es nicht. Und die Besucherin denkt darüber nach, wie man sich vielleicht fühlt, wenn man über die Größe der eigenen Klitoris redet, um dem Gegenüber eine seelische Not begreifbar zu machen.

Wie groß darf's denn sein im Blick des Mediziners? Eines ist klar: möglichst unsichtbar. Erschreckend deutlich macht das ein Zitat aus einem kindergynäkologischen Lehrbuch von 1968: »Ihr normaler Durchmesser liegt im Alter von einem Monat bis sieben Jahren bei 4 mm, von sieben bis elf Jahren bei 5 mm und nach dem 14. Lebensjahr bei 7 mm.«[12] Marina Schüßler und Kathrin Bode zitieren diese Passage in ihrem Buch *Geprüfte Mädchen – ganze Frauen*[13] und stellen die Frage, wie bei einer kindergynäkologischen Untersuchung zwischen einem Klitorisdurchmesser von 4 oder 5 mm unterschieden werden soll. Und warum.

Wenn Anna heute über die Zeit von damals spricht, dann in einem Panzer aus Ironie, mit dem sie das Gegenüber gleichzeitig amüsieren und sich vom Leibe halten kann. Sie holt ein antiquiertes Handbuch der Medizin aus dem Regal, liest vor und erzählt: »Platen, die neue Heilmethode, 1907, der erste Teil über Bandwürmer, der zweite über sexuelle Abartigkeiten. Vorsorglich hatte mein Vater alle Bilder rausgerissen, vernichtet und das Buch versteckt. Was der alte Platen gesagt hat, war lange mein Bildungsstand auf dem Gebiet. Sie werden lachen«, sagt sie, und dann lacht sie, »ab und zu nehme ich den noch mal raus und amüsiere mich darüber.«

Aus Büchern weiß sie um ihr Anderssein. Und aus dem traumatischen Erlebnis während einer Klassenreise. Im Halbdunkel des Schlafraums in der Jugendherberge. Als die normalen Entdeckungsspiele im Ausruf endeten: »Was hast du denn da? Du bist ja ein Zwitter.« Da hat sie dann völlig zugemacht. »Ich hatte eine Höllenangst«, erinnert sie sich. »Was geschieht mit mir? Irgendwas stimmt an mir nicht. Nichts und niemanden wollte ich mehr an mich ranlassen.«

Schwarzweiße Amseln

Anna wird 16. Als sie das, was sie für monströs hält, einmal in aller Heimlichkeit untersucht, kommen die Eltern früher nach Hause. Der allseitige Schock führt nicht zum Gespräch, aber immerhin zum Termin bei einer Frauenärztin. Untersuchung und Befragung (»Womit spielst du denn gern?«) brachten weder Hilfe, Verständnis noch Trost, sondern stellten das in Frage, was für Anna bisher noch unbestritten war: daß sie ein Mädchen ist. Dann überwies die hilflose Helferin die verstörte Patientin an die Universitätsklinik der Stadt.

Wenn Anna sich zwingt, an diese Zeit zu denken, taucht als erstes die tiefe Verzweiflung auf. Und dann die Langeweile. Ein kerngesundes 17jähriges Mädchen verbringt ein Vierteljahr im Krankenhaus. Sie wird untersucht, vermessen, fotografiert, operiert, in den gynäkologischen Stuhl gelegt, besichtigt von Studententrupps, die einmarschieren, wenn sie schon zur Inspektion aufgebockt ist. Eine Erfahrung, die viele intersexuelle Kinder und Jugendliche machen: ihre Geschlechtsorgane üben große Faszination aus; das Hinsehen wie das Wegsehen der anderen sind gleichermaßen bedrückend. Für die Seele des Kindes und für sein Trauma aber interessiert sich keiner.

Im Park der Klinik entdeckt Anna Amseln mit einer Albinofärbung, schwarzweiß gescheckt. Fasziniert beobachtet sie diese Vögel, notiert Gewohnheiten, Brutverhalten, schenkt ihnen ihre ganze Aufmerksamkeit. Lange aber darf sie nicht fortbleiben, denn sie muß ihren Urin sammeln, jeden Tropfen, man erklärt ihr, der würde untersucht. Hauptsache, der Urin geht nicht verloren.

Einmal geht sie selbst fast verloren. Als sie auf der Autobahnbrücke steht und denkt: Wenn du jetzt runterspringst, ist die Sache erledigt. Warum springst du nicht? Ist doch das einfachste von der Welt. »Da war ich wirklich sehr nah daran«, sagt sie.

Ein letztes Gespräch mit dem freundlichen Assistenzarzt der Klinik. Sie erfährt, daß sie keine Kinder bekommen kann. Daß ihre Scheide sehr klein ist. Das weiß sie schon. Wegen der großen gynäkologischen Instrumente. So, wie die sei, sagt der Arzt, könne sie nicht mit einem Mann schlafen. Oder nur mit einem, fügt er an, der ganz sensibel und vorsichtig sei und einen möglichst kleinen Penis hätte. Trostversuch oder verrutschter Altherrenwitz? Woran erkennt man Männer mit einem kleinen Penis? Auch diese Geschichte erzählt sie so, daß es dabei allerlei zu lachen gibt. Zwischendurch allerdings sagt sie immer wieder: »Ich war 17.« Die Fassungslosigkeit von damals ist heute noch spürbar.

Östrogentherapie läßt die Akne verschwinden, die Brust erscheinen. Später könne man ja noch schauen, ob »wir eine Operation zur Scheidenvergrößerung machen müssen«. Und dann ist sie entlassen. Was ist ihr geblieben aus dieser Zeit? Die Fähigkeit zu überleben. Die Fähigkeit zu verdrängen. »Ich kann Sachen verdrängen, das glauben Sie gar nicht«, sagt sie, haut nebenbei mit der Fliegenklatsche nach einer lästigen Mücke. »Greifen Sie gern zu bei den Kirschen«, fordert sie die Besucherin freundlich auf und fährt fort – alles in einem Atemzug und im selben gelassenen Ton: »Manchmal hab' ich wirklich das Gefühl, ich lebe gar nicht, sondern beobachte mich beim Leben. In schrecklichen Situationen, die einen zerstören könnten, da gucke ich mir zu beim Leben: Was machst du jetzt? Wie gehst du damit um? Fast als ob ich zwei Personen wäre, die eine, die nach außen hin lebt, und die andere, die da steht und sagt: Na, wollen wir mal gucken, was sie damit macht.«

Seit einem Jahr hatte Anna im Büro gearbeitet. Ein Vierteljahr war sie nun im Krankenhaus. Was sagt sie bei der Rückkehr zu den Kollegen? Nichts. Und die? Auch nichts. Und zu Hause? Schweigen. Sie entschuldigt die Eltern: »Intellektuell waren sie nicht in der Lage. Die haben mindestens genauso gelitten wie ich.« Zur Operation, bei der etwas aus Anna entfernt wurde, hatten sie ihre Einwilligung gegeben. Doch das erfährt Anna erst 40 Jahre später. Was das »etwas« war, wußte Anna damals nicht. Sie ist ein braves Mädchen, das keine unbequemen Fragen stellt. Weder den Eltern noch den Ärzten. »Nimm dir an Anna ein Beispiel, wie die damit umgeht«, hatte der Arzt zu dem anderen Mädchen in Annas Zimmer gesagt. Die nämlich weinte pausenlos, das kann – besonders bei Visiten – lästig sein. Die andere hatte einen Bartwuchs wie erwachsene Männer. Und Anna dachte: »Da hab ich ja noch Glück gehabt.« In der Tat: es war das Jahr 1959, seit zwei Jahren wurden an verschiedenen Kliniken Deutschlands Klitorisreduktionen vorgenommen und Scheiden vergrößert oder – sogenannte Neovaginen – neu konstruiert. Für den Erhalt der Empfindungsfähigkeit gab es keine Garantie. Allerdings stand diese ohnehin nicht an der Spitze der chirurgischen Prioritätenliste.

Mit 17 spielt Anna Theater, im wirklichen Leben. Das Stück heißt »Ich bin ganz normal«. Angepaßt und unauffällig will sie sein. Dafür braucht man einen Freund. Anna erfindet ihn. Mit dem führt sie fingierte Telefonate. Als sie 21 ist, volljährig, geht sie in eine andere Stadt. Eine Beziehung? »Wenn ich vorher fragen muß, wie groß ist dein Schniedel«, sagt sie sich, »kann ich darauf verzichten«. Immer mal wieder gibt es junge Männer, die mit ihr tanzen, schmusen, sich anfreunden möchten. Doch Anna kapselt sich ab. Sie weiß, daß sie allein bleiben wird.

Sie sieht sich als heterosexuell. Daß sie, wie man ihr gesagt hat, nicht mit Männern schlafen kann, prägt ihre Gedanken über

Sexualität. Mit der neuen Kollegin versteht sie sich gut. Als die sie plötzlich umarmt und küßt, ist Anna am meisten schockiert darüber, daß sie überhaupt nicht schockiert ist. Anna: »Diese Ambivalenz der Gefühle. Auf der einen Seite: unmöglich! Auf der anderen Seite fühlte es sich gar nicht unmöglich an. Ich war wohl schon verliebt, ohne es begriffen zu haben. Daraus entwickelte sich dann meine große Liebe.«

Eine lesbische Beziehung muß in der Firma geheimgehalten werden. Zusammenziehen können die beiden problemlos, dafür reicht die Fantasie von Vermietern in den frühen sechziger Jahren nicht aus. Anna stellt fest, daß für die Freundin eine Marginalie ist, was sie für ihr Ticket zur Einsamkeit hielt. Plötzlich gibt es das alles auch für sie: Glück, Liebe, Sex und Genuß. Jetzt beginnt Leben für Anna.

Beziehungsweisen

Sie planen die Zukunft, im Büro wollen sie nicht bleiben. Die beiden ergänzen sich gut, ihre Planung ist strategisch und effektiv. Sie ziehen in eine Universitätsstadt, wollen studieren. Seit der Klinikzeit nimmt Anna Hormone. Damit das so weitergehen kann, will sie einen Arztbericht, um sich lange Erklärungen in der neuen Stadt zu sparen. Erst weigert sich der Hausarzt, dann rückt er einen fest verschlossenen Umschlag raus. Anna öffnet ihn. Und liest: »Um psychische Komplikationen zu vermeiden, haben wir es für richtig gehalten, die Patientin nicht über ihre wahre Geschlechtszugehörigkeit und ihre Kastration zu unterrichten.« Eine Strategie der Geheimhaltung, die auf Empfehlungen des amerikanischen Sexualwissenschaftlers John Money basiert und bis ins 21. Jahrhundert hinein befolgt wird.[14] Erst in den letzten Jahren lösen Berichte Betroffener Verunsicherung und Umdenken in Medizin und Sexualwissenschaften aus sowie eine Suche nach neuen Formen des Umgangs mit Patienten und Patientinnen.

Na, wollen wir mal gucken, was Anna damit macht. Ein Tiefschlag ist es, aber endlich die Erklärung für vieles: weder ganz Frau noch ganz Mann. In einer anderen Situation, sagt sie heute, hätte sie sich vielleicht das Leben genommen. Aber Anna ist frisch verliebt. In eine Frau. »Wenn selbst die Natur nicht wußte, was ich sein sollte«, schreibt sie in ihrem Lebensbericht auf der Homepage der *XY-Frauen*, »hatte ich doch alles Recht der Welt zu lieben, wen ich wollte: Frau oder Mann.« Sie beendet die Hormontherapie. Was man ihr als unverzichtbare Voraussetzung für ihr weibliches Erscheinungsbild verschrieben hatte, erweist sich als überflüssig. Folgen beim Absetzen treten nicht ein. Zum Gynäkologen geht sie nie wieder.

Anna – ohne Abitur – besteht eine Begabtenprüfung. Sie studiert. Ihre Karriere ist unaufhaltsam: Lehrerin, Ausbilderin, Dozentin. Irgendwann zwischendrin zerbricht die Beziehung. Anna stellt fest, daß die Freundin sie belogen hat. In ganz banalen Details. Völlig unnötig. Anna: »Ich hatte ja viele massive Probleme mit mir, meinem Körper, meiner Identität. Wäre sie ehrlich gewesen, hätte uns das zusammengeschweißt.« Der sinnlose Betrug aber zerstört das Vertrauen.

Ein Kollege hatte sich lange um Anna bemüht. Er lebt in Trennung, hat Kinder. Es reizt sie, aber es macht ihr auch Angst. Sie schreibt ihm einen Brief, erklärt, daß bei ihr nicht alles so sei, wie er vermute. Vermutlich vermute. »Und der blöde Kerl«, sagt sie burschikos, aber auch nachträglich berührt, »tat so, als sei das überhaupt nicht relevant: ›Wieso kann ich nicht mit dir schlafen? Irgendwie wird das schon gehen.‹« Und irgendwie ist es dann auch gegangen.

»Aber«, merkt sie selbstkritisch an, »nicht so, wie es gehen sollte.« Wer sagt denn, wie es gehen soll? Anna bremst: Aus der Außenseiterposition einer sogenannten normalen Frau könne die Besucherin das überhaupt nicht beurteilen.

Es war das Jahr 1968, im allgemeinen Bewußtsein von Männern und von vielen Frauen ebenfalls war die Klitoris noch nicht einmal angekommen. Aber auch heute, so Anna, sei penetrativer Sex die landläufige Vorstellung: »Für den normalen Sex ist die Scheide das wichtigste. Zumindest für Männer. Wie oft habe ich mit mir gekämpft«, erzählt sie, »die Operation endlich machen zu lassen, Scheidenvergrößerung, Klitorisverkleinerung, und das Problem endlich los zu sein. Immer die Furcht, wenn ich jemanden kennenlerne: Was sage ich? Und wann? Wie reagiere ich auf Kommentare zu meiner Anatomie?« Was sie abhielt, war die Krankenhausphobie. Eine »Höllenangst« mit rasendem Herzklopfen, die schon einsetzt, wenn sie jemanden im Krankenhaus besucht. Heute ist sie froh, daß sie nichts hat machen lassen. Froh auch, daß die Ärzte damals in der Klinik relativ zurückhaltend waren und nicht gesagt haben »Machen wir Tabula rasa«, führt sie die Alternative aus, »schneiden wir die Klitoris mit ab, machen wir 'ne neue Scheide, von dem, was wir abgeschnitten haben, können wir ja vielleicht was verwenden.« Ihre direkten Worte, Angriff und Abwehr zugleich, zeigen, wie sie sich damals betrachtet fühlte.

In der Selbsthilfegruppe *XY-Frauen* werden auch Operationserfahrungen ausgetauscht. Nach Auskunft der Ärzte gelängen Klitorisreduktionen heute unter Erhalt der Sensibilität. Doch Langzeituntersuchungen gibt es nicht. Auch nicht zu Scheidenvergrößerungen. Die Erfahrungen damit seien eher quälend als beglückend. Die Ärzte scheinen schon zufrieden, so Anna, wenn *es* beischlaffähig und nach außen hin nicht sichtbar ist. Empfindungen seien Nebensache. »Damit«, sagt Anna und wirkt belustigt, »leben Frauen seit Generationen, daß sie sagen, ›für England tu ich alles, aber hoffentlich ist er bald fertig‹. Es ist biologisch ja auch nicht nötig, daß die Frau einen Orgasmus hat. Also, was sollen die Ärzte sich da groß drum kümmern?«

Sieben Jahre lebt Anna mit dem Freund zusammen. Seine Kinder wachsen bei ihnen auf. Als die Beziehung zerbricht, geht es ihr wie vielen intersexuellen Menschen: Sie ist überzeugt, daß es an ihr lag. An ihrem Körper. Auch das sind Erfahrungen aus der Gruppe, diese Fragen stellen sich alle: Ja, er war Alkoholiker, aber hat er vielleicht nicht doch meinetwegen getrunken? Ja, er ist fremdgegangen, aber war das nicht doch wegen meines Körpers? Es hilft nicht zu wissen, daß viele Menschen fremdgehen, viele Beziehungen zerbrechen, viele Ehen geschieden werden. Ihre Eigenart rückt sofort an die erste Stelle der Erklärungen. Anna ist 34, als sie sich trennt. Nie mehr will sie mit einem Mann zusammenleben. Nie mehr eine sexuelle Beziehung haben. Nach 20 Jahren verliebt sie sich wieder leidenschaftlich. In eine Frau.

Männlichkeit – Weiblichkeit

Wie männlich findet sie sich eigentlich? Sie lacht: »Das ist eine gute Frage. Als Kind wußte ich immer, daß etwas mit mir nicht stimmt. Ich wollte schon mal eine Analyse machen, um rauszufinden, woher ich das wußte.« Dann verliert sie den Faden: »Wie war noch die Frage?« Wie männlich findet sie sich eigentlich? Anna: »Bis vor drei Jahren hab ich gesagt, ich bin eine Frau, da gibt's keine Diskussionen. Ich wußte zwar schon mit 22 Jahren aus dem Arztbericht von meinen XY-Chromosomen, aber das hab ich verdrängt. Erst seit ich in der Selbsthilfegruppe bin, traue ich mich, darüber nachzudenken, was ich eigentlich bin.« In den letzten drei Jahren hat sie viel dazu gelesen. Die Rolle würde sie nicht wechseln wollen (»heute schon gar nicht mehr«), aber die männlichen Anteile seien sehr hoch. »Diese berühmten Geschichten mit den Straßenkarten, die Männer lesen können, aber Frauen nicht und so 'n Quatsch.«

Vor kurzem hat sie den Assistenzarzt von damals angerufen. Ein emeritierter Professor inzwischen. Der hat sich sofort erinnert und war ganz aufgeregt. »Sie waren doch mein erster Fall«, sagte er und erzählte, daß ihr »Fall« in mehreren medizinischen Artikeln dargestellt ist. Mindestens eine Promotionsarbeit gibt es über Anna. Sie bittet um Zusendung. Er zögert, hat Vorwände. Schließlich rückt er das Buch doch heraus. Sie schlägt es auf. Die Fotos sind bedrückend: ein einsames nacktes Mädchen mit Balken über dem Gesicht. Genitale Details. Wie ist ihr dabei? Das mache ihr nichts mehr aus, sagt sie. Nur am Anfang. Es hätte ihr Informationen gebracht. Ein Stückchen mehr Wahrheit. »Natürlich war die Prozedur damals entwürdigend«, sagt sie, während wir in dem wissenschaftlichen Werk blättern.

Dann holt sie ihr Fotoalbum. Ein ernstes Mädchen, bei der Einschulung, bei der Kommunion. Mit Mutter. Mit dem Bruder. Mit bester Freundin. »Dies«, sagt sie und zeigt auf eine traurige Pubertierende, »war so richtig in der Vollphase der Virilisierung. Die Einwirkung von männlichen Hormonen war in meiner Embryonalentwicklung sicher recht groß, auch in der Pubertät.«

Aber nicht groß genug, um das Androstendion, eine Testosteron-Vorstufe, in genügend Testosteron umzuwandeln. Dann nämlich wäre Anna ein Mann. So hat sie zwar viele Charakterzüge, die die Gesellschaft und Anna als männlich definieren, »aber daß ich psychisch ein Mann bin und so, würde ich nicht sagen.« Mit männlichen Attitüden zu spielen, hat sie gelernt. »Inzwischen kann ich damit leben«, bestätigt sie, »auch bewußt. Aber akzeptieren kann ich es nicht. Warum ausgerechnet ich?«

Der Bruder

Vor zwei Jahren hat sie beschlossen: Jetzt kommt »Butter bei de Fische«. Sie packt einige Flyer der *XY-Frauen* ein und fährt zur Weihnachtsfeier ihrer Nichte. Ihr Bruder und seine Frau sind auch eingeladen. Ihre Familie soll die Wahrheit erfahren, schon aus Fairneß, denn 17-beta-HSD-Mangel ist autosomal rezessiv vererblich. Das heißt, Annas Eltern haben es ihr gemeinsam vererbt. *Es* – die *condition*, wie man diesen Gendefekt in englischsprachigen Ländern nennen kann, ohne zu werten. Annas Bruder könnte Überträger sein. Die Chance beträgt 50 Prozent. Er kann das Risiko weitervererbt haben an seine Kinder. Und die an ihre Kinder.

Die traute Familie unter dem Weihnachtsbaum: Schwester, Bruder, Schwägerin und Nichte. Was Anna als Weihnachtsgeschenk mitgebracht hat, finden Schwägerin und Nichte hoch spannend. Beide sind offen und bereit zuzuhören. Dann fragt sie ihren Bruder, was er noch weiß von damals. Nichts. Er kann sich weder erinnern, noch kann er etwas sagen. Ein Jahr lang schweigt er.

Na, wollen wir mal gucken, was sie damit macht.

Nach einem Jahr setzt sie ihm die Pistole auf die Brust. Wenn er es seinem Sohn nicht sagt, wird sie es tun. Sein Sohn hat selbst vier Kinder. Das schlägt dem Bruder auf den Magen. Er muß zur Kur. Endlich ringt er sich durch: er wird ihre Diagnose mit zu seinem Arzt nehmen und sich untersuchen lassen. Was er nicht ausspricht ist dies: Wenn sich herausstellt, daß er kein Überträger ist, braucht er seinem Sohn von der ganzen Sache nichts zu erzählen.

Verletzt sie das? »Es hätte mich interessiert«, weicht sie aus, »was meine Eltern wußten, was sie ihm weitergesagt haben.« Der Vater ist mit 88 gestorben, die letzten Jahre war er allein. In den Ferien hat Anna ihn zu sich geholt. Wenn alles ein bißchen früher gekommen wäre, hätte sie ihn fragen können: »Nur von sich aus hat er nichts erzählt.« Annas Bruder ist Journalist geworden. Große Teile der Welt hat er bereist. Auf der Suche nach Informationen. Man könnte auch sagen, nach Wahrheit. Was ist so bedrohlich für ihn? Sich vorzustellen, daß die Gefährtin seiner Kindheit nicht nur seine Schwester war? Nein, das Schweigen des Bruders verletze sie nicht, sagt sie, aber: »Es macht mich traurig.« Pause. Und dann folgt die coole Version: »Ich finde es faszinierend«, erwidert sie, dreht sich zur Seite, sagt »Platz!« zu ihrem Hund, der sich seufzend neben ihr niederläßt. Und dann sieht sie nach den Pferden.

»Daß ich plötzlich einen Penis bekam wie ein Junge, fand ich interessant.«

Erika Kasal, 34, Sozialtherapeutin, Baden-Württemberg

Ja, das könnte Pippi Langstrumpf sein, wie sie so die Treppe ihres Elternhauses herunterspringt, zwei Stufen auf einmal, die langen Haare flatternd, und die Besucherin begrüßt mit dem Händedruck eines mittleren Bauarbeiters. Pippi, wenn sie jemals erwachsen würde. Frei, selbstbewußt und bärenstark. Daß Mädchen so sein können und dürfen, diese Information verdanken Generationen von Kindern der schwedischen Schriftstellerin Astrid Lindgren. Sie schuf eine Gegenwelt zu jener, in der Nesthäkchen, Trotzköpfchen und Heidi zu Hausfrauen abgerichtet werden. Pippi kann ein Pferd stemmen, läßt sich von niemandem einschüchtern, macht, was sie will. Und lebt für alle Zeiten in der Kindheit.

Kindheit war auch für Erika Kasal* ein idealer Aufenthaltsort. »Meine beste Lebensphase«, sagt die 34jährige, die vorangestürmt ist in ihre Dachgeschoßwohnung. »Alles war voller Abenteuer.« Und dann taucht sie in Erinnerungen ab: »Waldhütten bauen, Lagerfeuer, mit Nachbarjungs raufen.« Wild, ungestüm, impulsiv war sie. »Ich konnte mich totlachen, konnte aggressiv werden, wirklich einen Anfall kriegen vor Zorn oder Freude.« Und sie durfte es auch. »Laut, sportlich, burschikos«, weiter zählt sie die Eigenschaften auf, die das Mädchen Erika hatte, Eigenschaften, die landläufig nicht als mädchenhaft gelten.

Landläufig. Gerade daß sie auf dem Lande aufwuchs, in einem kleinen Dorf in Baden-Württemberg, war ihre Rettung. Unbegrenzte Freiheit. »Man ließ mich, wie ich war. Und oft hat es geheißen: An dir ist ein Junge verlorengegangen.« Ein »bewegungsintensives« Kind sei sie gewesen. Mit zehn Jahren hörte sie auf, Röcke zu tragen. Die stören, wenn eine immer in Bewegung ist. Genauso spricht sie auch: als wäre da jemand hinter ihr her und sie müßte einfach immer schneller sein. Legosteine, Teddybären und alles Technische hatten eine Chance als Spielzeug. Puppen nur, wenn Erika sie auseinandernehmen konnte. Als sie dann in die Schule kam, ging ihr auf, daß die anderen Mädchen viel ruhiger waren, zurückhaltender. Die wollten nicht raufen und toben, sondern verbrachten ganze Tage in Puppenwelten. Wie langweilig.

1995, 17 Jahre später: Erika beim Gynäkologen. Wegen schmerzhafter Spannungen in der Brust. Versehen mit einem Schreiben, das ihr der Hausarzt im verschlossenen Umschlag in die Hand gedrückt hatte. Der Gynäkologe liest den Brief, sagt: »Sie wissen ja, was mit Ihnen los ist.« In der Tat, sie wußte es wirklich, vor zwei Wochen hatte sie den Arztbrief geöffnet. »Dann setzen Sie sich mal auf den Stuhl«, sagt der Gynäkologe. Widerstandsunfähig zieht Erika sich aus und setzt sich auf den gynäkologischen Stuhl – eigentlich nicht das richtige Gerät zur Untersuchung von Brustspannungen. Bewegungsunfähig verharrt sie dort, während der Arzt ihr ohne Vorwarnung seinen Finger in die Scheide steckt. »Aha«, sagt er dann, »so lang ist das also. Da könnte man operativ noch was machen.« Nein, bringt sie unter größter Anstrengung heraus, das wolle sie nicht. »So«, sagt der Gynäkologe und verläßt den Raum.

»Nur raus!« denkt sie, »nur weg hier, ich hau ab«. Aber sie kann nicht. Wie in Trance, wie gelähmt verharrt Erika weiterhin auf dem Stuhl. Irgendwann kommt der Gynäkologe zurück, aus einem anderen Behandlungsraum, vermutet Erika. »Kommen Sie regelmäßig zur Kontrolle«, ordnet er an und fügt hinzu, »sagen Sie niemandem, was mit Ihnen los ist. Das wäre Ihr soziales Aus.« Und schließlich fällt ihm noch ein, weshalb sie eigentlich hier ist: »Das mit den Brustspannungen vergeht wieder.« Damit ist sie dann entlassen. »Abartig kalt«, so bleibt ihr diese Begegnung in Erinnerung.

Seit vielen Jahren macht Erika Kasal Krafttraining, in ihrer Wohnung steht ein Ellipsentrainer, sie fährt Fahrrad, sie joggt, und Kampfsport hat sie betrieben, auch mit Männern als Gegner. Ohne allzu große körperliche Anstrengung hätte sie den gynäkologischen Stuhl durch die Praxis werfen können. Und den Gynäkologen hinterher. Aber ihre psychische Verfassung ließ nicht einmal zu, daß sie die unnötige Untersuchung verweigerte. Was war geschehen, daß in 17 Jahren aus dem wehrhaften, kleinen Mädchen voller Energie und Lebenslust diese widerstandsunfähige Patientin wurde?

Bis zum 13. Lebensjahr war gar nichts passiert. Keine Regel, kein Brustwachstum. Hin und wieder sagte mal jemand: »Jetzt wird es aber Zeit, daß du Holz vor der Hütten kriegst.« Doch Erika war sehr schlank. Wenn man so dürr ist, braucht es schon eine Weile, dachte die Familie. Ihr selbst allerdings wurde allmählich klar, »daß die Sache anders läuft als bei anderen Mädchen«.

Wie anders? Erika: »Die anderen kriegten Brüste, bei mir wuchs da unten was wie beim Jungen. Daß die Klitoris sich vergrößert, habe ich gemerkt. Jetzt bekomme ich unten einen Penis, so habe ich das empfunden.« War das erschreckend? »Nein, eher interessant. Ich habe immer versucht, wie ein Junge zu pinkeln.« Der pragmatische Ansatz. Vermutlich wäre das auch Pippi Langstrumpfs Strategie im Umgang mit unerwartet sich verändernden Körperteilen gewesen. Lief die Harnröhre denn durch die Klitoris hindurch?

»Nein, deshalb funktionierte das auch nicht. Aber ich habe es einfach probiert, hab das Ding angehoben und versucht. Erschreckend war das nicht. Aber ich dachte schon, jetzt paßt du nicht mehr in das Schema rein.«

Eine Weile ist es still, dann sagt sie »Ja, mei«, steht auf, eine attraktive, junge Person, sehr weiblich aussehend, geht in die Küche und bereitet einen Tee, Pfefferminze aus dem eigenen Garten, ökologisch, gesund. »Ja, mei«, fährt sie fort, aus der Küche zurück, »und es konnte ja auch erigieren. Wenn ich mir gedanklich gewisse Gefühle machte, was man in dem Alter so tut, dann begann das Ding zu stehen. Ganz häufig.« Stumm rühren wir im Tee. Beeindruckt, verwundert und respektvoll, was die Natur so alles zuwege bringt.

»Was hilft dir?« hatte ich Erika anfangs gefragt, »wenn wir über dich reden?«

»Einfach zuhören ohne dumme Sprüche, keine Definitionen bringen, keine vorgefaßten Meinungen oder Bilder. Wirklich frei sein. Sonst ist das Thema beendet. Dann mache ich sofort dicht.« Dafür ließ sie mich zuschauen bei ihrer Erinnerung an das Verwundern in ihrer Jugend. Eine Klitoris, die zu wachsen beginnt und ein Mädel vielleicht in einen Jungen verwandelt, das ist natürlich ein unerhörtes Geheimnis. Niemand wußte davon, nicht die ältere Schwester, nicht die Eltern. Bis Erika mit 13 Jahren wegen einer Operation am Brustkorb ins Krankenhaus nach Erlangen kam.

Rotten von Studenten sehen zu

Man kann sich die Aufregung im Krankenhaus vorstellen, als das, was bislang Erikas Geheimnis gewesen war, bei den Vorbereitungen zur Operation zufällig entdeckt und einer großen Menge ihr unbekannter Menschen preisgegeben wurde. Zuerst dem eilig herbeigeholten Urologen. Dann den Studenten. Erika: »Rotten von Studenten kamen ins Zimmer und begutachteten die Sache.« Die Sache war sie.

Dies war das Jahr 1981. Anerkannte medizinische Behandlungsrichtlinien rieten zur Operation und zum Tabuisieren bei intersexuellen Kindern und Jugendlichen. Wie schon in den fünfziger Jahren. Die Operation diente der Anpassung an das Erscheinungsbild eines von zwei Geschlechtern, meist des weiblichen. Das Tabu diente der Anpassung an gesellschaftliche Normen. Die Patienten sollten vergessen, was ihnen geschehen war.

»Wie können die Ärzte glauben«, wundert sich Erika, »wenn sie die Wahrheit verschweigen und einem verbieten, darüber zu reden, macht man sich keine Gedanken darüber? Diese Erlebnisse reichen doch.«

Und dann ist die Erinnerung wieder da: »Immer mittags die Visite der Oberärzte mit ihren Studenten: Hier sehen wir dieses nette Exemplar! Zack, Decke hoch.« Den Eltern sagten die Ärzte, die Probleme ihrer Tochter wären durch Hormonschwankungen ausgelöst und müßten operativ korrigiert werden. Möglicherweise sagten sie auch noch ein wenig mehr, als die Erinnerung der Eltern heute hergibt. Zwei Operationen wurden beschlossen: Verkürzung der Klitoris im Frühjahr, Entfernung der Gonaden im Herbst. Im Alter von acht Wochen war Erika schon einmal operiert worden. Wegen doppelten Leistenbruchs. Und hier wiederholt sich die Geschichte: Viele intersexuelle Mädchen erleiden in den ersten Lebensmonaten einen Leistenbruch wie sonst nur männliche Kinder. Kaum ein Arzt wundert sich darüber. Auch bei Erika nicht: »Der Leistenbruch wurde einfach wieder zugenäht, und die Sache hat sich gehabt«, beschreibt sie das Verfahren. Ursache sind Gonaden, die sich im weiblichen Körper bemerkbar machen. Bei Erika saßen sie weit oben im Bauchraum, über den Nieren, und wurden erst bei der zweiten Operation, als Erika 13 Jahre alt war, entdeckt. Den Zusammenhang aber zwischen Leistenbruch und Gonaden begriff Erika erst sehr viel später.

Wirklich begreifen konnten auch Erikas Eltern damals nicht, was geschah. Zweimal pro Woche ins Krankenhaus der weit entfernten Stadt fahren, das ist viel, wenn zu Hause die Landwirtschaft wartet. Doch auch tägliche Besuche hätten nicht geholfen. Von *informed consent* war damals keine Rede. Die Ärzte wählten aus, was sie mitteilen wollten. Und was nicht. Erklärung, Unterstützung, Hilfe gab es keine – weder auf Rezept noch aus Menschlichkeit. Weder für Erika noch für die Eltern.

Das Ergebnis der Operationen war Erikas Verbleib im weiblichen Geschlecht. Das interessante »Ding« war weg, ein taubes Gefühl blieb zurück. Die winzigen Gonaden waren entfernt, sonst hätte – vielleicht – eine weitere Vermännlichung eintreten können. Aber das sagte man weder ihr noch ihren Eltern.

»Ich hab keine Probleme mit meinen Eltern«, meint Erika plötzlich, »kann sein, daß sie es auch verdrängt haben. Der Hammer an der Geschichte war, als meine Eltern damals zu mir ins Krankenzimmer kamen, muß ich gesagt haben, ja mei, ich bin halt ein Zwitter.« Erinnern kann sie sich nicht. Nicht an die Worte und nicht an den Schock der Eltern, die noch an Hormonschwankungen glaubten. Nur an einen Wunsch erinnert sie sich genau: weg aus dem Krankenhaus. Die schmerzenden Fäden raus aus der Klitoris und Abmarsch. Hormone schlucken und vergessen.

Sie schluckt, bis sie 22 ist. Neun Jahre lang. Dann wird der Wunsch, eine »richtige Frau« zu sein, sehr mächtig. Der Wunsch, die Wahrheit zu wissen, auch. Erika, die Starke, beim Angriff. Sie fährt nach Erlangen, marschiert in die Klinik, ohne Anmeldung, will ihre Akten. Das Personal reagiert erschrocken, abwehrend. Ihre Akten? Die habe man nicht. Erika: »Sind die im Keller? Dann kann man sie ja raufholen.« – »Ach, wissen Sie, bis man die jetzt findet ...« Es folgt ein nichtssagendes Gespräch mit irgendeinem Arzt. Für diesen Tag ist Erikas Kraft verbraucht.

Nächster Versuch: Erika fährt nach Ulm, geht in die gynäkologische Abteilung der Uniklinik. Derselbe Wunsch: Ich will eine richtige Frau sein. Dieselbe Frage: Woher kommt das alles? Die Ärzte merken, daß Erika wenig über sich weiß. Sie machen aufwendige Blut- und Hormonuntersuchungen. Ein Brief geht an den Hausarzt. Eine Verordnung für stärkere Hormone erhält sie selbst. Klare Antworten nicht. Eine Information immerhin bekommt sie. An der Art, wie sie die wiedergibt, merkt man, daß die Strategie der Geheimhaltung den Erfolg hatte, Erika nachhaltig zu verunsichern. Erika: »In Ulm sagten sie, meine Vagina, oder was das da ist, wäre lang genug.«

In Frauen verliebt

Es folgt eine Achterbahnfahrt der Gefühle über Jahre hin. Meist geht die Fahrt nach unten, in depressive Zonen. Als Rückzug ohne Ende hat sie diese Zeit in Erinnerung. Am liebsten will sie keinen Menschen sehen. Sie weint viel. Sie fragt sich, warum alles so anders verläuft bei ihr. Was steckt dahinter? Immer noch kennt sie ihre genaue Diagnose nicht. Sie verliebt sich in Frauen. Überwiegend. »Wir leben auf dem Dorf«, sagt sie, »meine Eltern kamen ins Rentenalter, für die war das auch nicht leicht.«

Sie bestellt Hormone beim Hausarzt und in Ulm. Schluckt die zweifache, manchmal die dreifache Dosis: »Ich wollte Frau, Frau, Frau sein.« Später genau das Gegenteil: »Jetzt laß ich den Scheiß einfach weg.« Dann wieder Panik: »Was passiert mit mir?« Jahrelang ist sie nicht imstande, zum Hausarzt zu gehen. Auch bei 40 Grad Fieber nicht. Ihr Hormonrezept erhält sie kommentarlos von der Sprechstundenhilfe.

1995 bekommt sie Brustspannungen, lang andauernd und schmerzhaft. Sie ringt sich durch, geht zum Hausarzt, will einen Termin beim Frauenarzt und ein Schreiben, »damit der weiß, was los ist, denn ich weiß es nicht«. Das Schreiben gibt man ihr – im zugeklebten Kuvert –, Erklärungen nicht. Zu Hause legt sie den Brief erst mal weg. Holt ihn wieder hervor. Sie weiß, da steht eine Wahrheit über sie drin. Die liest sie dann schließlich doch. Ihre Gefühle beschreibt sie als Schockzustand ohne Ende. Schock, dieses Wort benutzt Erika häufig. Es ist keine Übertreibung, sie beschreibt damit ihr alltägliches Leben in einer Umwelt, in der Menschen wie Erika nicht vorgesehen sind.

»Ich zeig dir mal was«, sagt sie, springt auf und sucht den Brief. Vier Kopien hat sie davon gemacht, damit er nicht verloren gehen kann. Einiges liest sie vor: Klitorishyperthrophie in der Größe des Penis eines vierjährigen Jungen – schlanker männlicher Habitus – XY-Chromosomen – lebenslange Östrogensubstitution. Und das Resümee: »Da wir bei dem Kind den weiblichen Status beibehalten wollen, haben wir das Kind nach erfolgreicher Klitorisreduktionsplastik für den Oktober zur Unterbauchlaparotomie stationär vorbemerkt.« »Mit besten kollegialen Empfehlungen« war das Schreiben 14 Jahre zuvor an den Hausarzt gegangen.

Ärzten mißtraut Erika zutiefst. Mehr noch: Die Erfahrung, ohnmächtig ausgeliefert zu sein, gedemütigt, lähmt sie bei jedem Kontakt mit ihnen. Nach einem Autounfall mit Lungenquetschung verschweigt sie den Wadenbeinbruch: nur weg aus der Klinik. Angst, die Haß erzeugt. Im Traum hat sie Gewaltphantasien. Blutschlachten, aus eigenen Erlebnissen gespeist. Sie richtet den Haß gegen sich selbst. Von Alkoholexzessen berichtet sie und von Selbstverletzung, Hände gegen die Heizung schlagen, Fingernägel blutig beißen. Wunden aufreißen. Hauptsache, es tut weh. Heimlich, damit keiner es merkt.

Parallel beendet sie ihr Studium. Erika: »Wie ich dabei mein Examen geschafft habe, ist mir heute ein Rätsel.« Dann folgt ein Praktikum in der Psychiatrie. Dort schaut sie sich um und denkt: »Wenn es soweit ist, schaffst du es noch rechtzeitig vor den Zug.« Ihre Selbstmordgedanken sind rabiat: »Mich vor den Zug werfen, daß es mich zerfetzt. Es sollte nichts übrigbleiben. Der körperliche Schmerz war eine Betäubung vom innerlichen Schmerz. Ein Gegenpol. Wie ich das überlebt habe, weiß ich nicht. Irgendwann kam die Einsicht, es bringt nichts.« Aus eigener Kraft und vielleicht der Sicherheit, die eine schöne Kindheit geben kann.

Genetik und Geschlechterrollen

Sie wird 27. Nun weiß sie die medizinischen Details über sich. Was war der größte Schock? »Daß ich genetisch ein Mann bin.« Ihre Stimme wird ganz sanft, ganz weich, als sie das sagt. »Das war gnadenlos schockierend: Ich bin ein Mann. Es war zunächst Isolation pur. Es rauschten depressive Phasen durch bis zum Gefühl der Unberührbarkeit. Man hat Angst, daß einem jemand zu nahe kommt, weil man selber nicht weiß, was mit einem los ist.« Ein Schock, aber auch ein wenig Erleichterung. Sie klärt die Eltern und die Schwester auf. Endlich gab es eine Erklärung für vieles: »Ich habe XY-Chromosomen, also Testosteron im Blut. Das erklärt, warum ich mich in Frauen verliebe. Warum ich trotz zierlicher Statur enorme Kraft habe.« ... und noch daran arbeite? »Ja«, bestätigt sie, »ich fahre viel Fahrrad. Ich bin im Vergleich zu anderen schwerer, fast 60 Kilo, das sieht mir keiner an. Ich wirke nach außen sehr weiblich, aber ich bezeichne mich als intersexuell. Ich habe die partielle Form von AIS. Als Mann fühle ich mich nicht.« Sie erinnert sich, wie sie früher im Biologiebuch stöberte und dabei den »Pseudohermaphroditus maskulinus« entdeckte: »Ich habe das nicht auf mich bezogen. Später dachte ich, warum eigentlich nicht?«

Pseudohermaphroditus maskulinus. Was ist das? Ein Versuch

von Medizinern, menschliche Vielfalt zu kategorisieren. Bis zur achten Woche der Schwangerschaft sind alle Embryonen weiblich. Dann gibt ein bestimmtes Gen bei Embryonen mit XY-Chromosomen den Befehl: männlich. Beim Androgen-Resistenz-Syndrom (AIS) können die Körperzellen diesen Befehl nicht empfangen. Bei der partiellen Form (PAIS), die Erika hat, empfangen einige Körperzellen das Signal, andere nicht. Einige Teile des Körpers reagieren also auf Androgene, andere nicht. »Schau«, sagt sie, »meine Schultern, wie breit die sind. Mein Chromosomensatz ist männlich. Und das Testosteron hat sich auf das Gewebe ausgewirkt. Als Kind wollte ich immer mit meinem Vati Kräftemessen. Meine Schwester hat gekocht, und ich bin mit in den Stall gesprungen. Ist das Testosteron? Ist das Erziehung?«

Was ist organisch an Männlichem vorhanden? »Kraft. Ich hab jahrelang Kampfsport gemacht. Da war ein Mann, so groß wie ich. Ich saß auf dem drauf und mußte ihn festhalten. Der hat es nicht geschafft rauszukommen. Der war fertig. Sein männliches Ego war im Arsch.« Und stolz: »Umgekehrt aber bin ich rausgekommen.« Ihre Hände wirken weiblich. Der Händedruck allerdings ... Wofür stehen die langen Haare? Da wird der Ton härter. Und wenn die Gefühle heftig sind, ist der Dialekt ihrer Kindheit wieder da: »Null Definitionshintergrund! Ich hatte sie mal länger, aber nie richtig kurz. Lang ist bei mir net gleich weiblich.« Samson würde ihr recht geben.

»Ich bin irgendwo in der Mitte zwischen intersexuell und Frau. Aber sicher nicht Frau. Ich trete anders auf. Mein Gang ist härter, i lauf net leise schleichend rein, sondern ich steh mit dem Fuß auf dem Boden, zack, Klinke runter, da bin ich. Ich bin wirklich manchmal ein Rüpel. Ich möchte gar net lieblich und nett sein.« Dann schildert sie einen ganz normalen Tagesbeginn an ihrem Arbeitsplatz, einer gemeinsamen Praxis mit Sozialarbeitern und Therapeuten: »Frau Kasal reißt die Tür auf, brüllt Grüß Gott!, reißt gleich mal den Stuhl weg, setzt sich hin: Habt ihr schon Kaffee gemacht?« Ist das wirklich genetisch bedingt? »Vielleicht«, sagt sie nachdenklich, »kenne ich zu wenige Frauen in Leitungspositionen, die auch machtvoll auftreten.« Und dann sind wir mitten in einer Diskussion über Geschlechterrollen. Sie greift die Männer an und schämt sich der Frauen. Vehement zieht sie vom Leder: »Die schöneren Tätigkeiten, wer macht die? Die Männer. Und die ekelhafteren Tätigkeiten? Die weiblichen Mitarbeiter. Sie kuschen, erniedrigen sich. Aber wie schnell die Männer durchkommen damit. Wer sorgt dafür, daß die neuen Vorhänge endlich beschafft werden? ›Ja, ich kann das schon machen, aber ob die dann gut aussehen?‹ sagt einer. Schon antwortet eine Frau: ›Gut, dann mach's halt ich.‹ Da tät ich sagen: ›Dann sind sie eben nicht ansehnlich, mach's doch.‹ Aber das tun die Frauen nicht.«

Aus welcher Perspektive schaut sie eigentlich auf das Problem mit den Männern und den Frauen? Auf wessen Seite ist sie? »Schwer zu sagen. Ich guck es anders an. Mir fällt das ganz kraß auf. Ich denk, Herrgott, schlagt's doch auf den Tisch! Sie lassen es mit sich machen, obwohl es ihnen nicht paßt. Das begreife ich nicht. Mit Fordern kommt man weiter, ein Ultimatum stellen.« Männliche Durchsetzungskraft zum Erreichen weiblicher Ziele. Die braucht sie wirklich. Erika: »Ich muß mit Ausgangsbedingungen zurechtkommen, bei denen ein anderer vor den Zug springen würde. Die Selbstmordrate ist sehr hoch, sagt Michel Reiter.«

In den meisten meiner Gespräche tauchte Michel Reiter auf, Intersex-Aktivist und Mitbegründer einer Arbeitsgemeinschaft, die gegen operative Geschlechtszuweisungen an intersexuellen Kindern kämpft.[15] Er gehört zu den ersten in Deutschland, die das Tabu Intersexualität brachen. Sein Vorbild macht vielen Mut.

Durch die Hölle marschiert

Wurde ihr von Medizinern psychologische Hilfe oder Beratung angeboten? »Nie. Weder der Gynäkologe noch die Ärzte der Uni-Klinik schlugen das vor. Es hat keiner gefragt: Wie geht es Ihnen? Niemand kam auf die Idee zu sagen, vielleicht brauchen Sie Hilfe. Das war wirklich unterlassene Hilfeleistung. Auch daß es andere gibt, denen es genauso geht, mußte ich allein herausfinden.« Wenn man sie mit 13 Jahren gefragt hätte, hätte sie sich für oder gegen die Operation entschieden? Sie lächelt: »Das wäre interessant gewesen. Ich weiß es nicht. Aber es wäre sicher besser gewesen, wenn ich das hätte mit entscheiden können.« Dann bricht der Zorn wieder durch: »Man bringt uns nicht um, aber man schneidet uns zurecht. Man läßt uns nicht so existieren, wie wir sind. Das ist auch Vernichtung. Man hat zwar Menschenrechte, es ist nicht wie im Dritten Reich, aber man nimmt uns zu Versuchen her. Das ist psychische, soziale Vernichtung.«

Was war das Schlimmste? »Das Verschweigen. Die Wahrheit ist auch heute kein Genuß für mich, aber wenn man mich offener

Seite 18?

aufgeklärt hätte, mich als Mensch wahrgenommen hätte, nicht als Objekt, das man zurechtschnipseln muß, mich hätte erzählen lassen, was ich empfinde, dann wäre mein Leben besser verlaufen.« Sie denkt lange nach, dann sagt sie leise: »Ich habe es überlebt. Respekt vor meiner eigenen Konstitution hat man nicht gezeigt. So wie du innerlich bist, darfst du nicht sein, war die Botschaft.«

Erst einmal ging es wieder bergab. Sie findet starke Worte: »Ich bin wirklich durch die Hölle marschiert.« Freundinnen versuchen, sie aus dem schwarzen Loch zu ziehen, schleppen sie mit zum Lesbentreffen in der Großstadt. Eigentlich will sie nicht, interessiert sich für gar nichts. Da sieht sie die Ankündigung eines Vortrags zu Intersexualität. Sie spürt ungeheure Erleichterung: »Mein Gott, es gibt noch andere!« Sie lernt Michel Reiter aus Bremen kennen. Und erlebt zum ersten Mal, wie es ist, vollkommen offen sein zu können mit jemandem, der sie und jedes Detail ihrer Erfahrungen versteht. Weitere Begegnungen folgen: Elisabeth Müller in Hamburg, Heike Bödecke in Köln. 1996 gibt es das erste Treffen als Gruppe in München. Gemischte Gefühle: Freude, die anderen kennenzulernen, aber auch große Angst: Was kommt da auf sie zu?

Wie war es? »Grausam«, sagt sie heftig. »Viele Eltern mit Turner-Kindern waren da, die machten auf heile Welt: Alles gar nicht so schlimm, eigentlich geht es uns ja gut. Natürlich versuchten sie, sich Mut zu machen. Daneben ich als erwachsene Intersexuelle. Mir ging es beschissen, und die redeten von Hormonen. Bei mir brach alles los, was in der Vergangenheit war. Ich fing an zu heulen und bin rausgerannt.« Erika erleben, ist einer Art Naturgewalt begegnen. In den Höhen und den Tiefen. »Ja«, sagt sie, »wenn ich fertig bin, sieht das aus wie ein Erdbeben, katastrophal, schluchzend.« In solchen Momenten kann man sich vorstellen, wie die kleine Erika früher heulend aus Baumwipfeln schimpfte. Wie Pippi vom Dachfirst. Wer sie nicht kannte, so vermutet sie rückblickend, hätte damals beim Treffen in München befürchten können, daß sie vor einen Zug springt. Doch am nächsten Tag ist sie wieder dabei. Sie fühlt sich sehr hilflos. Aber zum nächsten Treffen im folgenden Jahr kommt sie wieder. Und zum übernächsten.

So viele Ängste. Die Angst, verletzt zu werden. Die Angst, andere zu verletzen. Intersexuelle untereinander sind so verschieden wie alle Menschen. Auch Ursachen und Auswirkungen ihrer Intersexualität sind unterschiedlich. Menschen mit CAIS, also kompletter Androgen-Resistenz, haben XY-Chromosomen und ein perfektes weibliches Äußeres. Sich als Frau zu fühlen, falle da leichter, vermutet Erika. Das sei ein Unterschied zu PAIS, meint sie: »Wir werden schneller in den gnadenlosen Kampf geworfen, weil die körperliche Konstitution und das Idealbild oft weit auseinanderklaffen durch die Klitorisvergrößerung und anderes.« CAIS-Frauen haben dieses Gefühl nicht oder nicht so stark, nahm sie damals an. Aber sie mahnte sich auch: Paß auf, was du sagst, stoße sie nicht in einen Abgrund, den sie noch nicht spüren. Sie selbst fühlt sich anders. Nicht als Mann, nicht als Frau. Sondern? »Irgendwo dazwischen.« Eine vage Ortsangabe, dann genauer: »Mehr zur Frau. Wenn Intersex in der Mitte ist, dann zwischen Intersex und Frau.« Nirgends zu Haus. Sie ergänzt: »Michel Reiter sagt immer, wir sind der Nadelstich.« Die Stecknadel, die den Luftballon der Normalität zum Platzen bringt.

Lesbisch, hetero oder multisexuell?
Frischer Pfefferminztee und Gedankenspiele: Erika sagt, sie sei lesbisch. Aber sie hat XY-Chromosomen, genetisch ist sie also männlich. Ist sie vielleicht gar nicht lesbisch, sondern heterosexuell? Sie schlägt »multisexuell« vor. Im amtlichen Geburtenbuch ist »weiblich« eingetragen. Erika dürfte, wenn sie wollte, einen Mann heiraten. Zwei genetisch männliche Personen wären dann miteinander verheiratet. Für die Juristen wäre das in Ordnung. Für die Kirche auch.

Erika ist katholisch getauft und aufgewachsen. In ihrer Wohnung hängt ein Kreuz, doch ihren Glauben hat sie rigoros entrümpelt. Buße, Beichte, Erbsünde, Fortpflanzung, der alte katholische Gott, all das ging über Bord: »Wenn Gott bewußt Menschen in solche Situationen bringt wie meine, muß er ein Sadist sein. Wenn überhaupt, kann ich nur an einen positiven Gott glauben, der alles in sich vereint, nicht nur männlich, weiblich, vielleicht als eine Energieform.« Viele Intersexuelle, die ich kennenlernte, haben sehr tief über das Leben nachgedacht. Tiefer als heutzutage üblich. Die meisten Gespräche nehmen irgendwann eine philosophische Richtung. Allerdings, Atheist sei sie nicht, sagt Erika entschieden. Auch auf ein Leben nach dem Tod hoffe sie, ein besseres: »Ich komm weder in das Fegefeuer, noch in die Hölle, i komm in den Himmel. I hab g'nu' g'litten.« Es sei ein schöner Gedankengang, findet sie, sich vorzustellen, daß die Seele in verschiedenen Körpern verschiedene Erfahrungen macht, die sie bereichern. Gedanken aus dem Buddhismus. »Auch der geistig oder der körperlich behinderte Mensch oder der intersexuelle Mensch sind etwas ganz Besonderes«, erklärt Erika, »und die Seele macht hier besondere Erfahrungen.«

Zarte Worte, meist aber wirkt Erika tough, stark, als habe sie alles im Griff.

»Nein«, sagt sie leise. »Manche Erinnerungen bringen mich heute noch zum Heulen. Aber es geht bergauf. Ich gehe mit meinem Leben anders um, ich habe es fertiggebracht, meine Bekannten aufzuklären. Vielleicht fange ich noch mal was ganz anderes an, mit Pflanzen, mit Tieren, vielleicht Verhaltensforschung in Afrika.« Und dann kommt, ganz unerwartet, eine weibliche Demutsbekundung: »Ich weiß nicht, ob ich so gescheit bin, Biologie zu studieren, aber das wäre was für mich.«

Wie ist ihr Lebensgefühl heute? »Nicht schlecht und nicht gut. Im tiefen Untergrund ist da, glaub ich, eine massive Lebensbejahung. Nach dem Autounfall mit Lungenquetschung hab ich's gemerkt, da kriegt man keine Luft mehr, und als der erste Atemzug kam: Gott sei Dank! Mein Leben ist reich an Emotionen. Ich weiß, was es heißt, am Abgrund zu stehen, was Melancholie ist und was totale Freude. Ich kann mich an Kleinigkeiten freuen. Da ist eine Blumenwiese, und ich baue einen Teich hinein. Ich kann an dem Teich sitzen und den Viechern, die da rumschwimmen, ewig lange zugucken. Das kann ich als schön empfinden. Wenn ich auf dem Fahrrad durch den Wald fahre, steige ich ab und schau mir die Blumen an.« Weibliche und männliche Empfindungen? »Ja«, sie nickt. »So fühle ich das. Es ist ein großes Spektrum.«

»Weiblichkeit habe ich mir erkämpft.«
Luise Weilheim, 38, Redakteurin und Therapeutin, Bayern

»Ich bin gesegnet«, sagt Luise, und genauso meint sie es wohl auch, »weil ich das als kleines Mädchen gar nicht wußte«. Auch Luises Eltern ahnten nicht, daß sie ihrer Tochter vielleicht einen Chromosomensatz mit auf den Lebensweg gegeben hatten, der nach zehn Jahren anfing, Verwirrung zu stiften, der Verzweiflung und Depression auslöste und hin und wieder immer noch für Phasen tiefer Traurigkeit verantwortlich ist. Doch wenn Luise erzählt, heute, in ihrer Wohnung in einer Kleinstadt bei München, wo sie mit ihrem Mann lebt, spürt man in erster Linie ihre Lebensfreude. Ihre Stimme, die hell, aber weich ist und am Ende des Satzes gern ein wenig in die Höhe klettert, hat etwas Frohes, Heiteres. Besonders, wenn sie aus der Kindheit berichtet. Luise Weilheim* ist in Malaysia geboren; im Nordteil der Insel Borneo hat sie die ersten acht Jahre ihres Lebens verbracht, als zweitälteste von vier Geschwistern einer Missionarsfamilie. Ihre Schilderungen aus dieser Zeit wecken farbige Phantasien, eine Mischung aus tropischer Somerset-Maugham-Atmosphäre und abenteuerlichen Mädchenromanen der fünfziger Jahre.

Diese unbeschwerte, ja, leidenschaftliche Mädchenkindheit war möglich, weil es damals noch keine Fruchtwasseruntersuchung gab, die ihren Eltern hätte verraten können, daß sie ein Kind mit männlichem, also XY-Chromosomensatz erwarteten. Als dann Luise zur Welt kam, waren sie einfach nur glücklich. Und ahnungslos, einen Jungen gezeugt und ein Mädchen bekommen zu haben. Sie erblickten und erzogen ein Mädchen. Ein sehr hübsches kleines Mädchen wurde Luise und eine begeisterte Puppenmutter. Schöne Kleider waren ihr wichtig. Die Freude darüber prägte sich tief in ihre Erinnerung ein. Wenn sie heute daran denkt, an das Kleid mit den gelben, roten und grünen Knöpfen etwa, dann steigen die Glücksgefühle von damals aus der Tiefe der Kindheit zu ihr empor.

Luise pflegt einen ungewöhnlich sorgsamen Umgang mit den eigenen Gefühlen. Sie knüpft Verbindungen zu Augenblicken des Glücks und sammelt Sinneseindrücke, die Vergangenes aus dem Brunnen der Erinnerung schöpfen. Manchmal, zum Beispiel auf Reisen durch Frankreich, begegnet ihr ein Geruch wie der jenes Reinigungsmittels, das ihre Mutter benutzte, damals, auf Borneo, als der jüngste Bruder noch ein Baby war. Dann steigt ein Gefühl aus der schönsten Zeit ihrer Kindheit in Luise hoch. Erinnerung ist ein zu farbloses Wort dafür. Auf der Suche nach der verlorenen Zeit, wie Marcel Proust es schilderte, dem ein Gebäck – die Madeleines – diese Kindheitsgefühle zurückholte.

Sie lächelt und versucht, ein wenig Distanz zu schaffen zu all diesen Mädchenträumen: »Eigentlich mag ich diese Klischees nicht, ›typisch Mädchen‹, aber ich war selbst fast ein Klischee von einem Mädchen. Meine Schwester war viel wilder. Sie ist eine ganz normale XX-Frau.« Wenn wir, sozusagen als Arbeitshypothese, einmal annehmen, daß es »ganz normale« XX-Frauen gibt, dann sieht Luise aus wie eine davon. Mehr noch: sie ist schlank, groß und hat etwas, das man fast eine stolze Haltung nennen könnte. Viele Frauen machen den Rücken krumm, ziehen die Schultern nach vorne, verbergen ihre Brüste. Nicht Luise.

Doch es gab Zeiten, da wollte Luise am liebsten alles an sich verbergen. »Ich könnte so vieles machen«, schrieb sie in ihr Tagebuch, »wenn ich nur nicht meinen Körper überall mit hinnehmen müßte.« Die Jahre von elf bis 17 nennt sie ihre »Höllenzeit«. Ein brutaler Bruch: Die Kindheit hinter ihr verriegelt, aber das, was nun kommen sollte, trat nicht ein. Luise im Niemandsland. Alle Freundinnen trugen die Insignien der Pubertät spazieren, Luise nicht. Nur in die Länge wuchs sie immer weiter. Mit 13 Jahren begann ihre beste Freundin, sich für Jungen zu interessieren. Auch Luise verliebte sich in Jungen, »unsterblich«, schon in der Grundschule. Aber der Unterschied: »Die Jungen verliebten sich auch in meine Freundin.« In Luise nicht. Sie konnte nicht mitreden bei den brennenden Themen der 13jährigen.

Jahrelang führte sie der erste Gang nach Schulschluß vor den Badezimmerspiegel: Zeigt sich ein Schamhaar, wächst die Brust? Nein. Sie schämte sich und hatte das Gefühl, ihre Geschwister schämten sich ihrer. Einmal am Mittagstisch mit der Familie ging es um das Gleichgewicht der Kräfte: zwei Jungen, zwei Mädchen, ganz gerecht. Ein freundliches Familiengeplauder. Bis der ältere Bruder sagte: »Na, bei der Luise weiß man nicht so recht.« Dieser Satz blieb ihr haften. Zu seinen Freunden nahm der ältere Bruder dann die kleine Schwester mit. Luise, drei Jahre älter und einen Kopf größer, wurde schon mal für die jüngere gehalten. Die kleine Schwester hatte ihre Periode, ihre Brust, und einen Freund hatte sie auch.

Luise wurde nur länger. Und verzweifelter. »Du mußt dich einfach verlieben«, meinte die Schwester, »dann wächst die Brust von alleine.« Von nun an gab Luise sich selbst die Schuld. Irgendetwas in ihr war verklemmt, glaubte sie, und daher entwickelte sie sich nicht. Sie versuchte, sich der Mutter anzuvertrauen: »Ich bin irgendwie anders als die anderen.« Es ist auffallend, wie früh viele intersexuelle Kinder und Jugendliche dieses stimmige Gefühl mitteilen. Und wie selten der Hilferuf ernstgenommen und beantwortet wird. Die Mutter wollte trösten: »Das Gefühl hatte ich auch immer«, sagte sie, »und deine Großmutter hatte es auch«. Die Botschaft lautete: Da kann man nichts machen, das ist halt so. Immerhin, sie nahm die Tochter mit zur Frauenärztin. Dort wurde Luises Knochendichte gemessen. Die Verknöcherung habe noch nicht eingesetzt, stellte die Ärztin fest und schloß messerscharf, aber falsch, die Pubertät hätte noch nicht begonnen, weil das Knochenwachstum nicht beendet sei. Sie verwechselte Ursache und Wirkung (umgekehrt, Frau Doktor, wird ein Schuh draus): Ein Wachstumsschub von zwei bis drei Jahren geht der Pubertät voraus, für die Testosteron und Östrogen dann den Startschuß geben. Testosteron wird nicht nur bei Jungen produziert, sondern in geringerem Maße auch bei Mädchen, und zwar in der Nebennierenrinde und – wenn vorhanden – den Eierstöcken. Unter dem Einfluß von Östrogen schließen sich bei Mädchen ein bis zwei Jahre nach der ersten Regelblutung die Wachstumszonen. Daher hören Mädchen früher auf zu wachsen als Jungen. Drei bis fünf Jahre nach Beginn der Pubertät ist ihr Längenwachstum meist abgeschlossen. »Das kommt schon noch«, meinte die Ärztin, »du bist eine Spätentwicklerin.« Und kopfschüttelnd: »Die jungen Leute heute wollen das immer früher.«

Luise versinkt in Scham. Und wächst. Mitten im Sommer hüllt sie sich in dicke Pullover, damit niemand sieht, daß es nichts zu sehen gibt. Ganz still, ganz traurig wird sie. Luise ist ein intelligentes, ein begabtes Kind, doch in Klassenarbeiten bekommt sie nun Sechsen. »Was machst du denn für Sachen?« schreibt die Mathelehrerin unter eine Arbeit.

»Ich bin doch nie und nimmer ein Junge!«

»Da hätten meine Eltern doch etwas unternehmen müssen«, sagt sie heute, immer noch traurig, daß sie es nicht taten. Doch die Energien der Eltern waren gebunden, der jüngste Bruder lag nach einem schweren Verkehrsunfall, den er nur knapp überlebt hatte, für ein Jahr im Krankenhaus. Die Mutter kämpfte selbst gegen Depressionen, der Übergang von den vielfältigen Aktivitäten auf einer Missionsstation zum Leben in einer deutschen Mietswohnung fiel ihr nicht leicht.

»Ich hatte einfach Pech«, faßt Luise ihre damalige Situation zusammen, und dann sucht sie alte Familienfotos heraus. Die Mutter, ein Bild von einer Missionarsfrau, mit Dutt im Nacken. Luise, eckig, staksig wie ein besonders hungriges Rehkitz. Während die Mutter fürchtete, daß Luise magersüchtig sei, aß diese soviel sie konnte und sehnte sich nach weiblichen Rundungen. Sie entwickelte Theorien, warum sie so sei. Vielleicht darf ich keine Frau werden, damit meine Mutter mich nicht als Bedrohung empfindet. Vielleicht darf ich nicht schöner werden als sie. Der zentrale Gedanke lautete: Ich bin schuld. Am Tag vor dem Abitur ging sie zum Friseur. Wie alt sie sei, wollte der wissen. Wieso? Seine Antwort löste Bestürzung aus: »Bis 13 kostet es die Hälfte.« So sah sie also aus, ein schlaksiges, dürres Kind.

Schließlich geht die Mutter mit ihr zum Kinderarzt. Bei einer Blutuntersuchung finden sich keinerlei Geschlechtshormone. Das ist ungewöhnlich in ihrem Alter. Nun wird Luise zur gynäkologischen Abteilung eines Münchner Krankenhauses überwiesen. Mutter und Tochter im Wartezimmer. Die Mutter voller Scham, man könnte ja denken, sie sei mit ihrer Tochter hier, weil die eine Abtreibung brauchte. Und voller Mitgefühl, denn sicher hegt ihre Tochter dieselben Sorgen. Nichts liegt Luise ferner. Nach einer Woche im Krankenhaus mit gynäkologischer Untersuchung und Bauchspiegelung erfährt Luise endlich den Grund für ihre Verfassung: Sie hat eine Hormonstörung, besitzt weder Gebärmutter noch Eierstöcke und hat eine kurze, enge Scheide, die blind endet. Kinder wird sie nie bekommen. Eine Hormonbehandlung soll beginnen. Sie ist 17. Der Arzt informiert Mutter und Tochter in getrennten Gesprächen. Sehr viel später wird sich herausstellen, daß er die Informationen unterschiedlich dosiert hat. Luise erfährt von der Hormonstörung. Die Mutter von den XY-Chromosomen. In deren Erinnerung allerdings hat sie mit der Tochter darüber gesprochen, aber diese hätte sehr heftig abgewehrt: »Schlag dir das aus dem Kopf, ich bin doch nie und nimmer ein Junge!« Doch so sehr Luise sucht, ihr eigenes Gedächtnis gibt diese Szene nicht her.

Als Mutter und Tochter an jenem Tage nach Hause kommen, geht Luise noch ein wenig spazieren. Die Mutter ist voller Angst: Für ihre Tochter bricht sicher die Welt zusammen, denkt sie, weil sie keine Kinder bekommen kann. Wird sie sich umbringen? Mitnichten. Als völlig euphorisch beschreibt Luise ihre Gefühle von damals. Das mit den Kindern spielt keine große Rolle. Aber endlich gibt es einen körperlichen Grund für ihr Anderssein. Sie hat keine Schuld. Und sie wird Brüste bekommen. Luise ist glücklich. Sie bekommt Brüste. Und Schamhaare auch. Nach zwei Jahren, mit 19, muß sie noch einmal in die Klinik. Wegen des Entartungsrisikos, so hatte man ihr gesagt, müßten ihre rudimentären Gonaden entfernt werden. Ein Satz, den viele Frauen mit XY-Chromosomen zu hören bekommen. Luise übersetzt ihn sich so: Ihre winzigen Eierstöcke könnten Krebs entwickeln. Logisch, daß sie die Gefahr gebannt sehen will, zumal sie ohnehin keine Kinder bekommen kann. Was ihre Gonaden, ihre Keimdrüsen, aber wirklich enthielten, erfuhr sie vor drei Jahren. Da hielt Luise zum ersten Mal ihre Krankenakte in den Händen. Ein Foto der kleinen Organe war auch dabei. Und die histologische Diagnose »atrophische Hoden und Nebenhoden«. Falls sie funktionsfähig waren, besaßen sie die Fähigkeit, geringe Mengen Östrogene zu entwikkeln. Nach ihrer Entfernung wurden diese komplett substituiert. Mehr noch: Luise wie vielen anderen XY-Frauen wurden auch Gestagene verordnet. Üblicherweise lösen diese die monatlichen Blutungen zum Abtransport der Gebärmutterschleimhaut aus, die sich im Laufe des Zyklus aufbaut. Luise und viele andere intersexuelle Frauen haben keine Gebärmutter. Gestagene bekommen sie trotzdem. Nicht nur mir erscheint das absurd.

Die ungeheure Sehnsucht, eine Frau zu sein

Nach dem Abitur hat Luise ein freiwilliges soziales Jahr in einer Behinderteneinrichtung begonnen; dort wohnt sie auch. Noch einmal fährt sie in die Klinik nach München zu dem Professor, der sie behandelt hat. Alleine, ihre Mutter kommt nicht mehr mit, Luise wird allmählich erwachsen. Zufrieden stellt er fest, daß das Brustwachstum abgeschlossen sei: »Alles hat sich sehr schön entwickelt, da haben wir großes Glück gehabt.« Doch Luise ist nicht zufrieden, sie ist verzweifelt. Sie fährt in ihr neues Zuhause. Wie kann sie den Schmerz nur aushalten? Es ist Winter, sie schließt sich in ihr Zimmer ein, dreht die Heizung auf höchste Stufe und legt ein großes Handtuch darüber. Dann zieht sie sich nackt aus, hüllt sich in das warme Handtuch, kauert sich auf den Boden und legt das nächste Handtuch über die Heizung. Immer wieder hüllt sie sich so in Wärme ein. Sie gibt dem Gefühl eine Gestalt. Die euphorische Vorstellung, sie werde sich als Frau fühlen, ist nicht eingetreten. Ihre Brust findet keine Gnade vor ihren Augen: »Sie war mir viel zu klein, gar nicht wie eine weibliche Brust. Ich brauchte keinen BH zu tragen, einfach ein Unterhemd, das war's.« Wie ist eine weibliche Brust? Wie hat sie zu sein?

Luise sitzt am Tisch in ihrem hellen Wohnzimmer, manchmal steht sie auf, brüht frischen Tee, holt eine Schale mit Keksen. Soweit das durch die Kleidung zu erkennen ist, hat sie eine schöne Brust, und nun sage ich es ihr. Sie lächelt: »Ja, ich ziehe auch nicht gerne weite Sachen an, in denen man die Brust nicht erkennt. Vielleicht, weil ich mich so lange danach gesehnt habe.« Hing das Gefühl, eine Frau zu sein, mit der Form ihrer Brust zusammen? Luise: »Ich habe es sehr stark daran festgemacht.« Warum? »Dieses Unabgerundete, Unweibliche, Harte mochte ich nicht. Ich war sehr schlank, noch bei meiner Heirat mit 28 paßte ich in Kleidergröße 36, bei einer Größe von 1,80 Meter.« Eine Modelfigur. »Genau, ich war ganz dünn. So, wie alle anderen sein wollten. Bis vor kurzem habe ich immer im Frühling und Sommer Panik geschoben. Umgeben von dieser ganzen Luftigkeit, all diesen jungen Mädchen, die Spaß dran hatten, sich schön zu machen, fühlte ich mich völlig ausgeschlossen. Vielleicht gibt es ja genug Femininität in der Welt, dachte ich, ohne daß du auch noch was dazu beiträgst. Aber es war ein sehr trauriger Gedanke. Ich wollte unbedingt auch dieses frauliche Gefühl haben. Manchmal denke ich, ich kann mir gut vorstellen, wie sich jemand fühlt, der transsexuell ist. Der dieses tiefe Gefühl hat, ich will eine Frau sein, aber dummerweise ist er ein Mann. Dieses tiefe Sehnsuchtsgefühl.« Woher kam die Vorstellung, wie sich eine Frau fühlt? Luise: »Ich weiß es nicht. Aber es entspricht dem Gefühl, das ich heute habe. Manchmal, wenn ich über einen Platz gehe und bin so angezogen, daß ich mich wohlfühle und attraktiv finde, denke ich, genauso habe ich mir das damals vorgestellt.«

Bis dahin war es ein langer Weg. Damals, zwischen 17 und Ende 20, muß es eine Diskrepanz gegeben haben zwischen der körperlichen Entwicklung und Luises Wahrnehmung. »Ja«, bestätigt sie, »bis vor kurzem war ich immer erstaunt, wenn man auf Fotos erkennen kann, daß ich eine Brust habe.« Als wäre die noch nicht in ihrem Bewußtsein angekommen. Aber im Unbewußten war sie da. Auch ihre Bedrohung. Luise: »Ich hatte immer wieder Träume, in denen diese Brust abgefallen ist. Und in den letzten Jahren, seitdem ich von meinen XY-Chromosomen weiß, wächst mir in Träumen manchmal ein Bart.« Nicht nur ihre Gefühle, auch ihre Träume hütet Luise sorgsam. Einen gibt es, der kehrt seit vielen Jahren wieder, in unterschiedlichen Verkleidungen: »Ich bin zu spät dran. Je mehr ich mich bemühe, die Verspätung aufzuholen, desto schlimmer wird alles, und ich bin immer weiter davon entfernt, aus dieser Situation heil herauszukommen.«

Solche Alpträume kennen viele, aber bei Luise haben sie eine besondere Atmosphäre. Nie erlebt sie die demütigende Situation selbst, die Prüfung, die Schulstunde, nie steht sie zu spät vor Hunderten von Zuschauern, sondern wieder und wieder durchlebt sie das Gefühl, das sie in der Pubertät begleitet und geprägt hat: »Meine körperliche Entwicklung zur Frau bleibt aus, ich bin zu spät, es wird alles immer schlimmer. Und ich kann überhaupt nichts tun.« Das allerdings stimmt nicht – Luise kann viel tun: Sie wird eine hervorragende Studentin. Mit einem ausgezeichneten Abitur in der Tasche bringt sie tolle Leistungen an der Uni. Aber der Preis wird immer höher. Irgendwann, so formuliert sie es, bringt sie es nicht mehr fertig, mit ihrem Körper zu leben. Sie schafft es kaum, ihn morgens so anzuziehen, so zu frisieren, daß sie ihr Zimmer im Wohnheim verlassen kann. In dieser Zeit gehen ihr die Haare aus, wohl eine Folge hormonellen Mangels. Ein Drittel ihrer Kopfhaare hat sie schon verloren, als eine Hautärztin die Entwicklung stoppt. Der Weg zur Uni kostet ungeheure Kraft. In die Mensa geht sie nie, kann sich keiner Menschenmenge aussetzen, sich Menschen nicht zeigen. Mit dem Fahrrad saust sie sehr schnell von einem Platz zum anderen. Zwischen den Vorlesungen schließt sie sich auf der Toilette ein.

Sie ruft die Telefonseelsorge an und spricht einige Male auch mit dem Professor, der ihre Behandlung geleitet hat. Es ginge ihr psychisch nicht gut, sagt sie. Seine Erwiderung kommt prompt: Mit ihrer Hormonstörung könne das nicht zusammenhängen. In anderen Worten: Meine Schuld ist das nicht. Er bietet eine andere Erklärung an – vielleicht gäbe es frühkindliche Traumata? – und empfiehlt eine Therapeutin (im Laufe der Recherchen höre ich von mehr als einem Fall, in dem Kliniken sexuellen Mißbrauch in der Familie als Erklärung vorschlagen, wo medizinische Traumatisierungen vorliegen). Einmal geht sie hin, dann nicht wieder. Sie erlebt die Therapeutin als Komplizin des Professors. Sie weiß, daß ihre Depression mit ihrem Frauenbild, ihrem Körper zusammenhängt. Sonst nichts.

Wütend mache sie das, sagt sie. Mit 17 hätte sie die Wahrheit erfahren und sofort kompetente psychologische Hilfe bekommen müssen. Dann wird sie heftig: »Das hätte von Anfang an passieren müssen. Ich hätte das Recht gehabt, zusammenzubrechen, alles ganz schrecklich zu finden, und dann hätte man mir helfen müssen. Denn das ist etwas ganz Schweres, mit dem man da leben muß. Allein die Tatsache, daß ich keine Kinder bekommen konnte, mußte ja depressive Reaktionen auslösen.«

Doch Luise reißt sich zusammen und bringt Leistung, so lange es geht. Es geht immer weniger. Aus der Uni ruft sie den Vater an: Hol mich ab. Er holt sie, weinend liegt sie zu Hause, bis es wieder geht. Dann fährt er sie zurück. Zwei Semester lang. Weihnachten kann sie nicht mehr. »Schlaf«, sagt ihre Mutter, »das wird dir helfen.« Der Mutter hatte es oft geholfen. Soviel Kraft hat Luise noch, daß sie schreien kann: »Dir vielleicht, aber mir nicht.« Sie weiß, daß sich etwas ganz Entscheidendes verändern muß. Ein Platz im Zentralinstitut für Seelische Gesundheit in Mannheim wird ihr angeboten, als Notfall könnte sie sofort bleiben. Da reißt sie sich noch einmal zusammen, beendet das Semester samt Prüfung. Dann geht sie in das Institut nach Mannheim und bricht zusammen.

Ein halbes Jahr bleibt sie dort. Die Gruppentherapie beschert ihr eine »heilsame Erfahrung«: sie wird von allen akzeptiert und entwickelt sich zur »Mitte der Gruppe«. Das tut ihr gut, denn der schlimmste Schmerz war nicht, keine Kinder kriegen zu können, keine richtige Scheide zu haben. »Der schlimmste Schmerz«, so Luise, »war, anders zu sein, nicht dazuzugehören.« An ihren Problemen mit dem Frausein änderte diese gute Erfahrung wenig. Aber sie ist in der Lage weiterzustudieren.

Aktfotografie als Traumatherapie
Luise wirkt gelassen, entspannt, als hätte sie »das Phänomen« und seine Folgen im Griff. Wie viele meiner Gesprächspartner vermeidet sie die Worte Krankheit und Defekt, aber manchmal rutscht ihr

das Wort »Störung« doch heraus, und sie korrigiert sich schnell: »Störung ist ein schreckliches Wort, Phänomen ist besser.«

Bei all ihrer Gelassenheit – irgendetwas mahnt mich zur Vorsicht, während wir reden. Zu Recht, bestätigt sie. Sie wisse um ihre psychische Zerbrechlichkeit. Die habe möglicherweise auch ihren Blutdruck in schwindelerregende Höhen getrieben. »Pflege eine Freundschaft mit deinem Körper«, empfindet sie deshalb als eine ihrer wichtigsten Lebensaufgaben. »Sorge dafür, daß du dich in deinem Körper wohlfühlst.«

Ihre Strategien auf dem Wege zu sich selbst sind faszinierend. Sie analysiert, wo die Schwierigkeiten liegen und wo nicht: Ein Problem, sich nackt zu zeigen, etwa in der Sauna, habe sie nicht, erzählt sie und lacht, denn sie findet das sonderbar. Luise: »Das Problem entsteht, wenn ich mich anziehe und angezogen zeigen muß.« Vielleicht ein chronisch gewordener Rest aus den verzweifelten einsamen Jahren des Versteckens? Es ist seltener geworden, doch manchmal passiert es ihr noch, daß sie Stunden braucht, einen Riesenberg verworfener Kleider im Schlafzimmer hinterläßt und nur geht, weil sie sonst unweigerlich zu spät zur Arbeit kommt. Aber dann kann sie gehen.

Bewußt setzt Luise heilende Erfahrungen gegen traumatische. Einige Stunden schon sitzen wir beisammen, da beginnt Luise zum zweiten Mal von ihrer Zeit im Krankenhaus zu erzählen, damals, als sie 17 war: »Ich wußte, von dort kommt meine Rettung. Aber was ich ganz schrecklich fand, war das Fotografiert-Werden. Man mußte in den Keller, ein Raum mit Neonlicht. Von vorne, die Arme auseinander, die Arme nach oben, dann von hinten, von der Seite ...« Luise, die Sprachen studiert und als Redakteurin gearbeitet hat, formuliert ihre Sätze meist elegant und glatt. Jetzt nicht.

Welchen Zweck hatten diese »Fotosessions«? Für Lehrzwecke, habe der Professor gesagt. Luise konnte sich nicht wehren. Beim ersten Mal war sie 17, beim zweiten Mal 20 Jahre alt. Ob die Bilder veröffentlicht wurden, weiß sie nicht. Vor kurzem hat sie nachgefragt und eine abwehrende Antwort bekommen. So fotografiert worden zu sein, das hat sie lange beschäftigt. Luise: »Es war das erste Mal, daß ein Mann mich nackt gesehen hat. Es war das erste Mal, daß ein Mann meine Brust berührt hat. Ich weiß noch, daß das erotische Gefühle bei mir auslöste.« Sie schweigt. Dann fügt sie hinzu: »Ich wünsche mir oft, das hätte anders sein können.«

Eines Tages entdeckt sie einen Zeitungsartikel über eine Fotografin, die sanfte Aktfotos von Frauen macht. Keine Pornographie, sondern geschmackvolle, attraktive Bilder. Sie vereinbart einen Termin und verbringt einen ganzen Tag bei der Fotografin, wird geschminkt, gestylt und nackt fotografiert. Über 500 Euro habe das gekostet, und die Erfahrung sei jeden Cent wert gewesen. Es seien sehr schöne Fotos geworden, sagt sie, und: »Früher wurde das Abartige an mir fotografiert; dem wollte ich etwas Schönes entgegenstellen.«

Es gibt wohl keine Statistik darüber, wie viele Ehefrauen ihre Männer mit schönen Aktfotos von sich überraschen. Luises Motive aber sind zumindest ungewöhnlich, wenn nicht einmalig. Erst als sie die Bilder gesehen und für schön befunden hatte, erfuhr ihr Mann von der Aktion. Luise: »Michael fand die Fotos auch sehr schön. Er fand es sehr faszinierend, daß ich das überhaupt gemacht habe. Ich habe das Gefühl, er registriert, daß ich mich entwickelt habe in den letzten Jahren.«

Die Männer und der Sex
Luises Mann. Beim Weg zum Mittagessen in einer Gaststätte erzählt sie, wie sie ihn kennenlernte. Michael war einer der wenigen Männer zwischen lauter Frauen in ihrem Studiengang. Er war der Schönste. Eine Trophäe? Sie lacht. Auf einem Regal im Wohnzimmer liegt ein kleines Gerät, ein Holzspielzeug mit der Aufschrift »Phrasendreschmaschine«. Luise und Michael haben Sprachen studiert und beruflich mit Sprache gearbeitet. Michael macht das immer noch, Luise ist inzwischen Therapeutin geistig behinderter Kinder und Jugendlicher. Sie ist nicht die einzige meiner Gesprächspartner, die in einem sozialen Beruf arbeitet. Sicher ist das kein Zufall. Über ihren Beruf seien die beiden »im Austausch miteinander«, sagt Luise, und man fragt sich, ob das ein feinerer Ausdruck für Streit ist.

Luise: »Ich könnte ohne meine Arbeit nicht leben. Daher muß sie mich erfüllen, mir Spaß machen. Für meinen Mann ist es wichtig, daß er mit relativ wenig Zeitaufwand relativ viel Geld verdient. Das braucht er für sein eigentliches Leben, die Freizeit. Ich bin immer in Gefahr, Freizeit als Regenerationszeit für meine Arbeit zu sehen. So darf es nicht sein, sagt er, Freizeit ist Lebenszeit, sie muß meine Qualitätszeit sein.«

Michael war Luises zweiter Freund. So sorgsam wie mit Gefühlen geht sie offenbar auch mit Männerbeziehungen um. Über ihre körperlichen Besonderheiten hat sie neue Freunde sofort informiert. Wenn ich es erst sage, falls wir ein Paar werden, dachte sie, wie fühle ich mich, wenn er sich dann trennt? Der erste war ein Amerikaner, sie lernte ihn in Italien kennen, in einer Wohngemeinschaft Behinderter und Nicht-Behinderter. Sie ließen sich Zeit miteinander, waren behutsam. »Ein sehr schönes Geschlechtsleben« hätten sie gehabt, »ohne Penetration«. Aber mit Orgasmus. Auf diese Weise, so sieht es Luise, sei ihr der Schrecken vom »ersten Mal« erspart geblieben. Irgendwann hatte sie dann den Wunsch, »daß er auch normal mit mir schlafen kann.« Normal, sagt sie.

Luise war damals 22. Mit 17 hatte man ihr gesagt, ihre Scheide sei zu kurz, zu eng für Geschlechtsverkehr, aber man könne sie weiten. Das nahm sie nun in Angriff. Zwei operative Dehnungen der Vagina unter Vollnarkose. Sehr schmerzhaft, sagt sie, aber dennoch sei sie froh, daß sie es habe machen lassen. Sachlich erläutert sie das Verfahren, das schon beim Zuhören wehtut: Eine Prothese wurde unter Vollnarkose in die Vagina eingesetzt, mit Schrauben wurde von außen gedehnt. Doch das war nicht das Schlimmste. Das Schlimmste waren – wieder einmal – ungebetene Besucher. Luise erinnert sich: »Man hatte mich da hingelegt, Beine hoch, wie auf einem Gynäkologenstuhl lag ich auf meinem Bett. Dann kommt eine Schar von Männern rein, Medizinstudenten, die gucken sich das an.« War sie darauf vorbereitet? Nein.

Luise lag in einem Doppelzimmer. Die andere Patientin, sie war schon in den Wechseljahren, erlebte alles mit, auch die Peepshow für die Studenten. Es scheint unfaßbar, daß solche Szenarien wirklich stattfanden, noch stattfinden. Später, Luise hatte ein wenig geschlafen, hörte sie beim Aufwachen ein Telefonat ihrer Nachbarin: »Bei mir im Zimmer ist ein ganz armes Ding. Die hat keine Scheide und ist auch keine richtige Frau.« Als Luise entlassen wurde, sagte man ihr, sie müsse regelmäßig Geschlechtsverkehr haben. Mein Freund, erwiderte sie, lebt in Amerika, wir sehen uns nicht oft. Dann solle sie sich einen Dildo, einen Vibrator kaufen, Hauptsache, sie bleibe immer gedehnt. Da hat Luise dann ihre Mutter gebeten, ihr einen Vibrator zu kaufen. Der Vibrator hat den Freundschaftstest nicht bestanden. Nach zweimaligem Gebrauch nahm Luise Abstand und beschloß: Wenn es sich zusammenzieht, lasse ich es einfach nochmal dehnen. Zieht es sich wieder zusammen? »Ja. Wenn ich eine Zeitlang keinen Geschlechtsverkehr habe, weil ich verreist bin, tut es beim ersten und vielleicht beim zweiten Mal weh, dann dehnt es sich wieder und ist okay. Es ist nicht schlimm.« Sie sieht den skeptischen Blick und ergänzt: »Ich habe nicht diese medizinische krankhafte Beziehung zu meinem Unterleib entwickelt« – das muß ein Wunder sein –, »ich hatte nur ein schlechtes Gewissen: Die Ärzte sagten, die Operationen wären dann vergebens gewesen, und ich machte es einfach nicht.«

Ist es so wichtig, eine Scheide zu haben, auch wenn man keine Kinder kriegen kann? Die Frage stelle ich in vielen dieser Gespräche. Luise hält mich auf Abstand: »Es ist interessant, daß Sie das sagen.« Wie empfindungsfähig ist das, was man da erhält? Luise: »Für mich ist es eine blind endende Vagina. So nennt sich das. Allerdings habe ich gehört, daß Frauen mit richtiger Vagina tief innen auch keine Empfindung haben. Für Männer ist es wohl eine Luststeigerung, ganz umschlossen zu sein. Für mich ist es dann eher schwieriger, einen Orgasmus zu bekommen.« Das geht vielen Frauen so. Ja, das weiß Luise: »Dieser Vaginalorgasmus ist wohl eher eine Phantasie in Männerköpfen. Aber es soll ja Frauen geben, die das haben.« Auch darüber wird in der Selbsthilfegruppe gesprochen, mit der sie seit fast drei Jahren Kontakt hat. Luise findet, sie hat Glück mit ihrer Sexualität – im Vergleich mit anderen Frauen, nicht nur aus der Gruppe.

Es ist beeindruckend, daß die demütigenden Szenen ihr offenbar nichts anhaben konnten. Der Besuch beim Hausarzt war nur eine davon. Er sollte ein Rezept verlängern, nutzte aber die Gelegenheit: »Da muß ich Sie erst untersuchen«, erinnert sich Luise an seine Worte. »Dann hat er meine Genitalien untersucht, abgetastet und so. Ich fühlte mich sehr gedemütigt hinterher. Es war ein bißchen wie eine Vergewaltigung.« Erst später begriff sie, daß es reine Neugier gewesen war. Sie hätte gerne anders reagiert damals, hätte gern gesagt: »Warum? Wenn ich mich jetzt nackt ausziehe, Sie untersuchen meine Brust, Sie greifen in meine Scheide rein, warum können Sie dann eher einschätzen, ob ich Hormone brauche, als wenn ich nur vor Ihnen sitze?« Damals hatte sie noch nicht die Stärke dazu. Sie war nur kurz in Deutschland, der gewohnte Gynäkologe auf Urlaub, und bald darauf mußte sie zurück nach Südostasien. Warum hätte sie dem langjährigen Hausarzt ihrer Familie nicht trauen sollen?

Südostasien. Nach dem Studium lebten Luise und Michael vier Jahre dort. Michael war leitender Redakteur. Luise baute eine Bischofskanzlei auf, für die frischgebackene Sprachwissenschaftlerin war es ein überraschender Job und eine echte Herausforderung mit grenzenlosen Arbeitszeiten. Bis Michael streikte. Luise: »Er hatte recht, es ging zu weit. Das Gefühl, minderwertig zu sein, wollte ich oft durch besonders gute Leistungen ausgleichen.«

Der sorgsame Umgang mit den Gefühlen
Ich male einen großen Kreis und bitte Luise, die einzelnen Bereiche ihres Lebens hineinzumalen. Was ist ihr wichtig? Der größte Kreis enthält tatsächlich ihre Arbeit. Doppelt so groß wie Ehe und wie Intersexualität. Musik und Tanzen sind zwei kleinere Kreise. Und schließlich zieht sie um den äußeren noch einen weiteren Kreis, schreibt »Glaube« daran. Luise ist religiös aufgewachsen – wie könnte man anders mit Missionaren als Eltern? Wie viele Intersexuelle hat auch sie ihr Gottesbild kritisch überprüft und die Sache mit der Allmacht ad acta gelegt. Ein allmächtiger Gott, der ihr nicht hilft, wie könnte sie an so einen Zyniker glauben? Aber daß er sie liebt und sie in dunklen Zeiten begleitet, steht unverrückbar fest für Luise.

In vier Jahren Asien, wo sie unter hohem Druck Leistung brachte, hat sie sich oft gefragt, wann sie am liebsten gelebt hatte. Sie stellte fest, daß es bei der Arbeit mit geistig Behinderten war. Sie beschloß, dorthin zurückzugehen. Nach der Rückkehr machte sie eine Ausbildung zur Sozialtherapeutin. »Nur wenige konnten das verstehen«, sagt sie. Verdienst und Ansehen waren geringer. Es war ein bewußter Schritt nach unten auf der sozialen Leiter. Warum war es ihr dennoch so wichtig? »Es hat mit meinem Körper zu tun. Wenn ich nur intellektuell arbeite, als Redakteurin, kann ich ihn ausklammern. Das käme mir entgegen mit meinen Problemen, aber ich fühle mich nicht gut dabei. Wenn ich mit geistig Behinderten arbeite, ist mein Körper mein Arbeitsinstrument. Die gehen einfach ran, nehmen mich in den Arm. Ich muß mich mit mir selber wohlfühlen, weil sich das stimmungsmäßig sofort überträgt. Es ist eine größere Herausforderung.«

Aber auch die Behinderten selbst ziehen Luise an: »Völlige Originale, die passen in keine Norm. Ich empfinde sie als Bereicherung für die Welt, nicht als Problem, das man lösen muß. Natürlich ist auch viel Leid und Schmerz dabei. Aber ich ärgere mich, wenn es heißt, man soll genetische Untersuchungen machen, damit es keine Behinderungen mehr gibt. Die Welt ohne behinderte Menschen stelle ich mir langweilig vor. Unbehinderte sind sich so ähnlich. Sie haben sich im Griff, während die Behinderten total sie selbst sind.«

Nach der zweiten Ausbildung begann Luise eine Therapie. Im Gespräch mit ihrer Therapeutin stellte sie fest, wie wenig sie eigentlich über ihre »Hormonstörung« wußte. Ärzte, die sie um Kontakt zu anderen Betroffenen bat, wehrten ab, ihnen sei niemand bekannt. In manchen Fällen war das eine Lüge, heute weiß Luise das. Sie beschaffte sich einen Internetanschluß und recherchierte selbst. Ihre erste Verbindung knüpfte sie zur Swyer-Kontaktgruppe, einem Vernetzungsangebot für Menschen mit weiblichem Erscheinungsbild und XY-Chromosomen. Parallel ließ sie sich – nach fast 20 Jahren – ihre medizinischen Akten aus der Klinik kommen. Da las sie es zum ersten Mal: XY-Chromosomen. Zuerst bedeutete es nichts, dann schlug sie im Lexikon nach: männlicher Chromosomensatz. Da kam der Schock. Dann bin ich eigentlich ein Mann, dachte sie. Und mein Mann ist mit einem Mann verheiratet. Zuerst kann sie es ihm nicht sagen. Sie muß viel weinen in der Zeit, tagsüber, wenn sie allein ist. Schließlich erzählt sie es, will wissen, was das für ihn bedeutet. Sie sind jetzt acht Jahre verheiratet. Er denkt lange nach, und dann sagt er, es sei, als ob sie eine ganz seltene Blutgruppe hätte. An ihrem Frau-Sein ändert es nichts. »Natürlich«, sagt sie, »habe ich mich nie als Mann gefühlt, obwohl ich vor Gericht eher beweisen könnte, daß ich ein Mann, als daß ich eine Frau bin.« Hier irrt sie, denn für die Justiz zählt der äußere Anschein, nicht die Chromosomen.

Lieber mich so, als mich gar nicht

Nun ringt sie sich durch: Die Familie soll es erfahren. Zuerst die Schwester. Nie im Leben hätte Luise mit deren Reaktion gerechnet: »Das weiß ich doch«, sagt die Schwester völlig gelassen, »hast du das nicht gewußt?« Es stellt sich heraus, daß ihre Schwester seit vielen Jahren über ein Spezialwissen im Bereich Intersexualität verfügt. Sobald die Mutter der Familie die ärztliche Diagnose mitgeteilt hatte, begann die Schwester, Bibliotheken zu durchforsten, Bücher darüber zu lesen. Luise ist immer noch erstaunt: »Sie weiß genau, was das alles ist, Hermaphroditen, Pseudo-Hermaphroditen, in welchen Kulturen es eine Rolle spielt. Sie hat sich intensiv damit auseinandergesetzt. Diese kleine Schwester, mit der ich auch über intimste Dinge gesprochen habe. Aber darüber nicht.« Eine Mauer in der eigenen Familie. Wie war die entstanden? Offenbar begriff niemand, daß Luise nur Teilinformationen erhalten hatte. Ihr Schweigen deutete die Familie als Wunsch, nicht darüber zu sprechen, und respektierte ihn. Die Depressionen erlebten alle mit, sie weinten gemeinsam. Aber über den Grund sprachen sie nie. Wie in einer Seifenblase kommt sich Luise im nachhinein vor.

Was genau sie eigentlich hat, welches Gen, welches Enzym, welches Ereignis für ihre Probleme verantwortlich ist, weiß Luise bis heute nicht. Es gibt eine Vielfalt von Diagnosen, manche unterscheiden sich nur durch die Namen, vieles ist nicht trennscharf. Inzwischen kennt sich Luise besser aus als ihr Arzt, der schon mal Gonadendysgenesie mit Turner-Syndrom verwechselt. Eine Weile vermutete sie AIS, also Androgen Resistenz, ein Syndrom, bei dem die Körperzellen nicht auf Androgene reagieren können. Dann entdeckte sie Unterschiede: sie selbst hat Körperhaare, Frauen mit kompletter AIS haben das eher nicht (nie die Beine rasieren!). Auch ihre Brustentwicklung verlief anders als bei AIS. Drei mögliche Diagnosen hat sie sich von einem Endokrinologen sagen lassen: L-H-Rezeptor-Defekt, p450/c17-Defekt, 17-beta-HSD. Das eine klingt so schön wie das andere. Ein ACTH-Test wurde gemacht und AGS ausgeschlossen.

Aber Luise läßt sich Zeit, es scheint ihr nicht sehr dringlich zu sein, mehr zu wissen. Ihre Eltern, bestätigt sie, seien viel stärker mit der Frage nach den Ursachen beschäftigt als sie. Warum? Gibt es denn Vorgänger in der Familiengeschichte? »Das ist ein heikles Thema in unserer Familie«, sagt sie, »denn meine Eltern sind verwandt, sie sind Cousin und Cousine. Meine Großväter sind Brüder. Und wenn ich eine Enzymstörung habe, dann liegt sie auf einem Autosom, also einem Körperchromosom, und wird rezessiv vererbt. Das heißt, sie kann nur aktiv werden, wenn beide Eltern sie vererben.« Sind die Eltern miteinander verwandt, ist das eher möglich.

Luises Eltern tendieren eher zur Annahme, daß es mit dem DDT zu tun habe, das auf Borneo in großen Mengen versprüht wurde. In einigen Eingeborenenstämmen dort würden öfter Mädchen ohne Scheide geboren, die keine Kinder bekommen könnten. Auch das wäre eine Möglichkeit, sagt Luise. Weiter kommentiert sie es nicht. Sie selbst sei mit der Schuldfrage nicht beschäftigt und sage ihren Eltern immer wieder, daß sie ja gern lebe: »Lieber mich so, als mich gar nicht.« Sie wolle dies nicht auch zu ihrem Problem machen, sagt sie. Vielleicht aber möchte sie ihren Eltern die endgültige – medizinische – Wahrheit ersparen?

Kurz vor dem Abschied kommt noch eine Überraschung: »Darf ich Ihnen die Aktfotos zeigen?« fragt sie. Wirklich, sie sind sehr erotisch und schön. »Weiblichkeit«, sagt Luise, »habe ich mir erkämpft.« Die Weiblichkeit ist da. Aber Luise kämpft noch immer.

Intersexualität – ein Trauma?

Wie Medizin und Gesellschaft mit Intersexuellen umgehen, hat schlimme Folgen für deren Lebensqualität. Jahrhundertelang nahm man Intersexualität als Phänomen der Mythologie und medizinischen Sensationen wahr. Erst seit Selbsthilfegruppen auf Situation und Probleme Intersexueller aufmerksam machen, beginnt die Gesellschaft zu begreifen, daß es um wirkliche Menschen geht.

Nicht der Intersexuelle ist das Problem, sondern die Gesellschaft

Inzwischen steht fest:

1. Es gibt viel mehr Betroffene als angenommen, vermutlich kennt jede/r mindestens einen intersexuellen Menschen, ohne es zu wissen.
2. Die Medizin hat eine problematische Rolle gespielt. Sie ist mitverantwortlich für die Tabuisierung des Themas.
3. Seit den fünfziger Jahren weist die Chirurgie Kleinkindern ein Geschlecht zu. Es ist fraglich, ob es jeweils das richtige war. Es ist fraglich, ob es ein richtiges Geschlecht gibt.
4. Der Körper der Betroffenen – besonders ihre Geschlechtsorgane – erfuhr exzessive Aufmerksamkeit, ihre Seele ließ man außer acht.

Die Operationen in früher Kindheit, das auferlegte Schweigegebot, die überforderten Eltern, die meist keine angemessene Unterstützung erhielten, all das sind traumatische Erfahrungen. Die Kinder haben ein erhöhtes Risiko, posttraumatische Störungen zu entwickeln – nicht durch ihre individuelle Eigenart, sondern durch den Umgang der Gesellschaft damit.

Was ist ein Trauma?

Ein Trauma ist ein Erlebnis, welches die Menschen so sehr überfordert, daß ihre normalen Anpassungsstrategien versagen. Sie werden überwältigt von Hilflosigkeit, Kontrollverlust und extremer Angst, oftmals Todesangst. Die persönliche Integrität ist bedroht, weder Kampf noch Flucht sind möglich. Dabei werden neurochemische Prozesse ausgelöst, die massive Folgen haben: seelische Verletzungen, die das Leben der Menschen schwer beeinträchtigen. Gefühl, Wahrnehmung und Gedächtnis werden gestört, seelische und auch körperliche Krankheiten können sich entwickeln. Wird dies nicht rechtzeitig gesehen und behandelt, kann die Störung chronisch werden oder nach Jahrzehnten bei einem erneuten traumatischen Erlebnis wieder aufbrechen.

Katastrophen wie Erdbeben oder Überschwemmungen, Flugzeugabstürze, Zugunglücke oder schwere Erkrankungen können diese Gefühle von Hilflosigkeit, Kontrollverlust und Angst auslösen. Ebenso Krieg, Folter, Vergewaltigung, Mißhandlung und andere Formen sexueller, körperlicher und seelischer Gewalt. Daß es auch traumatisierend wirken kann, Zeuge von Gewalttaten oder Katastrophen zu sein, wissen wir nicht erst, seit die Feuerwehrleute davon berichteten, die nach dem Terrorangriff des 11. September 2001 in New York im Einsatz waren, oder die Schüler und Schülerinnen, Lehrer und Lehrerinnen, die am 26. April 2002 das Massaker an der Schule in Erfurt miterleben mußten.

Manche Menschen überstehen Katastrophen und Gewalttaten besser als andere. Erst eine gewisse Zeit nach dem Erlebnis zeigt sich, ob es sich traumatisierend ausgewirkt hat. Nach einem bis drei Monaten läßt sich eine posttraumatische Belastungsstörung diagnostizieren. Das Risiko ist um so höher, je überraschender der Angriff, je jünger das Opfer, je auswegloser die Situation war. Wiederholte Gewalt wirkt zerstörerischer als eine einmalige Attacke. Eine Katastrophe, die auch andere trifft und über die öffentlich gesprochen werden darf, läßt sich leichter verarbeiten als eine tabuisierte Tat wie zum Beispiel sexuelle Gewalt, bei der ein Kind allein und ohnmächtig dem Täter ausgeliefert ist. Wenn Stillschweigen erzwungen wird und Verwandte oder Freunde dem Kind nicht glauben wollen, ist die Gefahr einer chronischen posttraumatischen Störung besonders hoch.

Bis vor kurzem wurden die meisten intersexuellen Kinder, die man bei der Geburt »erkannte«, in den ersten Lebensjahren etlichen Operationen an ihren Genitalien unterzogen, um sie medizinischen oder gesellschaftlichen Normen anzupassen. Viele der Kinder waren gesund, nur sahen ihre äußeren Geschlechtsorgane anders aus als die anderer Kinder. Viele der Operationen waren medizinisch also nicht notwendig. Hinzu kam, daß die Eltern oft nur Teilwahrheiten hörten, die Kinder meist nicht einmal das. So erlebten sie wiederholt Situationen von überwältigender, unerklärlicher Gewalt und Ohnmacht. Alles hatte mit ihrem intimsten Bereich zu tun. Mußte sich das nicht traumatisierend auswirken?

Traumatherapie beschäftigt sich bisher nicht speziell mit intersexuellen Menschen. Vermutlich, weil Intersexualität tabuisiert war und noch ist.

Manche Intersexuellen suchen sich therapeutische Hilfe, um besser mit ihrer Situation zu leben. Falls sie aber eine traumatische Störung haben und keine qualifizierte Traumatherapie erhalten, könnte es ihnen schlechter gehen als vorher. »Mit traumatisierten Menschen muß man ganz anders Therapie machen«, so Luise Reddemann, Traumatherapeutin in Bielefeld. »Viele von ihnen bekamen bisher leider nicht das Optimum.« Das sei keine angenehme Einsicht, daher hörten Therapeuten sie nicht gern. Luise Reddemann: »Der traumaorientierte Blick ärgert viele Kollegen. Ich höre ständig, es kann doch nicht alles Trauma sein. Dann sage ich, nein, nicht alles, aber viel, viel mehr, als wir bisher bereit waren anzuerkennen. Bei ganz vielen der schwerer kranken Menschen spielen traumatische Erlebnisse eine erhebliche Rolle.«

»Im Grunde genommen sind es Helden.«
Dr. Luise Reddemann, Traumatherapeutin, Bielefeld

Seit 1985 leitet die Ärztin und Psychoanalytikerin Luise Reddemann (60) die psychotherapeutische und psychosomatische Klinik des Evangelischen Johannes-Krankenhauses in Bielefeld. Sie ist über Deutschland hinaus bekannt durch ihre Arbeit als Traumatherapeutin.[16]

Intersexuell geboren zu sein, also weder eindeutig Mädchen noch Junge, ist das allein schon ein Trauma?

Das kommt darauf an, wie die Eltern der Kinder damit umgehen. Für sie könnte es sich traumatisch auswirken. Und sie könnten es dann an das Kind weitergeben.

Wieso kann die Geburt eines intersexuellen Kindes traumatisierend auf die Eltern wirken?

Eltern könnten sich von Gefühlen der Hilflosigkeit und Ohnmacht überwältigt fühlen. Wenn sie ständig Angst- und Ohnmachtgefühle erleben, spüren die Kinder dann auch Angst und Ohnmacht. Diese Gefühle sind ein wichtiger Aspekt bei Traumatisierungen. Auch Panik könnten sie haben und zutiefst erschüttert werden in ihrem Selbstwerterleben als Eltern. Das wiederum könnte ablehnende Empfindungen dem Kind gegenüber auslösen, die nicht wahrgenommen werden dürfen. Ein Verdrängungsprozeß also. All das zusammen könnte man als Trauma sehen, wenngleich es nicht alle Kriterien erfüllt, die man heutzutage dafür fordert. Todesangst kommt nicht hinzu. Wichtig ist auch noch die Frage, wie die Ärzte mit den Eltern umgehen? Falsches Verhalten könnte zusätzlich traumatisch sein. Besonders, wenn den Eltern die Gefühle abgesprochen werden.

Wie könnte Hilfe für die Eltern aussehen?

Entweder sie sind kreativ und stabil, dann schaffen sie das, aber wenn nicht, bräuchten sie eine Begleitung von Anfang an. Man müßte sie beraten, ihnen helfen, damit sie ihre Gefühle wahrnehmen, sie ausdrücken können. Da geht es ja auch um Trauer. Was hat man für eine Erwartung, bevor man ein Kind bekommt? Wenn es das Geschlecht betrifft, betrifft es auch unsere Identität im allertiefsten. Natürlich fangen Eltern an, darüber Fantasien zu entwickeln, vielleicht angstvolle Fantasien. Um sich damit auseinanderzusetzen, brauchen sie Unterstützung, damit sie dann ihr Kind angemessen begleiten können.

Was ist eine angemessene Begleitung der Kinder?

Angemessen heißt, nicht verleugnend, aber auch nicht überwältigend. Dem Alter entsprechend mit der Wahrheit umgehen. Die Eltern müssen unterstützt werden, damit sie die Signale des Kindes wahrnehmen, ohne ständig Angst zu haben. Das Kind muß die richtigen Antworten zur richtigen Zeit bekommen. So daß es weiß: Was ich fühle, stimmt. Das ist die Kunst.

Intersexualität wurde lange vor allem unter chirurgischen Aspekten gesehen. Psychologische Begleitung hielt man nicht für nötig.
Ja, man macht es weg, man regelt es aus der Welt. Anstatt es zu akzeptieren. Gefühle nicht wahrzunehmen, Schmerz nicht anzuerkennen, kann auch traumatisches Erleben bahnen. Die Eltern fühlen sich vielleicht nicht nur überwältigt, sondern auch schuldig – mehr oder weniger bewußt. Sie fragen sich: Was haben wir falsch gemacht? Das darf nicht unterdrückt, sondern muß aufgefangen werden. Aber in unserem Medizinbetrieb gibt es gar kein Bewußtsein dafür, wie wichtig es ist, daß Gefühle sein dürfen. Man müßte also betrachten, wie die Eltern die Geburt ihres intersexuellen Kindes jeweils erlebt haben. Wie die Ärzte und die Umgebung mit ihnen umgegangen sind. Wenn das falsch gelaufen ist, dann könnte es sich immer mehr verdichten und einer traumatischen Erfahrung sehr ähnlich sein.

Früher hielt man die Eltern an, ihren Kindern die Wahrheit zu verschweigen. An deren Geschlechtsidentität durfte kein Zweifel aufkommen.
Man hielt es häufig für die richtige Methode, nicht die Wahrheit oder die volle Wahrheit zu sagen, z.B. bei Krebskranken oder Adoptivkindern. Dadurch, daß es oft geschah, wird es aber nicht besser.

Viele Intersexuelle kennen seit ihrer Kindheit das ständige Gefühl, irgendwas ist falsch, aber keiner wollte es bestätigen. Wie wirkt sich das aus?
Wenn man das Gefühl hat, irgendetwas stimmt nicht mit mir, mir aber dauernd gesagt wird, du irrst dich, bin ich permanent in einem Zustand von Hilflosigkeit und Ohnmacht. Ich spüre, etwas stimmt nicht, aber wenn ich frage, sagt mir jeder – dem ich natürlich vertraue als Kind – nein, nein, es ist alles okay. Ich kann also nichts machen, ich kann gar nichts machen. Das ist vergleichbar mit anderen traumatischen Erfahrungen. Das wissen wir von den Kindern der Holocaustopfer. Die haben auch gespürt, irgendwas stimmt nicht, und nichts wurde erzählt. Das hat sich ebenfalls traumatisch ausgewirkt.

Was können die Folgen sein?

Es gibt dazu noch keine Untersuchungen, vermutlich sind die Folgen bei traumatisierten Intersexuellen wie bei allen traumatisierten Menschen: Etwa ein Drittel wird mit solchen Erfahrungen fertig, wenn sie stabil sind und es vielleicht eine verständnisvolle Großmutter oder ähnliches gibt. Manche kapseln es ab, und es sieht so aus, als würden sie damit fertig. Ein weiteres Drittel wird wahrscheinlich Symptome entwickeln, Depressionen mit Anzeichen von posttraumatischer Belastungsstörung. Vielleicht haben sie starke Spannungszustände, Übererregungszeichen, Mißtrauen, Beziehungsprobleme.

Viele Intersexuelle erleben Selbstwertkrisen, tiefe Einsamkeit und Suizidgedanken. Manche hatten jahrzehntelang das Gefühl, sie seien allein auf der Welt.

Ihr Gefühl, ich bin so gut wie allein auf der Welt, ist eine realistische Wahrnehmung. Kaum jemand kann nachvollziehen, wie ihr Leben ist. Ich glaube, ich kann mir vorstellen, was Verzweiflung ist. Aber ich kann den Grund ihrer Verzweiflung unmöglich nachvollziehen. Man müßte ihnen als erstes bestätigen, ja, ihr habt recht, daß ihr euch einsam fühlt. Das Leiden, die tiefe Verzweiflung entstehen, weil man ihnen nicht glaubt, daß sie wirklich einsam sind. Wenn man sich also Verständnis wünscht und es nicht erhält. Da muß man schon enorme innere Stärke besitzen, um nicht zu verzweifeln. Die Frage wäre dann, ob es über die Verzweiflung hinaus noch andere Hinweise auf eine posttraumatische Störung gibt. Bei Verzweiflung allein würde man noch nicht von einem Trauma sprechen.

Welche weiteren Hinweise wären das?

Die klassischen Symptome sind vegetative Übererregbarkeit, Intrusionen, also, wenn man sich dauernd mit dem Thema beschäftigen muß, nicht aufhören, es nicht loslassen kann. Dann Vermeidungsverhalten: Themen, die eigentlich zu der Verzweiflung gehören, werden vermieden. Das wäre für mich eine Arbeitshypothese, und ich würde mit dem Menschen diskutieren, ob er sich vorstellen könnte, daß das eine traumatische Erfahrung war. Es wäre dann nicht nur ein einziges Trauma, sondern eine traumatische Erfahrung über Jahrzehnte hinweg. Und das hat Konsequenzen.

Viele der Kinder wurden in Kliniken von faszinierten Ärzten und Studenten begutachtet. Jugendlichen teilte man mit, sie seien unfruchtbar und könnten nur mit einem Mann schlafen, der einen sehr kleinen Penis hat. Wie wirkt sich das auf die Psyche von Heranwachsenden aus?

Das alles zusammen ist eine Erfahrung von Gewalt, die man als traumatische Erfahrung einordnen kann. Und was soll dieses »Vorstellen« von Patienten in der heutigen Zeit, wo Studenten auch aus Videos lernen können? Daß es immer noch gemacht wird, finde ich skandalös. Auf jeden Fall ist es eine Extrembelastung für ein Kind. Fürchterlich.

Nicht selten werden auch heute noch bei Kleinkindern mit AGS Klitorisreduktionen vorgenommen und eine künstliche Vagina konstruiert, die jedes Vierteljahr unter Vollnarkose geweitet wird.

Das sind traumatische Erfahrungen, da bin ich mir absolut sicher. Auch sogenannte medizinisch notwendige Gewalt – z.B. wenn ein Kind immer wieder narkotisiert wird – ist eine schlimme Ohnmachtserfahrung. Hilflosigkeit, Ohnmacht, Schmerzen, überwältigt sein von etwas, das man nicht versteht. Es gibt zwar Menschen, die mit den schlimmsten traumatischen Erfahrungen fertig werden, aber sie sind eher Ausnahmen.

Manche konnten weder mit ihren Eltern noch mit Lebenspartnern wirklich darüber reden.

Dieses Totschweigen ist eine enorme Belastung und Verletzung. Man könnte mir vorhalten, daß ich den Traumabegriff unzulässig ausweite. Aber mein Traumakonzept umfaßt extreme Ohnmacht, Hilflosigkeit und die Frage, ob es hinterher verarbeitet werden konnte oder nicht. Viele hatten keine Chance zur Verarbeitung. Immer wieder mußten sie erleben, wie sie in diese Ohnmacht und Hilflosigkeit gebracht wurden. Dann sagte man ihnen, es sei nichts. Kein Problem. Das ist eine Form von kumulativer Traumatisierung, die sich in ihrer Intensität und Häufigkeit auf manche Menschen auswirken kann wie Gewalt oder sexualisierte Gewalterfahrungen.

Daher sind Suizidgedanken auch bei Intersexuellen nicht selten. Wie reagieren Sie therapeutisch darauf?

Ich gehe so weit, daß ich sage: »Ja, ich kann es verstehen, daß

Sie auf eine gewisse Art keine Lust haben, weiterhin die Erfahrung dieses außergewöhnlichen Lebens zu machen. Das ist Ihr Recht. Aber bei mir bringen Sie sich nicht um. Wenn Sie sich dafür entscheiden, ist unser gemeinsamer Weg hier zu Ende. Ich werde Sie nicht hindern, und ich werde Sie auch nicht in die Psychiatrie schicken. Aber dann kann ich Sie leider nicht mehr begleiten, denn ich verstehe mich als jemand, die Menschen dabei begleitet, besser zu leben.« Ich habe schon oft solche Situationen erlebt.

Wie können Betroffene zu einem besseren Lebensgefühl kommen?

Was machen denn die, die es schaffen? Wie kommen sie zu einem besseren Lebensgefühl? Das wäre für mich die wichtigste Frage. Und dann würde ich die, die es nicht so gut schaffen, fragen, ob sie wenigstens ab und zu dieses Lebensgefühl haben. Ich würde mich für deren Ressourcen interessieren. Ich halte viel davon, daß man Menschen Mut macht, ihre eigenen Lösungen zu finden. Warum sollen immer die Fachleute die optimale Lösung wissen, die das Problem doch nur sehr partiell nachvollziehen können? Die Betroffenen finden Lösungen, wenn man sie fragt, statt sich aufzuspielen und zu behaupten, man wisse schon, was richtig sei. Was machen die Selbsthilfegruppen? Wie hilft man sich dort?

Manche dieser Menschen sind beruflich erfolgreich, haben auch Beziehungen, aber sind tief verzweifelt. Wie paßt das zusammen?

Ja, ein Teil der Persönlichkeit kommt gut im Leben zurecht. Und ein anderer ist tief verzweifelt. Vielleicht gibt es innerlich sozusagen noch das Kind, das immer operiert wurde, oder das Kind, dem immer gesagt wurde, es ist alles in Ordnung, du spinnst. Das würde ich erstmal als Frage in den Raum stellen: Kann es sein, daß Sie diese verschiedenen Teile haben? Kann es sein, daß diese Teile auch verschiedene Lebenskonzepte haben? Der Teil, der so gut im Beruf funktioniert, will sicher mit diesem ganzen Schmerz nichts zu tun haben. Aber der Schmerz ist ja da. Dann würde ich sagen, schauen Sie, es wäre, glaube ich, wichtig, daß diese Teile mehr in Kontakt miteinander kommen und sich wechselseitig ihre Ressourcen zur Verfügung stellen. Das würde ich als Hypothese vorschlagen und dann fragen, ob sie daran interessiert sind, daß wir auf diese Weise arbeiten. Diese sogenannte »Ego-State-

Therapie« ist zur Zeit meine bevorzugte Therapiegrundlage. Sie hat sich bewährt in der Behandlung von Traumaopfern, die ja nicht selten derartige abgespaltene Anteile haben.

Eine Frage beschäftigt viele Betroffene: Warum ausgerechnet ich?
Klar, natürlich stellen sie sich diese Frage. Da gibt es viele Antworten. Vielleicht sind es Seelen, die Experimente machen, wie nah kann man Frau und Mann zusammenbringen? Die alles mögliche ausprobieren mit den Chromosomen, den Hormonen. Im Grunde genommen sind es richtige Helden. Weil sie sich Extremerfahrungen stellen. Das würde ich in einer Therapie vorsichtig erzählen. Ohne zu erwarten, daß sie das für eine tolle Idee halten. Wenn sie es ablehnen, würde ich das auch akzeptieren. Aber probieren würde ich es schon.

Eine andere Frage, die immer wieder auftaucht: Was für einen Sinn hat das?
Natürlich hat es einen Sinn, auch wenn ich ihn nicht verstehe. Ich bin zutiefst überzeugt, daß es gar nichts gibt, was sinnlos ist im Leben, aber das zwinge ich meinen Patienten nicht auf. Ich würde fragen, ob es möglich wäre, sich probeweise mal vorzustellen, daß es einen Sinn hat. Aber ich würde niemanden zwingen, das zu glauben. Zumindest ist es doch interessant, wer und was wir Menschen alles sein können. Diese Palette der Möglichkeiten, die uns zur Verfügung stehen. Darauf könnte man neugierig sein, aber wir sind kollektiv so festgelegt und eingeengt, daß wir die Vielfalt der Lebensmöglichkeiten nicht schätzen.

Ist eine Gesellschaft denkbar, in der es ein drittes Geschlecht gibt?
In unserer Kultur haben wir wenig Möglichkeiten, mit Vielfalt umzugehen. Wir müssen alle viel mehr lernen, diese vielen verschiedenen Möglichkeiten des In-der-Welt-Seins zu akzeptieren. Wenn man zum Beispiel in den Wald geht und sich die Bäume anschaut, jeder Baum ist anders, es ist kein einziger wirklich gerade gewachsen, so ist es mit uns Menschen auch, aber leider haben wir diese Normvorstellung.

»Von allen Problemen meiner Kindheit war dies das geringste.«
Raina/Rainer Haller, 59, Pädagoge, Berlin

Ein wenig schüchtern, eher am Rande der Gruppe, so schaut das Mädchen mehr an der Kamera vorbei als in sie hinein. Sie hat ein weiches, rundes Gesicht mit Stupsnase und ist eine der Kleinsten in ihrer Klasse. Ein Schnappschuß während einer Klassenreise in den sechziger Jahren. Fotografien aus früheren Jahrzehnten sind wie Reisen in eine andere Welt. Ein Bild aus dem Leben von Raina Haller, eingefroren in chamois halbmatt, und mit »Mäusezähnchen« gerahmt.

Fast 40 Jahre später sitzt Rainer Haller* mir gegenüber: Ein robust wirkender kleiner Mann mit graumeliertem Vollbart schaut aus Augen, die eher traurig als heiter wirken, über die Gläser einer Lesebrille, die auf der äußersten Spitze seiner Nase turnt. Eine seiner früheren Mitschülerinnen ist heute meine Kollegin, sie brachte uns in Verbindung. Auf einem Klassentreffen vor 15 Jahren, so hatte sie erzählt, sei Raina plötzlich als Mann erschienen. So sei das nun, habe sie gesagt und sei zur Tagesordnung übergegangen. Vielleicht ist er transsexuell, mutmaßte ich. Das müßte ich sie schon selber fragen, erwiderte meine Kollegin.

Transsexuelle sind biologisch eindeutig Mann oder Frau, haben aber die tiefe Überzeugung, seelisch dem anderen Geschlecht anzugehören. Die meisten wünschen einen operativen Geschlechtswechsel.[17] Transsexualität ist eine Störung der Geschlechtsidentität, Intersexualität eine körperliche Diagnose: Wer transsexuell ist, kann nicht intersexuell sein, so sagt die Wissenschaft. Wen also würde ich kennenlernen?

Wie sei er denn damals gewesen, wollte ich von meiner Kollegin wissen, eher weiblich, eher männlich? Sie erinnerte sich an ein Mädchen, eindeutig. Sonst wäre Raina wohl kaum auf dem Mädchengymnasium gelandet. Freundlich, aber sehr zurückhaltend, fast eigenbrötlerisch sei sie gewesen, mit auffallenden Wechseln zwischen Brillanz und Absturz in den schulischen Leistungen. Zurückhaltend ist er offenbar immer noch, meine Kontaktversuche ziehen sich über Monate hin, bei der Telekom findet sich kein Eintrag unter seinem Namen.

Dann ist er da: eine männliche Stimme in mittlerer Lage, ein starker Händedruck. Anderthalb Stunden lang tauchen wir ein in die Untiefen seiner Kindheit, fast unvermittelt. Dann steht er plötzlich auf und geht. Über ein Vierteljahr lang kommt er immer mal wieder zu Besuch. »Das war das erste und letzte Mal, daß ich über so was geredet habe«, sagt er schließlich. »So was«, das ist sein Leben als Mädchen und dann als Mann.

Aus eines Mannes Mädchenjahren[18] lautet der Titel eines Buches, das 1907 unter dem Pseudonym N. O. Body veröffentlicht wurde (engl. nobody, dt. niemand). Viele Intersexuelle kennen diese Autobiographie eines jungen Mannes, der als Mädchen aufgezogen wurde. Manche lasen darin zum ersten Mal, daß sie nicht die einzigen sind. Der Körper des Babys, hatte der Hausarzt bei N. O. Bodys Geburt konstatiert, mache »bei oberflächlicher Prüfung einen femininen Eindruck, *ergo* haben wir ein Mädchen vor uns«.[19] Ein Irrtum, wie wir sehen werden. N. O. Body (N. steht für Nora/Norbert) wuchs in bürgerlicher Familie auf, es gab Hausbesitz, Kindermädchen, Wohlstand und Bildung.

Raina Haller hingegen umgab Armut. Wenn er aus seiner Kindheit erzählt, entsteht das Bild einer Familie voll skurriler und bedrohlicher Charaktere, eine Umgebung, die mit Leichtigkeit Drop-outs und Außenseiter produzieren kann. Daß Kinder mit vier Jahren zum Einkaufen und Anschreibenlassen geschickt werden, kommt auch in bürgerlichen Familien mal vor. Doch Raina wächst auf in einem Milieu, wo man die Mama nicht »Mama« nennen darf, sondern »Gerda« sagen muß, um die Freier nicht zu vertreiben. Wo häufig der Strom gesperrt wird, weil die Rechnungen nicht bezahlt sind. Wo man die Löcher in den Zähnen schon mal mit Watte stopft. Wo man sich scheiden läßt, um Sozialhilfe zu kassieren.

Die sicherste Person in diesem Szenario war ein Alkoholiker: der Großvater mütterlicherseits, der als Zimmermann im Akkord auf dem Bau arbeitete und montags, mittwochs, freitags nachts betrunken nach Hause kam. Dienstags, donnerstags und samstags kam er früh und nüchtern, aß ein spätes Mittagessen, las die Abendzeitung vom Vortag, dann die aktuelle, hörte die 19-Uhr-Nachrichten, ging zu Bett und schlief. Zuverlässig wie ein Uhrwerk. Als Raina vier Jahre alt war, zogen auch Gerda und August – den man aus ähnlichen Gründen nicht »Papa« nennen durfte – in ein Zimmer der Dachwohnung zu den Großeltern, den Eltern von Gerda, bei denen Raina aufwuchs. August ging zwar einem Angestelltenjob nach, brachte es aber nicht übers Herz, seiner Familie von dem Verdienst etwas abzugeben. Gerda half sich mit Gelegenheitsprostitution. Mitten drin in einer winzigen Kammer ohne Licht: Raina. Wenn sie nicht schlafen konnte, zählte sie im Dunkeln das Ticken der Uhr, später löste sie Rechenaufgaben im Kopf. Auch so kann man Mathematik lernen.

»Wenn ich ihm Fragen gestellt habe, hat er sie mir immer beantwortet«, sagt Rainer heute über seinen Großvater. Lesen, schreiben, rechnen konnte Raina, bevor sie zur Schule kam. Als Dank hat Rainer dem Großvater sehr viel später dessen letzten Wunsch erfüllt. Annähernd erfüllt, denn eigentlich hatte sich der Opa ein richtiges Besäufnis an seinem Grab vorgestellt. Alle Freunde sollten auf ihn trinken und ihm einen »hinterherkippen«. Als es dann soweit war, gab es zwar keine Freunde mehr, aber das mit dem Bierausschank am Grab hat Rainer doch noch bewerkstelligt. Auch Opas Lebensweisheiten hatten es in sich: »Du darfst nur an *eine* Sache glauben: ein Kilo Rindfleisch und ein Liter Wasser, 'ne Stunde gekocht, gibt 'ne kräftige Brühe«, lehrte er die Enkelin. »Und alles, was du nicht anfassen und nicht sehen kannst, vergiß es.«

Wer weiß, vielleicht hat dieser Spruch ja auf Umwegen dazu geführt, daß Raina mit vier Jahren zum Kindergottesdienst ging. Die Glocken läuteten, die Kinder liefen dort hin und Raina, neugierig, hinterher. Etwas Besseres als dies Leben findest du allemal. Beten konnte sie nicht, aber sie konnte es den anderen abgucken. »Ich hab ganz schnell gemerkt, daß ich da zwar hingehen kann, daß ich aber nicht dazugehöre«, gibt Rainer das Gefühl der Vierjährigen wieder. Wer bist du denn, wo kommst du her? Solche Fragen konnte Raina schon beantworten. Sie konnte auch spüren, wie sich die Leute dann von ihr zurückzogen. Warum aber, das wußte sie damals noch nicht.

Die Schwester

Als Raina neun Jahre alt war, kündigte sich Familienzuwachs an. Auch dieser Bericht klingt anders als derartige Schilderungen aus bürgerlichen Familien. Um Rainer und die Schwerpunkte in seinem Leben besser zu verstehen, sei die Ankunft seiner Schwester hier ausführlich wiedergegeben.

Rainer: »Ich hab nicht mitgekriegt, daß meine Mutter schwanger ist. Sie hatte immer ein bißchen Variationsbreite. Eines Tages kam ich mittags aus der Schule und fragte: ›Schläft Gerda noch?‹

Meine Oma sagte nur, nee, Gerda ist im Krankenhaus. Damit hab ich mich begnügt. Gerda war acht Tage im Krankenhaus. Am achten Tag kam August mittags von der Arbeit und fragte mich: Willst du mitkommen, Gerda abholen? Also bin ich mitgegangen. Wir sind mit der S-Bahn gefahren und zum Krankenhaus gegangen. Dort standen wir in der Halle rum. Dann kam eine Schwester, zeigte uns ein Baby auf einem Kissen und fragte mich, wie ich das finde. Ich dachte, Gott, Babys, war ich nie dran interessiert. Sollst du nun höflich sein? Dann kam auch Gerda. Und dann haben wir das Kind mitgenommen und sind mit der U-Bahn wieder zurück. Nun dachte ich, wir nehmen das Kind nur ein paar Schritte mit und geben das irgendwo ab. Aber wir haben das mit nach Haus genommen. Da waren wir denn. Ich dachte immer noch, was machen wir nun mit dem Kind, wem gehört das überhaupt? Dann sagten sie mir, daß das meine Schwester sei. Ich wurde gefragt, ob wir das Kind behalten wollen oder nicht. Ich sollte mir das gut überlegen, wenn ich für behalten bin, muß ich mich drum kümmern, und wir müssen alles teilen. Mit anderen Worten: von Nichts die Hälfte abgeben. Mensch, 'ne Schwester ist gar nicht übel, dachte ich und hab ›ja‹ gesagt. Alle waren ein bißchen sauer. Dann wurde das Kind in einen Wäschekorb gepackt, der kam ans Ende des Gitterbetts, in dem ich schlief. Damit hatte ich das Kind. Stolz hab ich jedem erzählt, ich hab jetzt eine Schwester. Meine Schwester und ich, wir waren 14 Jahre lang viel enger zusammen als normale Geschwister. Wenn sie schrie, hab ich sie geschaukelt. Wenn ich da war, hab ich sie gewindelt, ihr die Flasche gegeben.«

Als die Schwester zu groß wurde für den Wäschekorb, zog sie um in einen alten Kinderwagen; der hatte gerade noch Platz in der Kammer. Als sie auch aus diesem herauswuchs, bekam sie die Kammer, und Raina bezog die Couch im Durchgangsflur. So haben sie dann die nächsten elf Jahre gewohnt. Rainer Hallers Resümee: »Wo ich wegtrat, trat meine Schwester hin.«

Irgendwie ist Rainer dort hinausgeklettert und zwar nach oben. Er ist Sonderpädagoge geworden. Dafür gibt es gute Gründe. Die frühesten Berufspläne – Boxweltmeister, Anwalt, Politiker – erwiesen sich bei genauerer Prüfung als untauglich, wenn es darum ging, die Situation von Kindern zu verbessern.

Wenn Rainer berichtet, aus dem Alptraum, der seine Kindheit war, für ihn aber die Normalität, dann spürt man, wie nahe er den Gefühlen der kleinen Raina von damals noch sein kann. Vermutlich macht es ihm keine Schwierigkeiten, sich in die Lebenswelten seiner jungen Schüler und Schülerinnen, Klienten und Klientinnen einzufühlen. Was er in den ersten anderthalb Stunden aus seinem Leben andeutet, läßt vermuten, daß deren Erzählungen ihn kaum überraschen können.

»Das war nur das Wenigste«, kommentiert er das bisher Berichtete, und plötzlich folgt eine Attacke auf die Nachsicht von Justiz und Ämtern mit Tätern, die Kinder mißhandeln: »Totaler Schwachsinn ist das in meinen Augen, wenn einer behauptet, er hätte jemanden sexuell belästigen, vergewaltigen, umbringen müssen, weil sein Vater, Onkel, Großvater oder wer auch immer ihn mißbraucht hat. In Wirklichkeit sind das alles Entscheidungen. Die muß man irgendwann fällen.« Das klingt nach eigenen Erfahrungen. »Stimmt. Mein Vater hat mich mißbraucht. Damals dachte ich, es gibt drei Möglichkeiten für mich, abgesehen vom Kloster – aber wie kommt man da hin? Entweder du bringst dich um, hab ich versucht, die haben mich wieder aus dem Wasser gefischt.« Wie alt waren Sie da? »Etwas über zwölf. Nicht das erste Mal. Oder du kannst auch kriminell werden. Ich bin mit einer Gruppe durch die Straßen gezogen. Fand ich nicht so prickelnd. Dritte Entscheidung: du machst was aus dir. Gut, dafür habe ich mich entschieden. In der siebten Klasse Volksschule bin ich zum Schulleiter gegangen und hab ihn gefragt, kann ich noch Abitur machen, und wenn ja, wie?«

Wenn Rainer Haller erzählt, gibt es immer eine Hauptgeschichte im Vordergrund und viele kleine Nebenwege, die es zu beachten gilt. Die Hauptgeschichte dreht sich jetzt um sozialen Aufstieg. Die Nebenwege handeln von Suizidversuchen und sexueller Gewalt. Die erste vage Erinnerung daran ist eine Szene in der Wohnung der anderen Großeltern: Raina, vielleicht drei Jahre alt, liegt auf dem Sofa, Gerda und die Oma streiten heftig, August sagt immer wieder: »Ich wollte sie ja nicht kaputtmachen.« Im Unterschied zu vielen seiner kleinen Klienten hätte Rainer Haller einen justiziablen Beleg für die Taten: August führte akribisch Buch, in Dutzenden von Tagebüchern. Die fand Rainer 1997, nach dem Tode seines Vaters, als er dessen Keller entrümpeln mußte. Erst jetzt wurde ihm klar, wo er aufgewachsen war. August hatte alles notiert, den Kauf von Pantoffeln, die Lebensdauer von Staubsaugerbeuteln, die Tarife sexueller Dienstleistungen. Daher weiß Rainer, was er gar nicht wissen will, etwa daß man 1951 für 25 Mark eine Frau, einen jungen Mann und ein Kind zum gleichzeitigen sexuellen Gebrauch haben konnte.

Später, als *es* der zwölfjährigen Raina zum ersten Mal bewußt passiert war, versuchte sie, mit der Großmutter zu reden. »Ich will das nicht hören«, war die Antwort. Die der Mutter klang nicht besser: »Ins Heim, wenn du was erzählst.«

Doch von all dem will Rainer Haller eigentlich gar nicht berichten. Das ist vorbei. Nur hin und wieder schlüpft so eine Geschichte raus.

Sie kam rein, und ich wußte, das ist sie

Der Aufstieg ist geschafft. Zuerst das Gymnasium, etappenweise. Raina ist keine pflegeleichte Schülerin, nicht der Liebling der Lehrer. Trotzig kann sie sein, auch arrogant. Lügen kann sie nicht ausstehen, aber wenn ein Lehrer mal etwas mehr Interesse zeigt, sich kümmern will und nachfragt, weiß sie genau, daß sie die Wahrheit nicht verraten darf. Sie muß Abstand halten, auch zu den Mitschülerinnen, in ihre Wohnung können die natürlich nicht kommen. Eines hat sie gelernt: kämpfen. Gegen den Willen der Schule muß sie sich Bleiberecht erkämpfen, und sie siegt.

Auch N. O. Body, viele Jahrzehnte zuvor, war von einem großen Bedürfnis nach Bildung getrieben. »Ein geradezu fanatisches Sehnen, mir Kenntnisse anzueignen, erfaßte mich«, schrieb er in seiner Autobiographie. »Studieren ... alle Träume drehten sich um dieses Ziel ... Besonders die Medizin zog mich an – in ihr, durch sie hoffte ich endlich Klarheit über mich zu gewinnen.«[20]

Nach Rainas Abitur folgt das Studium. Der Bericht darüber besteht wieder aus vielschichtigen Haupt- und Nebenhandlungen. Raina Haller studiert nicht Medizin, sondern Sonderpädagogik und Psychologie. »Und im Nebenfach haben wir uns für Slawistik entschieden.« Wer ist »wir«? »Meine Frau Lara und ich. Wir haben Russisch gemacht und waren in Leningrad. Wir haben Bulgarisch gemacht und waren in Sofia. Wir haben Kirchenslawisch gemacht, da kommt man zu den Ikonen. Gleich nach dem Diplom haben wir eine Praxis für Kindertherapie eröffnet. Darüber haben wir auch unsere Arbeit geschrieben.« Eine gemeinsame Examensarbeit? »Ja, wir haben alles gemeinsam gemacht.«

Und das kam so: Am ersten Tag von Rainas zweitem Studiensemester, alle Plätze waren schon belegt, ging die Tür noch einmal auf, und was dann geschah, ist Rainer Haller so in Erinnerung geblieben: »Sie kam rein, guckte sich einmal um, ging rüber, setzte sich auf die Fensterbank, und ich dachte, das ist sie. Und hab mich gefragt: wieso denkst du so was? Das steht dir überhaupt nicht zu.« In der Sprache einer anderen Zeit hätte das vielleicht geheißen: »Ein banges Erwarten befiel mich ... Es war mir eine Freude, dieses schöne, sympathische Wesen anzuschauen. Mein ganzes Leben war wie eine Straße voller Dornen – bis hin zu ihr.«[21] Sätze von N. O. Body, als er Hanna erblickte.

Ein Körper hat zu funktionieren, man nimmt ihn nicht wahr
Zwei Jahre nach ihrer ersten Begegnung waren Raina und Lara ein Paar. Rainer: »Da hatte sich einiges nach und nach verändert.« Was heißt das? »Ich war doch als Studentin, also weiblich, eingeschrieben. Als ich Lara kennenlernte, war ich 1,54 Meter groß, hatte Schuhgröße 37. Aber mir paßten die Schuhe schon nicht mehr. Vielleicht war ich etwas naiv, ein Körper hat zu funktionieren, dachte ich, aber man nimmt ihn gar nicht wahr. Hast dir halt die Füße ausgetreten, sagte ich mir, kaufst dir welche in Größe 38.« Nach einiger Zeit paßten die aber auch nicht mehr. Raina war 23, nicht eben das Alter, in dem Füße noch groß wachsen. Dann wurden auch die Hosen immer kürzer. Bei Schuhgröße 39 ging Raina zum Arzt. Verdacht auf Akromegalie hieß das Urteil, abnormes Wachstum der Extremitäten. Ein Hirntumor kann die Ursache sein. Die Vermutung bestätigte sich nicht. Umfangreiche Untersuchungen folgten. Eines Tages kam die Mitteilung: »Wir müssen Ihnen sagen, daß Sie genetisch gar keine Frau sind, sondern ein Mann.«

N. O. Body, der zwar seine Spuren verwischen, aber seine Herkunft aus dem Bildungsbürgertum des späten 19. Jahrhunderts nicht verleugnen konnte, quälte sich Kindheit und Jugend hindurch mit Selbstzweifeln: »Was war ich nun eigentlich? Ein Mann? Ach Gott, nein. Ich war ein anormal gebautes Mädchen, das war alles!«[22] Bis eines Tages ein Arzt nach einer Untersuchung sagte: »Sie sind gerade so gut ein Mann wie ich.«[23] Eine Operation, eine Änderung der amtlichen Dokumente, und Nora wurde Norbert, die ihre – der seine – Hanna heiraten konnte.

Rainer hingegen scheint all diese Fragen eigentlich überhaupt nicht der Rede wert zu finden. Er wirft Netze aus mit spannenden Erzählungen zu ganz anderen Themen. Über Ikonen und den

Berg Athos, über die griechisch-orthodoxe Kirche und das Einkochen von Marmelade, über Intuition und Aktien, über verrückte Mütter mit Schuppenflechten und Schilddrüsenunterfunktion, über Arbeiten auf Lohnsteuerkarte in der Schulzeit und über indische Hochzeiten.

Meine Aufgabe ist es, immer wieder auf Raina zurückzukommen. Und auf Rainer. So ringen wir um Details. Ja, er habe XY-Chromosomen. Eierstöcke und Hoden seien auch dagewesen. Hierbei möchte er jedoch nicht verweilen, sondern lieber seinem Ärger über die sexualwissenschaftliche Beratungsstelle Luft machen. Ein Professor dort habe ihm empfohlen, sich nicht so schnell zu entscheiden, wo er doch die Chance hätte, sexuell beide Seiten auszuleben. Das war für Rainer Haller fast ein unsittliches Ansinnen, empört wies er es zurück: »Ich hatte das Gefühl, daß es mehr um die Fantasien des Professors ging als um mich. Du sollst mir helfen, dachte ich, dir muß man helfen.« Dann gibt er noch ein privates Detail preis: »Normalen Sex als Frau konnte ich gar nicht haben. Da geht nichts rein.«

Zu wem fühlte er sich als Kind hingezogen? Etwas ausweichend kommt die Antwort: »In der sechsten Klasse, als die Jungs anfingen, Mädchen an die Brust zu fassen, hab ich die weggejagt. Bald hatte ich eine Reihe Mädchen, das waren meine, weil sie bei mir sicher waren. Es wäre keiner auf die Idee gekommen, mir an die Brust zu fassen.« Und in der Jugend, war Raina mal verliebt? Rainer: »Ich habe mich viele Jahre als neutral betrachtet. Ehe und Familie kommt für dich nicht in Frage, dachte ich, ein Liebesleben auch nicht. Wenn du deinen Beruf hast, und alles läuft ganz gut, kannst du mit dir zufrieden sein.« Als Raina sich dann in Lara verliebte, sagte sie sich: »Wahrscheinlich bist du lesbisch und hast es nur nicht wahrhaben wollen. Dann leb eben so.« Punktum.

Die weitere Entwicklung standen sie gemeinsam durch. Man hatte Raina die Wahl gelassen, ob sie im weiblichen Geschlecht bleiben wollte, in dem sie aufgewachsen war, oder in die männliche Rolle wechseln, die ihr Körper ihr nahezulegen schien. Vielleicht hatte die Entscheidung auch mit Lara zu tun.

Rainer: »Ich denke, im Endeffekt hat es sie gefreut oder erleichtert, weil sie sich sagen konnte, lesbisch bin ich nicht. Sie hatte immer auf normale Männer gestanden. Dann hat sie sich wohl gesagt: Er ist nicht so ganz normal, aber das geht keinen etwas an.«

Hanna mag ähnlich empfunden haben, 60 Jahre zuvor, als ihre geliebte Freundin Nora O. Body ihr mitteilte, daß sie keine Frau sei. Aus Nora wurde Norbert, ein kluger und sensibler junger Mann. Im Nachwort des Buches *Aus eines Mannes Mädchenjahren* schrieb der Berliner Arzt und Sexualforscher Magnus Hirschfeld: »... daß Fälle wie der vorliegende nur extreme Formen sexueller Zwischenstufen sind, von denen leichtere Grade auf körperlichem und seelischem Gebiet in großer Mannigfaltigkeit vorkommen. Ja, es erscheint sogar fraglich, ob die moderne Ansicht richtig ist, welche in diesen Abweichungen von der Norm schlankweg Störungen und Mißbildungen erblickt, oder ob nicht die antike Auffassung mehr für sich hat, die hier nur eigentümliche Spielarten, Varietäten und Besonderheiten der Gattung Mensch sah.«[24] Fast 100 Jahre später sind wir immer noch bei derselben Frage. Und nicht weiter.

Eine Sorge gab es noch für Rainer Haller: als Transvestit mißverstanden zu werden, der für's erotische Vergnügen in falsche Kleider schlüpft. Deshalb klärte er sehr schnell und sehr knapp seine Umgebung über die Veränderung auf. Später ließ er auch seine Papiere ändern.

Heute mißt Rainer 1,63 Meter und hat Schuhgröße 42. Seine Wachstumshormone haben ihm noch zehn Zentimeter Länge geschenkt. Nun ist er so groß wie sein Großvater. Auf den Zentimeter genau. Ja, der Großvater, über den mag er lieber erzählen als bohrenden Fragen nachzugeben. Na gut, wenn's denn sein muß, noch schnell zu den körperlichen Veränderungen: Untersuchungen ergaben kurz darauf, daß ein großer Knoten in der Brust war. In der anderen auch. Sie wurden entfernt. Ach, Raina hatte Brüste? Ja, aber ihr selbst seien die gar nicht aufgefallen, oder erst als eine Sportlehrerin meinte, Raina solle sich mal einen BH kaufen. Und es folgt die lustige Geschichte, wie Raina in den Laden geht und, nach der Größe gefragt, einen BH für Anfänger verlangt. Der war dann viel zu klein. Es mußte sich also eine Brust von gehörigen Ausmaßen unter Rainas Augen, aber an ihrer Wahrnehmung vorbei entwickelt haben. Es ist schwer, nicht mit in Rainer Hallers Ton einzufallen – hereinzufallen –, mit dem er über seinen Körper hinweggeht. Die Ironie, der Sarkasmus, die kleinen Scherze, die langen Erzählungen sind gut trainiert. Angst ist nicht spürbar. Zu viel ist geschehen in diesem Leben.

Ob Brust oder Bart – ich bin ich

Acht Monate nach der ersten Operation fanden sich an beiden Brustdrüsen wieder Tumore, die ebenfalls entfernt wurden. Kurz darauf wurde eine Geschwulst am Hoden entdeckt, der noch im Leistenkanal steckte. Gerade noch rechtzeitig, hieß es jedesmal. »Und damit«, so Rainer, »war die Sache eigentlich erledigt.« Für Rainer Haller schon, denn seine Einstellung hat er mitgeteilt: »Ein Körper hat zu funktionieren, aber man nimmt ihn nicht wahr.«

Für mich aber gibt es noch viele Fragen. Wie fühlte er sich in der Kindheit – als Junge oder als Mädchen? »Gespielt habe ich hauptsächlich mit Jungs. Mit denen bin ich heute noch befreundet. Da hat sich nichts geändert. Ob Brust oder Bart – ich bin ich. Alles andere ist nebensächlich.« War er verunsichert über seinen Körper? »Nein, das war das geringste meiner Probleme. Ich hatte mit anderen Dingen genug zu tun. Das lag vielleicht an meiner Familiensituation.« In der Tat.

Und dann gibt es doch noch etwas zu berichten. Über Beschämung zum Beispiel. Hin und wieder, so leitet Rainer diese Geschichte ein, beschäftigt man sich doch mit seinem Körper. Und da sich nirgends eine Antwort fand, nicht einmal in der Gemeindebücherei, traute sich Raina, der Biologielehrerin, einer klugen und gebildeten Frau, im Unterricht eine Frage zu stellen. Vielleicht war man ja gerade bei den Schnecken, die bekanntlich zweigeschlechtlich sind, als Raina die Frage einfiel: »Gibt es bei Menschen auch Zwitter?« An ihre Antwort kann Rainer sich nicht erinnern. Aber an das schallende Lachen der Klasse und auch daran, wieviel Beherrschung es kostete, nicht schreiend rauszulaufen. Dich frage ich nie wieder was, dachte Raina. Einmal war einmal zuviel.

Über den Vater, der sich unrechtmäßig Urlaubszeit erschlich, kommen wir dann zum freiwilligen Sonntagsdienst, den Raina während der Schulzeit in einer Klinik machte. Wie war es denn dazu gekommen? Der Blinddarm wurde entfernt, als sie ungefähr 17 war. Dabei fiel auf, »daß ich wohl nicht ganz so normal bin wie andere«. Man schickte das Mädchen von der Chirurgie zur Gynäkologie der Klinik. Es weckte ihr Mißtrauen, daß sie sich dort, unten herum unbekleidet, auf den unbekannten gynäkologischen Stuhl setzen sollte. Aber noch war sie folgsam. Die Anwesenheit zweier Krankenschwestern beruhigte sie keineswegs. Raina befürchtete, daß diese sie festhalten sollten. Auch der Arzt, der in Rainers Erinnerung eine Gummischürze wie ein Schlachter über seinem weißen Kittel trug, flößte ihr kein Vertrauen ein. Als er sie dann berührte und sagte: »Was haben wir denn da?«, war es aus. Rainer: »Ich bin total ausgerastet. Das nächste, was ich weiß, ist, daß ich irgendwo in der Ecke hockte, und sobald die näher kamen, fing ich an zu schreien.« Eine beeindruckende Reaktion. Wie oft schilderten mir intersexuelle Menschen die Lähmung, mit der sie in diesem Stuhl verharrt hatten, regungslos und widerstandsunfähig, auch bei einem Dutzend Zuschauer. Raina konnte sich wehren. Nach einer Weile ließ man sie in die Chirurgie zurückholen. Eine nette Schwester kam, Raina zog sich an und lief heulend mit ihr zurück. Am selben Abend rutschte einer Schwester das Tablett mit Medikamenten aus den Händen. Raina half beim Aufsammeln. Und nahm unauffällig eine Handvoll für sich. Am nächsten Morgen, so Rainer »war ich nicht wachzukriegen«. Aber schließlich dann doch. Um eine lange Geschichte kurz zu machen: Die Schwester schrammte an einer Entlassung vorbei. Raina hatte ein schlechtes Gewissen. Und das wiederum führte zum freiwilligen Sonntagsdienst über anderthalb Jahre.

Die Neugier der anderen

Manchmal scheint es mir, als bohre und stochere ich gegen Rainer Hallers Willen in seinem Leben herum. Aber er läßt es sich gefallen. Vieles bleibt dennoch unklar: Läßt die Wahl des ungewöhnlichen Namens Raina vermuten, daß die Eltern vielleicht doch eine Ahnung hatten und einen späteren Wechsel zu Rainer erleichtern wollten? Was genau führte dazu, daß Rainer, wie er sagt, »nicht ganz so normal ist wie andere«? Seine genaue Diagnose verrät er nicht. Weiß er sie nicht, oder will er sie nicht wissen? Ist es ein Adrenogenitales Syndrom, das bei der Geburt des Mädchens schon sichtbar war? Dann hätte Rainer kein Y-Chromosom, wäre also genetisch weiblich und nicht männlich. Ist es eine Androgenresistenz? Dann könnten seine Körperzellen nicht auf Androgene reagieren, es hätten sich weder Hoden entwickelt noch so ein prächtiger Bart. Eine Gonadendysgenesie? Oder hat er etwa einen 5-alpha-Reduktase-Mangel wie der Held aus dem Roman *Middlesex*?

Ratlos maile ich Prof. Olaf Hiort an, den bekanntesten Endokrinologen in diesem Bereich. Nach einigen Sätzen zu Gonaden, Chromosomen, AGS schließt seine Antwort mit den Worten: »Näher kann ich der Diagnose leider nicht kommen. Ob Sie meine Antworten zitieren, überlasse ich Ihnen, aber es ist schon sehr vage, und Mediziner sollten nicht zu spekulativ arbeiten.« Sollten Journalisten es tun? Welches Recht habe ich, weiter zu forschen, wenn Rainer Haller es gar nicht so genau wissen will? Ist es Neugier? Dieselbe vielleicht, die ich an Ärzten kritisiere, unter denen intersexuelle Patienten gelitten haben? Das »Monsterding« nennen Mitglieder der Selbsthilfegruppe *XY-Frauen* den sensationslüsternen Blick, mit dem Nicht-Intersexuelle oft auf intersexuelle Menschen starren. Menschen, die sich – manchmal zur Enttäuschung der sogenannten Normalen – kaum von ihnen unterscheiden. Die Faszination hat ohnehin meist mehr mit den Betrachtern zu tun als mit dem Objekt ihrer Neugierde.

Während ich dies schreibe, erreicht mich eine Mail aus der Schweiz. Die Mutter eines intersexuellen Kindes erzählt: »Vor zwei Wochen mußte ich mit meiner Tochter erneut ins Spital. Ich kam in die Notfallabteilung, weil sie eine Verletzung am Kopf hatte und man nicht wußte, ob auch etwas im Inneren des Kopfes beschädigt wurde. Nach der Versorgung der Kopfwunde wollte der Arzt (wie könnte es auch anders sein) ihren ›Allgemeinzustand‹ noch abklären. Ich müsse sie dazu ganz freimachen! Als ich ihm dann aber sehr deutlich sagte, ich käme nur wegen der Kopfverletzung, und er könne es gerade vergessen, daß ich ihr die Windeln abziehe, hat er es wohl begriffen. Niemals hätte ich das zugelassen. Heute bin ich stark genug, meine Meinung deutlich zu äußern.«

Rainer Haller hat eigene Strategien, der Neugier zu begegnen: »Entschuldigung, kommen Sie aus Charlottenburg?« fragte ihn kürzlich eine Frau, nachdem sie ihn dreimal umkreist hatte, bei Aldi. »Ja«, war die Antwort, kurz, aber nicht kurz genug, um weitere Fragen zu verhindern: »Haben Sie eine Schwester?« – »Ja.« – »Ach so«, meinte die Frau, »dann sind Sie der Bruder«. Auch das konnte Rainer bestätigen. Zufrieden verschwand die frühere Nachbarin, nun in der festen Überzeugung, sich an ihn als Bruder zu erinnern. Und damit, so Rainer, »war die Sache erledigt«. Neuen Bekannten erzählt er manchmal, »in meinem früheren Leben war ich eine Frau«. Meist wird das aufgenommen wie ein guter Witz. Und das Gespräch wendet sich dem Thema Wiedergeburt zu. Rainer: »Aber es ist unerheblich. Wie ich immer sage: ich bin ich.«

Neugier. Bei ihrer Therapie einer intersexuellen Frau hatte auch die amerikanische Psychoanalytikerin Nina Williams mit ihrer Neugier zu kämpfen. Sie setzte sich mit diesem Gefühl auseinander, fand erklärende Worte und hoffte, daß ihre Patientin sie versteht: »Ich bin neugierig auf deinen Körper und besorgt, daß meine Neugier dich verletzen könnte, wenn ich sie zugebe. Aber wie kann ich denn auf diesen Teil von dir nicht neugierig sein? Ich bin auf alles andere von dir neugierig, und dieser Körper ist so zentral in deiner Geschichte.«[25]

Vielleicht darf Neugier sein, wenn der ganze Mensch im Zentrum des Interesses steht, nicht irgendein genitales Detail. Betroffene äußern sich an verschiedenen Stellen dieses Buches dazu. Bei unserem letzten Treffen hat Rainer Haller den Spieß umgedreht, wollte der Fragerin selbst Fragen stellen. Vielleicht, um eben dies zu testen: wurde er nur benutzt, oder wird er ernstgenommen?

»Einzelheiten der Körperbeschaffenheit sind hier nicht zu referieren«, schreibt Dr. Hermann Simon, Historiker und Vorsitzender der Jüdischen Gemeinde zu Berlin, über N. O. Body, dessen wahre Identität er lüftete. Die Neugier des Historikers Simon galt allerdings nicht dem Körper, sondern der Geschichte N. O. Bodys. In langen Recherchen gelang ihm 1993 der Nachweis, daß sich Karl M. Baer, der jüdische Direktor der Berliner Logen, hinter diesem Pseudonym verborgen hatte. Als Martha Baer aufgewachsen, war sie schon mit 18 Jahren »Frauenrechtlerin, Zionistin und Kämpferin für die Abschaffung oder wenigstens Milderung sozialer Not und Ungerechtigkeit«.[26] Hermann Simons Anliegen ist, »daß diese Spur nicht verwischt wird, damit Karl M. Baer nicht in Vergessenheit gerät«.[27] Martha Baer war 22 Jahre, als sie beim Anblick von Beile Heilpern (Hanna) jenes bange Erwarten befiel. Wenig später sprach der Arzt die befreienden Worte zu Martha: Sie sind ein Mann. Kurz darauf heiratete Karl M. (M. für Martha) Baer seine Beile. Doch nur drei Monate später starb diese an einer Lungenentzündung.[28]

Wohin nur Männer dürfen

Rainers Frau Lara ist vor vier Jahren gestorben. Nach acht Jahren Krebs. Lange hat Rainer Haller sie gepflegt. Wenn er darüber spricht, dann ebenso zurückgenommen wie über alles, was ihn sehr berührt. Es muß unglaublich hart gewesen sein. In dieser Zeit fand er auch die Tagebücher seines Vaters und die Wahrheit über seine Kindheit, wollte aber seine Frau nicht mehr damit belasten. Die letzte Illusion – seine Mutter hätte Raina vor dem Vater beschützt – war erledigt, als er Gerdas Begleitbrief zu ihrem – gescheiterten – Suizidversuch fand. August hätte trotz Versprechen nicht von seinen anderen Verhältnissen gelassen, stand da, obwohl Gerda doch die Tochter zu seinem Gebrauch freigegeben hätte. Deshalb also, dachte Rainer, kam sie nachts immer hinterher, wenn August zur Tochter schlich. Nicht ihr zu helfen, sondern ihm den Spaß zu verderben, darum war es gegangen. Auch diesen Brief hatte August aufgehoben.

Beim Thema Tod waren wir auf dem Umweg über Rainers beeindruckenden Bart gelandet. Den hat er seit Laras Tod: »Da war mir alles egal, da hab ich auch das Essen aufgegeben.« Dafür, daß die Beerdigung ordnungsgemäß über die Bühne geht, wollte er noch sorgen. Wäre das nach einer Woche vorbei gewesen, dann hätte Rainer sich wahrscheinlich an den Vorrat von Morphium rangemacht, sagt er, und »wäre längst weg vom Fenster. Wir hatten dafür gesorgt, daß ich genügend habe für sie, wenn die Schmerzen zu stark werden, und anschließend für mich. Das letztere habe ich mit mir abgemacht. Denn eigentlich sah ich dann keinen Sinn mehr im Leben.«

Dann ergab es sich aber, daß zwischen ihrem Sterben und der Beisetzung soviel Zeit verging. Zwei Monate. Und das wiederum hatte mit den langen Wartezeiten im Krematorium zu tun. Rainer: »Das wollte sie auf jeden Fall, sie sagte, ich bin nur noch Sondermüll, und Sondermüll gehört auf den Schrott. Das war ihr Wunsch, und den habe ich ihr erfüllt. Den zweiten Wunsch habe ich nicht ganz eingelöst. Sie sagte, ich will nicht, daß du da auf den Friedhof gehst, um irgendwelche Blümchen zu gießen. Aber ich male jetzt ein Kreuz für ihr Grab.«

Die zwei Monate Wartezeit brachten ihn zurück zur Ikonenmalerei, mit der er sich schon im Studium beschäftigt hatte. Und über die Ikonen zur griechisch-orthodoxen Kirche. Aber das ist eine andere Geschichte. Bleibt nur noch zu erwähnen, daß Rainer plant, eines Tages auf dem Berg Athos zu sein. Im Mönchskloster. Wohin nur Männer dürfen.

»Schwierigkeiten, meinen Platz zu finden.«

Ernst, 45, Journalist, und Bettina Bilke, 41, Altenpflegerin,
Baden-Württemberg

»Probiere nie ein neues Rezept, wenn du Gäste hast«, sagt Ernst
Bilke scherzhaft zu seiner Frau Bettina, die beim Abendessen ihren Laokoon-Kampf mit Backpapier und klebrigem Blätterteig
schildert. Aber, wie meist, wenn Hausfrauen behaupten, ihnen
sei etwas mißlungen, schmecken auch diese Pasteten mit Cham-
pignons, serviert auf klassischem Villeroy und Boch, ganz vor-
züglich. Das Porzellan haben die beiden zusammen ausgesucht,
es sollte zeitlos, elegant und möglichst lange lieferbar sein.

Ernst und Bettina Bilke sind seit 15 Jahren verheiratet. Für
Ernst ist es die zweite Ehe, aus der ersten hat er drei erwachsene
Töchter. Übers Telefon wirkte der 45jährige ein wenig streng und
förmlich. Kurzhaarig, präzise gescheitelt, im korrekten Anzug,
so stellte ich mir den Beamtensohn vor. Aber am Bahnhof seines
Wohnortes in der Nähe von Freiburg lehnt an diesem kalten Ja-
nuarmittag ein freundlicher Lockenkopf in Ethnopullover und
Jeans an seinem Auto und wartet auf mich. Der Wagen hat Pe-
dale auf der Fahrer- wie auf der Beifahrerseite; Ernst Bilke war
15 Jahre lang Fahrlehrer. Während wir über männliche und weibliche Fahrstile plaudern, schaue ich ihn an: Seine Stimme, das
Aussehen, die Bewegungen sind die eines Mannes, zweifelsfrei.
Doch wenn es nach dem Versorgungsamt Stuttgart gegangen wäre,
wäre Ernst seit seinem zwölften Lebensjahr ein Mädchen. Aus
Kostengründen. Mädchen seien einfacher in der Herstellung.[29] So
zynisch würde Ernst Bilke das nicht formulieren, er spricht mit
Verständnis über die deutschen Behörden und mit Respekt über
seine Schweizer Ärzte, die ihn in sechs Operationen von 1961 bis
1970 »einmalig gut« zurechtoperierten, wie Urologen auch heute
bestätigen.

Ernst Bilke wurde 1958 mit Hypospadie geboren, einem ungewöhnlichen Verlauf der Harnröhre. Bei Jungen durchzieht diese
normalerweise den Penis und öffnet sich an der Spitze der Eichel.
Diese Konstruktion beschert kleinen Jungs die Freude, stehend in
hohem Bogen pinkeln zu können (allerdings nicht freihändig).
Jungen mit Hypospadie gelingt das nicht, denn ihre Harnröhre
mündet unter (griech. hypo) dem Penis. In leichteren Fällen liegt
die Öffnung an der Unterseite der Eichel, in mittleren am Penis-

schaft, sie kann aber auch zwischen den Hoden oder am Damm münden. Der Penis kann verkürzt, stark gebogen oder auch der Länge nach gespalten sein, als sei die Natur nicht ganz fertig geworden mit ihrer Arbeit oder unentschieden über das gewünschte Ergebnis.

Ein Blick auf die Internetseiten Betroffener[30] zeigt die Vielfalt der Möglichkeiten. Jeder Mann, dessen Harnröhre an der Penisspitze mündet, lernt das Wunder dieses Zufalls schätzen, wenn er einmal gesehen hat, welche Öffnungen es sonst noch geben kann – nicht nur nach unten, sondern auch zur Seite und nach oben. »Pinkeln im Sitzen« ist dabei meist das geringste Problem. Diese Seitenausgänge können zu chronischen Infektionen führen, die Schwellkörper können beeinträchtigt sein und auch die Erektions- und Zeugungsfähigkeit. Verantwortlich für all das ist ein Androgenmangel in bestimmten Phasen der Schwangerschaft.[31] Oder ein Enzymmangel, etwa 5-alpha-Reduktase wie bei Cal/ Calliope im Roman *Middlesex*. Die Ursachen dafür wiederum sind genetisch (über das X-Chromosom) oder umweltbedingt,[32] oftmals aber gar nicht bekannt.

Hypospadie ist die häufigste Fehlbildung des Penis, Schätzungen schwanken zwischen jedem 100. und 700. Jungen, der damit geboren wird. Eine DDR-Studie sprach schon 1984 von jedem »300. Knaben, der eine Fehlmündung der Urethra,«[33] also der Harnröhre, hat. Man kann davon ausgehen, daß in Berlin pro Jahr 50 Babys mit Hypospadie geboren werden, und in der Bundesrepublik etwa 100 000 Männer damit leben. Ernst Bilke wünscht sich Kontakt mit anderen Betroffenen. Wissen und Erfahrungen weiterzugeben, Einsamkeit aufzuheben, das ist sein Ziel. Er hofft, dem einen oder anderen unnötige Schmerzen, Demütigungen oder auch Operationen zu ersparen. In Baden-Württemberg, wo Ernst Bilke lebt, kommen jährlich schätzungsweise 170 Babys mit Hypospadie zur Welt. In einem Interview mit der *Frankfurter Allgemeinen Zeitung*[34] veröffentlichte Ernst sein Angebot. Bisher meldeten sich nur wenige.

Sollte man besser ein Mädchen daraus machen?
Einen großen Teil seines Wissens über den Umgang mit und den Wandel der Einstellungen zu Hypospadie hat Ernst Bilke aus einem Ordner, den er im Nachlaß seiner Mutter fand. »Meine Mutter hat alles gesammelt«, sagt er und holt den Ordner,

während Bettina Bilke uns mit Tee und Johannisbeerkuchen versorgt.

Ernst und Bettina Bilke haben sich ein Heim geschaffen, in dem es viel zu schauen gibt: Aquarien, Uhren, ein Ballonfahrer aus Papier an der Zimmerdecke, eine große Sonnenblume, Bilder von Heißluftballons und Ölgemälde mit Pferden. Heiter und etwas verspielt wirkt das alles. Nicht zu vergessen – passend zur Jahreszeit – der geschmückte Weihnachtsbaum und eine beleuchtete Krippe mit Dämmerungsschalter, umzingelt von Holztieren, die fast ausreichen würden als Besatzung einer Arche, sogar ein Pinguin ist dabei. Ernst und Bettina sind Christen, und das sieht man in ihrer Wohnung. Daß die vielen Holztiere nicht zufällig herumstehen, erklärt Ernst Bilke, als er mit dem Ordner unter dem Arm zurückkommt: Der Missionsbefehl des Markusevangeliums, »Verkündet die frohe Botschaft aller Kreatur«, sei ihnen wichtig. Sogar eine Patenschaft für einige Schimpansen in Sambia haben sie übernommen.

»Diesen Ordner habe ich erst 1998 in die Finger gekriegt«, sagt er dann und blättert auf, was seine Mutter dort alles gesammelt hat: Medizinische Gutachten, Anträge, Abrechnungen, Protokolle der Konsultationen und ihre eigenen Gedanken, ihre Sorgen und Zweifel, ihr Schwanken, was wohl für ihr einziges Kind das Richtige wäre. 1961, mit drei Jahren, wurde Ernst Bilke zum ersten Mal operiert – in Basel, weil deutsche Chirurgen die erforderlichen Techniken nicht beherrschten. Begutachtungen, Einschätzungen, Prüfungen durch Kinderärzte, Amtsärzte, das Gesundheitsamt und sogar durch den Regierungspräsidenten Freiburgs gingen der Genehmigung dieser teuren Auslandsbehandlung voraus. Ernsts Hypospadie war als mittelschwer eingestuft worden. Die deutschen Ärzte hatten vorgeschlagen, operativ ein Mädchen herzustellen. Es war für sie das technisch Machbare. Heute klingt das zumindest erstaunlich, damals aber entsprach es dem medizinischen Standard – und dem Zeitgeist. Man bezweifelte nicht, daß Jungen mit Hypospadie Jungen waren. Aber man hielt es für belanglos.

Ernst Bilke: »Kinder bis zum Alter von zwei oder drei Jahren sah man als unbeschriebene Blätter. Die könnte man auch anders beschriften, wenn es sein mußte.« In knappen Worten, fast reserviert referiert Ernst Bilke, wie über sein Geschlecht verhandelt wurde: »Hypospadien ab einem gewissen Schweregrad wurden soweit operiert, daß Urinieren möglich war. Aber die Sozialisation wurde in Richtung Mädchen befürwortet, weil man davon ausging, daß ›eine Vita Sexualis nicht herstellbar‹ war.« Keine Vita Sexualis, so stand es im Gutachten. Was haben sich die Gutachter dabei gedacht? Kein Sex, also konnte man genausogut ein Mädchen daraus machen?

Ernst hat drei Töchter, mit seiner zweiten Frau hätte er gerne auch ein Kind. Wenn sich die deutschen Ärzte damals durchgesetzt hätten, wäre Ernst heute vermutlich eine Frau ohne Gebärmutter und Eierstöcke, aber mit künstlicher Scheide. Lebenslange Hormonbehandlung hätte für ein weiblicheres Erscheinungsbild gesorgt. Ernst behandelt dieses Thema so sachlich, daß es sein Gegenüber gefühlsmäßig erst mit Verzögerung erreicht. Verstehe ich das richtig? Hätte das auch Penisamputation und Orchiektomie, also Kastration, bedeutet? Ernst Bilke: »Die hormonelle Behandlung hätte sowieso zu einer Kastration geführt. Unoperiert hätte ich mangels Erektabilität kein Kind auf normalem Weg zeugen können.«

Was ist das für ein Gefühl, daß es sozusagen »auf Messers Schneide« stand?

Über seine Gefühle dazu, wehrt er ab, könne er sich nicht äußern, sie seien ihm nicht zugänglich. Er habe das alles zu spät erfahren, um sich jetzt noch darüber aufzuregen. Verständnisvoll beurteilt er im Rückblick das Verhalten der Ärzte: »Sie wußten es damals nicht besser. Ihre Logik, wenn wir keinen Jungen hinkriegen, machen wir besser ein Mädchen, ist nachvollziehbar. Außerdem fürchteten sie, die psychischen Folgen der vielen Operationen könnten den ungewissen Erfolg eines Penisaufbaus zunichte machen.«

Ernst Bilkes mildes Urteil, es sei doch gut gemeint gewesen, irritiert. Später aber gewährt er Einblick in die Zusammenhänge: In einem Alter, wo Kinder Schamgefühle entwickeln und ihre Intimität schützen möchten, war Ernst gezwungen, immer wieder die Hose runterzulassen vor unbekannten Ärzten. »Unangenehm und beschämend« fand er das. Und es hatte Folgen. Ernst: »Es kam zu einer starken Entfremdung vom eigenen Körper. Das wurde von außen verwaltet. Das war gar nicht mein Teil.« Genauso spricht er auch darüber. Natürlich ist ihm das bewußt. Ernst Bilke ist ein sensibler und einfühlsamer Mann mit vielen Interessen und Talenten. In Mythologie, Geschichte, Medizin und Jura

betrieb er Spurensuche. In einer Psychoanalyse hat er die Folgen
der Entfremdung bearbeitet und sich dabei seinen verwalteten
Körper zurückerobert.

Der Vater

Zuerst aber war es sein Vater, der für Ernsts Körper kämpfte.
Was auch immer die deutschen Ärzte damals empfahlen, Ernst
Bilke senior wollte seinen Sohn behalten. In etwas korrigierter
Version zwar, aber nicht geschlechtsumgewandelt. Ernst sollte
Ernst bleiben. Dem Oberregierungsrat, früheren Kavallerieoffi-
zier und Landstallmeister von Moritzburg Ernst Bilke dem Drit-
ten sollte Ernst der Vierte folgen. Die Bilkes sind eine alte Fami-
lie, die sich bis 1544 zurückverfolgen läßt. So einer wie Ernst III.
Bilke kann mit Behörden kämpfen, und daher setzte er auch die
Kostenübernahme der Behandlung im Ausland durch.

An die erste Serie von Operationen, als das Problem des Uri-
nierens einigermaßen gelöst wurde, erinnert Ernst sich kaum.
Aber er ist überzeugt, daß damals seine Fragen begannen: »Wenn
man mich erst operieren muß, damit ich ein Bub werde, was bin
ich dann? Bin ich kein richtiger Junge?« Dieses frühe Gefühl,
vielleicht hätte er doch ein Mädchen werden sollen, ist für Ernst
Bilke das Besondere an seiner Geschichte.

Mit sieben Jahren kam Ernst zur Schule. Wenn er an seinen
ersten Schultag denkt, taucht das Bild einer Horde Kinder auf,
die in die Klasse stürmt, drängelnd, rangelnd, auf der Suche nach
dem besten Platz. Ernst und ein Mädchen blieben übrig, so schnell
wie die anderen hatten sie keinen Stuhl gefunden. So blieben sie
dann also beieinander sitzen, ziemlich weit hinten außerdem.

Dieses Bild hat sich Ernst als Symbol für sein Leben gewählt:
die Schwierigkeit, seinen Platz zu finden. Er konnte das nicht
gleich so benennen, aber damals schon fügte sich diese Erfahrung
zu einer Reihe anderer: Im Kindergarten hatte er gern mit den
Mädchen gespielt, die anderen Jungs taten das nicht. Auf das
Raufen und Toben der Buben aber hatte Ernst keine Lust, auch
Sport machte ihm wenig Spaß. Nun sind nicht alle Jungen wilde
Raufer, und manch einer spielt sehr gern mit Mädchen, ohne daß
seine Identität dadurch ins Trudeln gerät, aber wenn so ein kleiner Kerl ohnehin über die Besonderheit seines Penis nachgrübelt,
benötigt er sicher zusätzliche Stabilität.

Als Ernst geboren wurde, war sein Vater 63 Jahre alt. Als er zur Schule kam, starb dieser. Das war ein Wendepunkt, sagt Ernst Bilke. Als »lachenden, fröhlichen Menschen« hat er den Vater in Erinnerung. Wenn er über ihn spricht, hin und wieder kleine private Erinnerungsbruchstücke preisgibt, wird seine Sprache sanft: »Ein liebevoller alter Herr, ein Großvater, der einem kleinen Jungen alles erklärte. Er liebte den Zirkus und unternahm viele Spaziergänge mit mir in Wald und Wiesen und lehrte mich sehen, was sonst nur Förster sehen, und er malte.« Welch ein Verlust.

Die zweite Serie von Operationen begann 1969. Ernst war elf, an diese Phase erinnert er sich besser. Im Jahr zuvor war ein spektakulärer Fall durch die Presse gegangen. Die 20jährige Erika Schinegger, Weltmeisterin im Abfahrtslauf, war von der Olympiade ausgeschlossen worden. Wie alle Teilnehmerinnen hatte sie sich dem neuen »Sex-Test«[35] unterziehen müssen. Eingeführt worden war der als Instrument des Kalten Krieges: Die Russen sollten nicht weiter so haushoch gewinnen; Sportlerinnen wie Tamara und Irina Press waren der westlichen Welt suspekt geworden, sie sahen aus wie Kerle und räumten die Medaillen ab.[36] Bei der Österreicherin Erika Schinegger fand der Test XY-Chromosomen, genetisch war sie also männlich.

Erika Schinegger, die bis dahin keine Ahnung von ihrem genetischen Geschlecht hatte, lief noch einige Rennen als Erik, gewann einige Preise, bekam aber bald zu spüren, daß der österreichische Skiverband dem Wechsel nicht gewachsen war. 1988 schrieb er seine Autobiographie.[37] Auch der Sexualwissenschaftler und Intersexforscher Milton Diamond interessierte sich für Erika/Erik. Er interviewte Schinegger und einen seiner Ärzte.[38] Erika war mit einer schweren Hypospadie geboren worden. Die Hebamme in dem kleinen Bergdorf glaubte, einem Mädchen auf die Welt geholfen zu haben. Mit dieser Vermutung richteten sich alle ein, auch Erika. Sie sah sich zwar nicht als typisches Mädchen, verliebte sich nie in Jungen, sondern in Mädchen, aber sie hielt dies für ihr Schicksal. Der genetische Test machte also aus dem lesbischen Mädchen Erika den heterosexuellen Mann Erik. Nun wurde seine Hypospadie behandelt. Heute ist er Skitrainer, verheiratet und hat eine 25jährige Tochter.

Was hatte das alles mit Ernst zu tun? Er wußte es nicht. Aber er interessierte sich für die Vorgänge um Erik, der in der Presse oft fälschlich als transsexuell dargestellt wurde. Auch seine Mutter nahm diese Geschichte sehr aufmerksam wahr. »Wie wurde

der Skandal um diese Frau, um diesen Mann in der Presse aufge-
wärmt bis zur Ungenießbarkeit«, schrieb sie an eine Verwandte.
»Wir hatten unsere Gründe, unseren Sohn zu erziehen, über diese
Dinge zu schweigen. Nicht laut denken, was ihn manchmal be-
wegt haben mag.« Daher bekam Ernst nur selten eine Antwort,
auch wenn er direkt nach »diesen Dingen« fragte. Details erfuhr er erst nach dem Tode seiner Mutter. Zum Beispiel über die
Kämpfe mit dem Versorgungsamt, das einer Witwe offenbar nicht
denselben Respekt zollte wie einem Oberregierungsrat. Eine weitere Behandlungsreihe in Basel war umstritten, es sei ohnehin
besser, die bisherige Entwicklung rückgängig zu machen, hieß
es im Gutachten. Die nachträgliche »Korrektur« zum Mädchen
sei billiger und mit weniger Operationen zu bewerkstelligen. So
mußte Ernsts Mutter die Auslandsbehandlung selbst finanzieren.

Der Originalbrief vom Versorgungsamt existiert nicht mehr.
Ernst weiß, daß seine Mutter das Schreiben aus Wut wegwarf,
vielleicht auch, so vermutet er, »aus Angst, was ich denke, wenn
ich jemals lese, daß aus Kostengründen eine hormonelle Korrektur zum Mädchen empfohlen wurde«. Erhalten blieb ein langer
Brief an eine Tante. »Mein Sohn«, schreibt die Mutter darin,
»kam mit einer Mißbildung zur Welt, die entsteht, wenn die Natur unentschieden ist, ob Männlein oder Weiblein werden soll (...)
In Deutschland wäre Richtung Mädchen behandelt worden.«
Und: »Er wurde im Kleinkindalter operiert mit der Idee, er könne
sich dann nicht mehr daran erinnern.«

Geheimhaltung als Strategie im Umgang mit intersexuellen Kindern zieht sich durch die Lebensläufe der meisten Betroffenen, in
manchen Fällen sogar heute noch. Das entsprach medizinischer
Lehre. Aber die Folgen sind fatal: Es entstehen zwei Realitäten:
eine medizinische, in die die Eltern halbwegs eingeweiht werden,
und eine Fantasiewelt in den Köpfen der Kinder. Aus Teilwahrheiten, Lügen und bedeutsamem Schweigen reimen sie sich ihre
eigene Geschichte zusammen. Manchmal entfernt die sich weit
von der Realität. Wie eine Schere klaffen beide Wirklichkeiten
immer weiter auseinander. Einige Kinder glaubten, sie seien an
Krebs erkrankt und müßten bald sterben. Was sonst könnte so
schlimm sein, daß sie immer wieder ins Krankenhaus mußten,
man ihnen aber nie den Grund dafür sagte?

Die Wut ist gut versteckt

Ernst erfuhr, daß es darum ging, normal pinkeln zu können. Aber warum so viele Operationen, das funktionierte doch schon? Daß auch Geschlechtsverkehr ermöglicht werden sollte, sagte man ihm nicht. Irgendwann wehrte er sich, wollte keine weitere Operation. Zum Bedauern seines Arztes, der »das Ergebnis gerne vervollkommnet« hätte. Fremdbestimmt. So empfand sich Ernst. Lange Passagen aus den Briefen seiner Mutter liest er vor, horcht nach, wie sie über ihn spricht, immer ist er »der Ernst«, distanziert fühlt sich das an für ihn. »Früher konnten Wesen wie mein Sohn nicht operiert werden«, liest er vor, und nun verliert er doch ein wenig die Fassung: »Jetzt ist es plötzlich ein Wesen«, sagt er, »immer wurde über mich geredet, nie mit mir. Nach den Konsultationen beim Arzt wurde ich immer rausgeschickt, da war ich immerhin schon elf, zwölf, da hat der mit meiner Mutter noch irgendwas bequatscht. Mich hat das wütend gemacht.«

Schon damals war bekannt, daß mittlere bis schwere Formen von Hypospadie ein Hinweis auf Intersexualität sind. Nicht nur der Penis, sondern andere Teile des Körpers und auch die Identität könnten vom Androgenmangel in der Schwangerschaft betroffen sein. Auch das weitere Leben von Ernst könnte dadurch etwas anders verlaufen. Möglicherweise würde die Pubertät verzögert beginnen. Es könnte sein, daß sich ein leichter Brustansatz zeigt. Das geschieht manchmal auch bei Jungen, die keine Hypospadie haben. Aber irgendwann würde sich das wieder einpendeln, die Brust würde verschwinden, wenn die Hoden Testosteron produzieren. Im späteren Leben könnte er vielleicht Symptome aus dem Spektrum weiblicher Wechseljahre entwickeln.

So unkompliziert hätte ein Arzt oder eine Mutter das dem Elfjährigen erklären können. Aber diese Erklärung bleibt aus. Der Elfjährige entdeckt, daß sein Körper sich merkwürdig verhält, anders als der anderer Jungen. Er bemerkt, daß sich seine Brust verändert. Er vergleicht sich mit den Mädchen. Bei denen fühlt er sich sowieso wohler. Wahrscheinlich, denkt der Junge, verwandle ich mich jetzt in ein Mädchen. Eigentlich ganz niedlich, denkt er. So kleine Brüste. Und er wartet, daß sie wachsen.

»Wünschenswert« hätte Ernst Bilke das gefunden: »Ich hatte ja von der Natur eine Entscheidung erwartet in Richtung Mädchen.« Dann wäre er etwas »Richtiges« geworden. Das Problem sei gewesen, daß er sich immer negativ gedeutet habe: »Ich bin kein richtiger Junge. Natürlich auch kein Mädchen. Immer dieses Gefühl: unvollkommen, unvollständig.«

Daß seine Eltern sich sehr bemühten, das Richtige zu tun, weiß er. Richtig war es zu verhindern, daß er zum Mädchen operiert wurde: »Das hätte mir anatomisch noch mehr geschadet. Das sind ganz grauslige Operationen.« Aber immer wieder hat seine Mutter den Eindruck, daß Ernst mit der Entscheidung nicht zufrieden ist. Wegen des Brustansatzes macht sie sich mit dem Sohn auf die Reise nach Basel. Der Professor betrachtet Ernst, kann aber keine Brust entdecken. Kann er nicht, oder will er nicht? Bei den Waldspaziergängen mit seinem Vater hatte Ernst gelernt, genau zu schauen. Seine präzise Wahrnehmung sagt ihm auch jetzt, daß die unterschiedlichen Aussagen der Ärzte, die ausweichenden Antworten seiner Mutter nicht mit seiner Beobachtung übereinstimmen. Auch den Rat, er solle weniger Schokolade essen, mit dem die Mutter versucht, Ernst zu beruhigen, durchschaut er. Daß man von Schokolade keine Brüste bekommt, ist ihm natürlich klar. Ernst: »Ich wußte doch schon als Jugendlicher, daß da was nicht stimmt. Aber daß man mich dermaßen belügen und verarschen würde, damit habe ich nicht gerechnet.«

»Ernst fürchtet, daß ihm Brüste wachsen«, notierte seine Mutter damals. Wirklich? Oder fürchtet sie es? Wünscht er es etwa, oder fürchtet sie vielleicht, daß er es wünscht? Bis heute weiß Ernst nicht so recht, wer damals eigentlich was wünschte oder fürchtete. Vielleicht waren auch die Grenzen zwischen den beiden nicht so klar. Zwei, die sich aneinanderklammerten, nachdem der Vater sie verlassen hatte. Ernsts Mutter war fast 30 Jahre jünger als ihr Mann.

Was geschieht mit einem Jungen, dessen Mutter sich immer wieder fragt, ob ihr Sohn vielleicht lieber eine Tochter wäre? Auch wenn sie das ihm gegenüber niemals ausspricht.

Der Berliner Psychologe Knut Werner-Rosen, der sich auf die Therapie intersexueller Kinder spezialisiert hat, sagt: »Kinder sind auf die Widerspiegelung durch die Eltern angewiesen. Aber das funktioniert nur, wenn die Eltern ein klares Gefühl und einen klaren Kopf haben. Sind sie in eigenen Ängsten gefangen, dann können sie ihr Kind nicht einmal richtig wahrnehmen.«[39]

Die Ängste der Eltern. Als junges Mädchen war Ernst Bilkes Mutter BDM-Führerin und Flakhelferin, »natürlich war ich ein Nazi«, hat sie ihrem Sohn offen erzählt. Bei Kriegsende war sie 21.

Über diesen Teil ihres Lebens konnte sie mit ihm reden. Doch immer wenn Ernst als Erwachsener versuchte, mit ihr über seine Operationen zu sprechen, landete sie beim Thema Drittes Reich. Einen sehr engen Zusammenhang muß es für sie zwischen beidem gegeben haben. Die Eltern hatten mit der alten Zeit gebrochen, trauten aber der neuen lange nicht: »Mein Mann und ich hatten kein Vertrauen in diese neue deutsche Demokratie«, schrieb die Mutter an eine Verwandte. »Die NPD war damals drauf und dran, in den Bundestag gewählt zu werden.« Was würde dann werden? Aus ihrer Sicht war es besser, wenn sie schwiegen und wenn Ernst gar nicht so genau wußte, was mit ihm war. Wer weiß, ob wieder einmal Zeiten kommen könnten, in denen sein Leben bedroht wäre?

Viele Jahre später, als die krebskranke Mutter im Sterben lag, von Sohn und Schwiegertochter gepflegt wurde, lernte er ihre Ängste und Schuldgefühle genauer kennen: Hatte Gott sie mit einem Kind gestraft, das von den Nazis vernichtet worden wäre, weil sie selbst Nazi gewesen war? Doch hier zieht Ernst die Grenze. Als Strafe Gottes sieht er sich nun wirklich nicht. Übersteigerter, falschverstandener Katholizismus war das in seinen Augen. Immer wieder kam der Pfarrer, und sie wollte beichten. Offenheit in der Jugend hätte Ernst mehr geholfen. So mußte er sehr allein, sehr einsam nach Erklärungen tasten.

Eine andere Sexualität

1980 verabschiedeten Bundestag und Bundesrat das Transsexuellengesetz,[40] das die Änderung von Vornamen und Geschlechtszugehörigkeit regelte. 1981 hob das Bundesverfassungsgericht die Altersgrenze von mindestens 25 Jahren auf. Da war Ernst 23 Jahre alt. Vielleicht bin ich transsexuell, dachte er, vielleicht bin ich in Wirklichkeit ein Mädchen. Er nahm Kontakt mit Selbsthilfegruppen Transsexueller auf, dachte über einen Geschlechtswechsel nach. »Nur die kleine Lösung, Papiere und Namen ändern, aber nicht an den Genitalien rumoperieren«, beeilt er sich hinzuzufügen. Doch als er Transsexuelle kennenlernte, wußte er, das ist es auch nicht.

Ernst: »Die waren besessen davon, daß ihre Probleme gelöst sind, wenn sie sich umoperieren lassen. Da wußte ich, so bin ich nicht. Es waren Stereotypen. Männliche Phantasien, Pin-up-Girls oder Transvestiten, die fand ich nicht weiblich, nur unecht. Ich hatte ja nie das Gefühl, ich bin eine Frau im falschen Körper. Ich habe nur gemerkt, daß ich anders bin als andere Jungs. In meinem ganzen Rollenverhalten bin ich sehr untypisch. Männer vermuten manchmal, daß ich schwul bin und wundern sich, daß ich es nicht bin.«

Nur mit einer Frau-zu-Mann-Transsexuellen verstand er sich. Ernst: »Sie hat eine komplizierte Biographie, eine Mißbrauchsgeschichte. Mit der habe ich mich oft unterhalten. Wir haben über manche Mann-zu-Frau-Transsexuellen gelästert. Einmal haben wir zusammen androgyne Klamotten eingekauft, die uns beiden gefielen, und da sagte sie mir einen Satz, der mir bis heute hängenblieb: ›Du bist Frau genug, um nicht äußerlich Frau werden zu müssen.‹ Das war der Durchbruch.«

Bei der Beschäftigung mit dem Transsexuellengesetz findet er heraus, daß es Intersexualität gibt. Ein Gutachter erklärt ihm, er sei intersexuell, darum sei ein Vorgehen nach dem Transsexuellengesetz ausgeschlossen. Seine Befindlichkeit würde er durch eine Operation nicht verändern können. Das Gefühl, zwischen Mann und Frau zu sein, ließe sich nicht »wegtherapieren«. Es werde ein lebensbegleitendes Gefühl bleiben. Kein Wunder, denn es entspricht ja der Realität. Es entsprach auch damals schon Ernsts eigenem Gefühl. Doch das Problem war, daß ihm bis dahin niemand dieses Gefühl hatte bestätigen wollen. So traf ihn die Entscheidung des Gutachters völlig unvorbereitet, und er wäre fast an ihr verzweifelt. Alle Wege sind verschlossen, so kam es ihm vor.

Aus heutiger Sicht kommentiert er das Gefühl von damals: »Ich war so sehr im bipolaren Denken verhaftet, daß ich mir nur vorstellen konnte, eines von beiden zu sein: Mann oder Frau. Aber wenn das nicht ging, was dann?« Nun sollte er also etwas leben, von dem Ärzte selbst nicht wußten, wie es geht.

Damals kam Ernst für einen Moment einer anderen Grenze sehr nahe: dem Gedanken, wenn nur für Mann oder Frau Platz ist auf dieser Welt, dann also nicht für mich. Viele andere Intersexuelle überlebten diesen Moment nicht.

Damals findet Ernst seine erste Freundin. Sie ist bisexuell, hat sich gerade von ihrer Freundin getrennt. Nun erfährt Ernst zum ersten Mal, daß es auch in der Sexualität ein »Dazwischen« geben kann. Ihr erster Freund ist Ernst nicht. So kann sie ihm bestätigen, daß er sich anders verhält. »Auch im Bett«, sagt er. »Ich

funktioniere als Mann, aber meine Sexualität ist eine andere.«
Was meint er damit?

Ernst: »Es fällt mir schwer, Gefühle und Stimmung zu trennen;
›normalen‹ Männern sagt man nach, sie könnten immer, ich nicht,
wenn Unstimmigkeiten oder Streß ablenken. Meine erste Freundin sagte, ich könne es, was Feingefühl und Verschmustheit angeht, mit jeder Frau aufnehmen, besonders weiblich fand sie, daß
Zärtlichkeit sein konnte, ohne zwangsläufig in Sex zu münden.
Es scheint, daß bei ›normalen‹ Männern die Erektion schon Anlaß zu Sex ist. Und nach der Ejakulation seien sie körperlich und
gedanklich fertig, könnten gleich was anderes machen, wie *Sport-
schau* sehen. Bei mir geschieht die Ejakulation mittendrin im Geschehen, es ist nicht Gipfel oder gar Ende des Liebesspiels.«

Trotz dieses Lobes, von dem Gedanken, vielleicht sei er transsexuell, konnte Ernst damals noch nicht lassen. Seiner Freundin
schlug er eine Frau-Frau-Beziehung vor. Das führte zur Trennung.
Sie wollte nicht verantwortlich sein für eine Entwicklung, die ihr
falsch erschien. »Du bist du, ein Mischwesen«, sagte sie, »und
genauso bist du richtig.« Diesen Ausdruck behielt Ernst im Gedächtnis, man könnte sagen, er bewegte ihn in seinem Herzen.
Aber er brauchte noch Jahre, um ihn wirklich zu verstehen. Sein
Gefühl, etwas stimme nicht mit ihm, verließ ihn noch nicht, auch
nicht das Gefühl von Einsamkeit. 1985 beginnt er eine Analyse,
bleibt zehn Jahre dabei. Die erste Zeit war nicht einfach, sagt er.
Die Erinnerungen. Die Alpträume. Immer wiederkehrende Bilder.
Auch von OP-Erlebnissen. Szenen, die er nicht einordnen kann.
Er nimmt Kontakt auf mit dem Krankenhaus in Basel. Vom Ober-
arzt kommt eine Einladung zum Tag der offenen Tür.

Soll ich wirklich dahin gehen, fragt er sich lange. Er geht. Da
steht er nun, in dem Krankenhaus, wo er in Kindertagen operiert
wurde. Er erkennt es wieder. Es sieht wirklich aus wie in seiner
Erinnerung. Ein alter Kasten. Hohe Wände.

Ernst Bilke: »Ich hatte immer Bilder von Eisenbahnabteilen.
Tatsächlich waren dort diese dreigeteilten Türen. Den Blick auf
den Rhein, von den Fenstern aus, hatte ich im Gedächtnis. Aber
den Rhein konnte man nicht sehen. Die Bäume waren zu hoch.
Ich habe mich gewundert, aber dann wurde mir klar, daß die vor
20 Jahren noch klein waren. Plötzlich konnte ich manche Erinnerungen einordnen. Wenn ich früher hingekommen wäre, hätte
ich das nicht so mühsam aufarbeiten müssen.«

Wenn er die Wahrheit früher gewußt hätte, glaubt Ernst Bilke, dann hätte er ein stabiles Selbstbewußtsein ausbilden können. Was ist die Wahrheit? »Ich bin ein vollkommener Zwitter.« Das sind selbstbewußte Worte. Aber was ist ein vollkommener Zwitter? »Weder Mann noch Frau. Ein Wesen der dritten Art. Ich weiß es nicht. Ich kann mich mit den Ausdrücken, die es gibt, wenig anfreunden, Hermaphrodit ist wissenschaftlich besetzt, Pseudo-hermaphrodit, das klingt wie ›nicht ganz richtig‹, nur ›pseudo‹. Zwitter ist zwischen beidem, eine Spannung zwischen zwei Polen, das ist nicht meine Erlebniswelt. Ich fühle mich eher eins und vollkommen und beidem zugehörig und wohlausgewogen gemischt. Es gibt kein Wort dafür.«

Das klingt, als sei Ernst dort angekommen, wo er sich zu Hause fühlt. »Es ist auch ein langer Weg gewesen«, sagt er und erhebt sich flugs, um nach dem Essen zu schauen.

Vom Traum zum Alptraum

Nach dem Dessert legt Bettina Bilke noch einen Augenschmaus auf den Tisch. Fotos von ihrer Hochzeit am 8. August 1988. Die Hochzeit an diesem speziellen Termin und das ganze Drumher-um hatten sie bei einem Preisrätsel gewonnen. So konnte sich Bettina einen besonderen Traum erfüllen. Ernst: »Der Traum je-der Frau.« Ein Traum von einem Kleid war es allemal: ein boden-langes weißes Hochzeitskleid mit zwölf Meter langer Schleppe. Aufgerüscht, frisiert und geschminkt, mit Schleier und Braut-strauß versehen schritt Bettina schließlich die Treppe hinunter auf Ernst zu. Etwas frustriert hatte der Bräutigam sich während-dessen fünf Nutellabrötchen reingezogen, Bettina weiß das noch genau. Im Unterschied zu ihr war Ernst nur mal kurz überge-kämmt worden, denn alle Augen folgten der Braut. Für die war es eine Traumhochzeit mit allem, was dazu gehörte.

Ein paar Jahre später war der Traum ausgeträumt. Anfang der neunziger Jahre begann in Ernsts Therapie die Phase der Offen-heit. Er schrieb Bettina in einem Brief, daß er dieses Kleid gern selbst getragen hätte. Und überhaupt möchte er die Rollen mit ihr tauschen, wäre gern selbst die Hausfrau. Ernst war aus der Rolle gefallen. Und Bettina aus allen Wolken. Diese Rolle war doch besetzt. Das war doch ihre.

Bettina trägt ein eigenes Paket Vergangenheit mit sich herum. Ihre Schatten ähneln manchen Motiven aus Ernsts Leben auf eigentümliche Weise. Für ein Kind hatte Bettinas Mutter keinen Platz gehabt. So kam die uneheliche Tochter ins Heim. Von dort zu Pflegeeltern. Als Spielgefährtin für deren eigenes Kind. Ein merkwürdiges, dickes Kind war das, welches nie das Haus verließ, alles essen durfte, was es wollte, aber gar kein Kind mehr war, wie auch die Pflegeeltern mit ihren 60 Jahren mehr Großeltern als Eltern waren. Als Bettina heranwuchs und eine Ausbildung zur Altenpflegerin machte, begriff sie, daß sie nicht als Kind in dieses Haus geholt worden war, sondern als Pflegerin für die alten Leute und, wenn diese starben, für deren mongoloide Tochter. Die Rolle des Kindes war schon besetzt. Bettina konnte noch das Aschenputtel machen. Aber auch das Aschenputtel wollte irgendwann heiraten. Ebenso Bettina. Eines Tages lernte sie Ernst kennen, der gerade eine etwas quälende Scheidung hinter sich brachte. Sie wollte ein eigenes Leben. Das geht nicht, sagte der Pflegevater.

Irgendwie ging es dann doch. Eine Haushaltshilfe übernahm Bettinas Platz. Und ihr Erbe. »Ich hatte das nicht, ich durfte das nicht«, sind typische Sätze, wenn Bettina aus ihrer Kindheit erzählt. Gemeinsam mit Ernst holte sie vieles nach. Laterne laufen etwa. Bettina: »Bei seiner Mutter fanden wir die alte Laterne aus Ernsts Kindergartenzeit, die er selbst gebastelt hatte. Ja, dann bin ich mit dem Ernst und seiner Laterne beim St.-Martins-Umzug nach Freiburg gelaufen, da war ich bald 30. Das war so schön für mich.« Fürsorglich unterstützen sich beide. Bettina: »Wir haben eine sehr enge und tiefe Beziehung, aber wir hatten auch ganz schöne Krisen. Das hing mit der Intersexualität zusammen. Ich wußte von Anfang an, daß Ernst Hypospadie hat, das war für mich kein Problem. Es funktionierte ja alles. Wir hatten eine sehr schöne Art der Sexualität. Haben sie noch.«

Ein Problem gab es erst, als der Brief ankam. »Eines Tages schrieb Ernst mir diesen Brief, hat sich mir gegenüber geoutet, und da war ich fertig mit der Welt.« Geoutet als was? Ernst: »Es ging um das Hochzeitskleid. Ich habe ihr mitgeteilt, daß ich sie darum beneide, daß sie so ein schönes Kleid tragen konnte, daß ich das auch gerne tun würde und daß ich immer wieder mit solchen Wünschen zu kämpfen habe.« Bettina: »Dieser Brief war ein Angebot von dir, daß du in dieser Ehe gern den Part der Frau übernehmen würdest. Das war für mich einfach unmöglich.« Ein Rollentausch? Bettina: »Ja. Das war ein furchtbarer Schock. Von einem Tag auf den nächsten brach alles zusammen. Wenn er den Frauenpart spielt, was bin denn dann ich? Ich bin ja hier die Frau, ich werde ja nicht zu etwas anderem.« Die Rolle der Frau war besetzt.

Ernst: »Ich konnte mir so gut vorstellen, Hausmann zu sein und mich um Kinder zu kümmern. Bettina schien mir zufrieden in ihrem Beruf. Aber es stellte sich heraus, daß sie ganz andere Erwartungen hatte. Sie dachte, der Ernst beendet sein Studium und verdient das Geld.« Beide hatten die Hausfrauenrolle angepeilt. Leider konnte sie nur einer kriegen. Bettina: »Wir haben uns dann getrennt.« Ernst: »Aber nicht richtig, wir waren noch in Verbindung.« Bettina: »Ich wollte, daß der Ernst auszieht. Für mich war auch das Vertrauen weg, da hing ja so viel dran durch meine Kindheitserfahrungen.« Mit einer so heftigen Reaktion hatte Ernst nicht gerechnet. War die Offenheit nicht gerade ein Vertrauensbeweis von ihm gewesen? Sie: »Ja, wenn er es von Anfang an gesagt hätte.«

Nun begann Bettina, sich damit auseinanderzusetzen, was Intersexualität ist. Ganz wichtig ist ihr die Abgrenzung zur Transsexualität. Mit einem Mann, der sich im falschen Körper fühlt und Frau werden will, will sie nicht leben: »Da wäre die Ehe für mich am Ende gewesen.« Ernst: »Das war so schwierig, dir das zu erklären. Du hast mich x-mal gefragt, und ich mußte immer wieder sagen: Nein, ich fühle mich nicht als Mann, aber ich bin auch kein Transsexueller. Ja, was dann? Da muß man um Worte ringen.«

Eine ganz persönliche Lösung
Hilfesuchend mailte er Milton Diamond an, den Intersex-Spezialisten in Hawaii, fragte, ob Transsexualität bei Hypospadie vorkäme. »Eigentlich nicht«, war die Antwort. »Nun, dann ist das eben meine eigene, ganz persönliche Geschichte«, denkt Ernst heute, »weil meine Mutter damals so viel auf mich übertragen hat.« Doch wieder ein Stück Einsamkeit? Nein, denn ohne Vorbilder ist er nicht. Achill fällt ihm ein, der als Mädchen aufwuchs, weil seine Mutter ihn vor dem Krieg schützen wollte. Und schon liest er aus Schwabs *Klassischen Sagen des Altertums* vor, wie Odysseus den Knaben Achill in einer Schar von Jungfrauen enttarnte, mit einer List, einem »Sex-Test« des Altertums.[41] Und dann folgt noch eine Parade intersexueller Heiliger: Euphrosyne aus Alexandrien, die unter dem Namen Smaragdus vier Jahrzehnte

lang in Männerkleidern in einem Mönchskloster in Alexandrien lebte. Vermutlich ein Fall von AGS, meint Ernst. Oder die Jungfrau von Orleans, von der es in den Prozeßakten heißt, sie sei keine Jungfrau. Viele deuten das so, erklärt er, daß man ein intersexuales Genital gefunden hätte. Oder eine heilige Hildegard von Schönau, der ein Bart gewachsen ist. Und einen Tiroler, genannt die »heilige Kümmernis«.[42]

Ein wenig gerät Ernst ins Schwärmen: »Diese Phänomene waren also bekannt. Man betrachtete sie als etwas Besonderes, Verehrungswürdiges. Bei Euphrosyne von Alexandrien war es das einzig Bemerkenswerte. Sonst hat sie nichts getan, und man hätte sie wohl auch vergessen. Erst viel später wurde das alles verteufelt und verketzert.«

Ernst und Bettina Bilke sind also zusammengeblieben. Sie seien so speziell, hieß es, als sie sich Beratung holten, sie müßten auch ihren ganz speziellen Weg finden. Lange lassen die beiden mich in ihr Leben schauen. Über altkirchliches Wissen, Mystik und Taize[43] wird geplaudert, über das Geräusch von Ernsts Motorrad, über Elton Johns Kaftan und andere Rollendurchbrüche, die Prominente sich erlauben. Über Kaiserin Sissi und die depressiven Phasen von Ernst und so weiter bis spät in die Nacht.

Hat Ernst andere Wege gefunden, mit seinen Wünschen umzugehen? Diese Wünsche gibt es noch. Aber er hat gelernt, sich zu fragen: Was meint die Seele damit? Was will der Wunsch, eine weibliche Brust zu besitzen, mir sagen? Übersetzungsarbeit der Impulse nennt er das. Seine mütterlich produktiven Seiten einzubringen, das sei die Lösung.

Und schließlich zeigen sie noch die Bilder ihrer zweiten, der kirchlichen Hochzeit. Über seine Ikonenmalerei ist Ernst auf verschlungenen Pfaden beim altkatholischen Glauben gelandet. »Das ist mein Weg«, sagt er, »das paßt zu mir, so ein Zwischending zwischen evangelisch und katholisch.« In einer Barockkirche des 17. Jahrhunderts ging die Hochzeit vonstatten. Ernst: »Im Barock gab es noch schöne Klamotten für Männer.« Bettina: »Ich habe mir ein wunderschönes Brautkleid ausgesucht aus rotbraunem Samt. Dazu haben wir dann etwas für Ernst gewählt.« Der Platz der Braut ist wieder besetzt. Ernst bekommt eine passende Uniform. Auf einem anderen Bild trägt er ein Rüschenhemd mit Weste. Dazu halten die beiden einen riesigen Rahmen.

Und treten ein wenig aus demselben heraus.

Intersexualität – eine Chance für die Gesellschaft?

Homo-, Bi-, Hetero-, Trans- und Asexualität – dem Hamburger Institut für Sexualforschung ist nichts Menschliches fremd. Jetzt erforscht es das Selbstverständnis von Intersexuellen.

Von Transsexualität zu Intersexualität

Fast ein halbes Jahrhundert existiert das Institut für Sexualforschung an der Universität Hamburg. 1959 war es vom legendären Sexualwissenschaftler Hans Giese gegründet worden, der mehrere Generationen von Studierenden aller Fachbereiche in den prüden fünfziger und sechziger Jahren mit seinen Vorlesungen über Probleme menschlicher Sexualität in atemloser Spannung hielt. Das Institut beschäftigt sich vorwiegend mit Studium und Therapie sexueller Störungen, erforscht die Entwicklung von Geschlechtsidentität und sexueller Sozialisation und befaßt sich mit forensischer Forschung zu Sexualstraftätern.

In der Ambulanz des Instituts werden jährlich 500 bis 600 Patienten und Patientinnen betreut. Die meisten wegen sexueller Funktionsstörungen, ungewöhnlicher sexueller Wünsche oder sexueller Traumatisierungen. Ein weiterer Schwerpunkt ist der Bereich Transsexualität. Transsexuelle sind Frauen und Männer, deren Geschlechtsidentität nicht mit ihrem körperlichen Geschlecht übereinstimmt; das Ziel der meisten ist eine – operative – Anpassung ihres Körpers an ihr »gefühltes« Geschlecht. Am Hamburger Institut für Sexualforschung erhalten sie Beratung und auch das erforderliche Gutachten für die geschlechtsumwandelnden Operationen auf Krankenschein in Deutschland.

Für Laien klingen die Worte transsexuell und intersexuell verwirrend ähnlich, sie meinen aber ganz verschiedene Zustände. Transsexualität ist eine psychosexuelle Störung der Geschlechtsidentität, Intersexualität eine körperliche Diagnose und ein Ausschlußkriterium für Transsexualität: Wer transsexuell ist, kann nicht intersexuell sein. Als sei das nicht verwirrend genug, scheinen es einige Transsexuelle – allen wissenschaftlichen Definitionsversuchen zum Trotz – heute erträglicher zu finden, sich als inter-

sexuell zu verstehen und zu präsentie[r]
riet mir eine Dokumentarfilmerin, »m
Fotos von Genitalien zeigen, die bewe
fenen von Geburt an Zwitter waren.
prüfen.« Fürwahr. Der eine oder and
muten, daß solche Strategien schon
intersexuellen Menschen, denen ich [
los besonders zurückhaltend.

Intersexualität ist ein neuer For[s]
Hamburger Institut. Die Entscheid[u]
wenden, hat auch mit einer veränderten gesellschaftlichen [Wahr]
nehmung und zunehmender Offenheit gegenüber Abweichungen
von Normvorstellungen zu tun. Seit Mitte der neunziger Jahre bilden sich vermehrt Selbsthilfegruppen Intersexueller, die auf ihre
Situation hinweisen und ein Umdenken in Medizin und Gesellschaft fordern. Dadurch kam der bisher bestenfalls mangelhafte,
oft aber auch skandalöse Umgang der Medizin mit Intersexuellen an die Öffentlichkeit. Auch ins Bewußtsein gelangte, daß es
kaum gesicherte Erkenntnisse zu Intersexuellen gibt. Zu wenig
jedenfalls, um die Sicherheit zu rechtfertigen, mit der Chirurgen
seit Ende der fünfziger Jahre in Deutschland intersexuelle Kinder zu eindeutigen Mädchen oder Jungen umbauen. Meistens zu
Mädchen – weil das als technisch einfacher gilt.

Deutlich ist auch, daß es so gut wie keine Studien zur Lebenszufriedenheit Betroffener gibt, geschweige denn Nachfolgestudien
zu den seelischen Auswirkungen auf die Kinder durch die Operationen und häufigen Untersuchungen ihrer Genitalien. Es gibt
nur Vermutungen. Niemand kann zur Zeit mit Gewißheit sagen,
wie ein angemessener Umgang mit den Problemen Intersexueller
aussehen sollte. Nur die Betroffenen selbst. Niemand kann sagen,
welche Probleme sie eigentlich haben, bevor sie mit dem Medizinapparat in Berührung kommen – und welche danach. Nur die
Betroffenen selbst. Es wird Zeit, daß man sie fragt.

Allmählich aber beginnt sich die Situation zu verändern. So för-
dert die Deutsche Forschungsgemeinschaft seit 2002 Forschungsprojekte an den Universitätskliniken Hamburg und Lübeck, die
sich mit verschiedenen Aspekten von Intersexualität beschäftigen.
»Vom Gen zur Geschlechtsidentität« heißt das gemeinsame For-
schungsprojekt der Abteilung für Sexualforschung in Hamburg
und der Klinik für Kinderheilkunde in Lübeck. Hertha Richter-

Hamburger Forschungen. Hier werden Jugend-
chsene mit verschiedenen Formen von Intersexua-
ragen, die beantwortet werden sollen: Welche Folgen
e ärztlichen Behandlungen auf das Leben der Betroffe-
uf die Entwicklung ihrer Geschlechtsidentität, ihres Ge-
echtsrollenverhaltens und auf ihre Lebensqualität?

»Ein bißchen anders.«

Prof. Hertha Richter-Appelt, Sexualwissenschaftlerin,
Hamburg

Hertha Richter-Appelt ist Professorin für Psychotherapie und
Sexualforschung an der Abteilung für Sexualforschung des Universitätsklinikums Hamburg-Eppendorf. Und sie ist erste Vorsitzende der Deutschen Gesellschaft für Sexualforschung (DGFS) –
die erste Frau an der Spitze dieser Männerdomäne.

Die Erforschung sexueller Störungen ist ein Schwerpunkt dieses
Instituts. Nun erforschen Sie die Situation Intersexueller. Ist Inter-
sexualität ein sexuelles Problem?
  Es ist ein Problem der Geschlechtsdifferenzierung, und daraus
können sich erhebliche sexuelle Probleme entwickeln. Früher ver-
irrte sich nur vereinzelt jemand mit einer intersexuellen Kondition hierher. Seit 1998 aber nimmt das Interesse parallel zur öffentlichen Diskussion zu. Mein Zugang kommt aus der Beschäftigung
mit Transsexualität. Ich frage mich, ob man nicht mit Hilfe der
Intersexualität etwas mehr von der Transsexualität versteht. Nach
wie vor gibt es da vieles, was wir uns nicht erklären können. Wir
können zwar Theorien entwickeln, aber eine Antwort haben wir
nicht. Ob wir die jemals finden, weiß ich nicht. Die Intersexuellen selbst wehren sich dagegen, mit Transsexuellen in einen Topf
geworfen zu werden – meiner Meinung nach, weil Transsexualität stark mit Prostitution, Rotlichtmilieu assoziiert wird.

Trifft das denn zu?
  Es stimmt, daß unter den Transsexuellen auch Leute aus dem
Rotlichtmilieu sind, vielleicht überdurchschnittlich häufig, aber
man tut ihnen unrecht, wenn man Transsexualität grundsätzlich
in Zusammenhang mit Abweichungen im Sexualverhalten sieht.

Die Ursachen von Intersexualität sind biologischer Natur, oft tanzt ein Gen aus der Reihe. Wie ist das bei der Transsexualität?
Während eine Gruppe der Transsexuellen großen Wert darauf legt, daß sie nichts Organisches haben, wäre die andere ganz erleichtert, wenn man etwas fände. Das ist ähnlich wie bei den Homosexuellen, da empfinden manche jede Argumentation über die Biologie als einen Angriff. Andere sagen, sie würden eine biologische Erklärung als Erleichterung erleben. Und mich würde es nicht wundern, wenn wir bei Transsexualität eines Tages tatsächlich biologische Ursachen finden würden. Es ist zwar eindrucksvoll, was manche Transsexuelle über ihr Leben berichten, aber daß man darum gleich das Geschlecht ändern muß, ist oft nicht wirklich verständlich. Wenn es nach der Schwere der Traumata in der Lebensgeschichte ginge, müßte es wesentlich mehr Transsexuelle geben. Dennoch läßt sich bei ihnen sehr oft eine problematische Entwicklung bis in die früheste Kindheit zurückverfolgen. Bei Personen mit Intersexualität aber findet man nicht so viele, die von Kindheit an psychische Probleme haben. Besonders jene, die relativ spät von der eigenen Intersexualität erfahren, müssen sich zwar mit diesem Schock auseinandersetzen, haben aber bis dahin oft schon eine relativ unauffällige Entwicklung genommen.

Was verstehen Sie unter Intersexualität?
Da gibt es klare Definitionen: Bei einigen stimmt das äußere Erscheinungsbild nicht mit der genetischen Grundlage überein. Bei anderen ist kein eindeutiges Genitale vorhanden, man kann weiblich oder männlich nicht klar zuordnen. Ist eine dieser Bedingungen erfüllt, würde ich von Intersexualität sprechen. Es gibt Intersexuelle, die kommen als äußerlich völlig unauffällige Jungen oder Mädchen auf die Welt. Erst wenn die Pubertät ungewöhnlich verläuft, entdeckt man, daß irgend etwas anders ist. Bis dahin hatten sie eine ganz normale Entwicklung. Meist ohne Traumatisierung in der frühen Kindheit.

Was kann traumatisierend wirken?
Für Kinder, die mit nicht eindeutigem Genitale geboren werden, kann die Schwierigkeit der Eltern, das Kind in der einen oder anderen Rolle anzunehmen und zu erziehen, ein Trauma bedeuten. Es ist erstaunlich, wie tief dieses Trauma sitzt, nicht zu wissen, ob man selbst Frau oder Mann ist.

Und warum sitzt dieses Trauma so tief?

Unsere Gesellschaft ist dermaßen auf zwei Geschlechter gepolt, daß jeder, der da rausfällt, tief verunsichert ist. Auch wenn wir vom dritten Geschlecht reden, auch wenn es Homosexuelle gibt. Ich finde das immer wieder beeindruckend. Da ich viel zu sexuellem Mißbrauch und sexuellen Traumatisierungen gearbeitet habe,[44] interessiert mich besonders die Frage, was für diese Menschen gerade in den frühen Jahren so traumatisierend ist. Man hat früher nie darüber nachgedacht, was es für ein Kind heißt, wenn man es immer wieder am Genitale untersucht und operiert und dann so tut, als ob dieser Mensch eine normale Sexualität entwickeln könnte. Das kann mir keiner erzählen.

Wie erfragen Sie das?

Wir untersuchen Erwachsene, fragen sie, wo im Zusammenhang mit der Störung Probleme aufgetaucht sind, aber wir schauen uns auch die sonstigen Lebensbedingungen an. Wenn ein intersexuelles Kind einen Alkoholiker als Vater und eine depressive Mutter hat, dann ist seine Lage anders als die eines intersexuellen Kindes in wohlbehüteten Verhältnissen, welches wesentlich günstigere Bedingungen hat, um das zu verarbeiten. Wir wollen aus diesen Lebensgeschichten Schlußfolgerungen für eine verbesserte Behandlung ziehen. Letztlich ist das eine Frage der Qualitätssicherung in der Medizin. Wenn die Traumatisierung bei der Behandlung dieser Patienten minimiert werden könnte, wären wir einen Riesenschritt weiter.

Haben Sie denn den Eindruck, daß sich die Einstellung in der Medizin ändert?

Ja, ganz deutlich. Reflexion kommt in Gang, die Ärzte sind verunsichert. Sie sind offen, fragen viel mehr nach, wie wir etwas aus psychologischer Sicht interpretieren würden.

Wie hoch schätzen Sie die Zahl der Betroffenen?

Es gibt eine Arbeit aus Amerika von Anne Fausto-Sterling, nach der 1,7 Prozent der Bevölkerung betroffen sind, in Deutschland also etwa 1,4 Millionen Menschen. Aber dort werden Turner-Syndrom, Klinefelter-Syndrom und andere mit aufgenommen, die wir üblicherweise nicht dazuzählen. Wenn man es eng definiert, kommt man eher auf 0,018 Prozent, also 15 000 Intersexuelle.

Was erwarten Intersexuelle, wenn sie zu Ihnen kommen?
Manche fragen nach Diagnosemöglichkeiten, vieles ist da ja neu. Manche sagen, ich bin unglücklich, ich möchte mit meinem Leben besser zurechtkommen. Manche sind auch wütend über das, was ihnen durch die Operationen angetan wurde. Andere bedauern, daß sie jemals erfuhren, was mit ihnen los ist. Das gibt es auch, und darüber wird in der Öffentlichkeit zu wenig diskutiert. Gefragt wird auch nach lesbaren Informationen über Operationsmöglichkeiten. Die meisten Texte sind Fachkauderwelsch. Einer 16jährigen, die sich für Operationen zu einer Scheide interessiert, kann man unmöglich solche wissenschaftlichen Artikel in die Hand drücken. Und ein Buch zur Kinder- und Jugendgynäkologie ist voll von diesen typischen Medizinerbildern. Wer das nicht gewöhnt ist, erlebt es als ziemlichen Schock.

Eltern von intersexuellen Kindern haben oft ganz eigene Probleme. So kämpfen manche vehement dagegen, daß AGS als Intersexualität gewertet wird. Wie sehen Sie diesen Wunsch?
Ich glaube, es ist der Wunsch, das möge nicht als anormal abgestempelt werden. Nur weil ein Mädchen ein bißchen virilisierter, ein bißchen männlicher erscheint, liegt es noch nicht zwischen den Geschlechtern. Ich kann gut verstehen, daß Eltern diese Gefühle haben. Deswegen ist es auch so schwierig, die richtige Sprache zu finden. Wie soll man mit Betroffenen darüber reden? Einerseits soll man sie aufklären, aber andererseits wollen sie gewisse Sachen gar nicht wissen. Bei AGS ist es manchmal nachvollziehbar, daß sie lieber Adrenogenitales Syndrom hören als den Begriff »ein unsicheres Geschlecht«.

Michel Reiter, der als einer der ersten Intersexuellen in Deutschland an die Öffentlichkeit ging, ist überzeugt, daß Intersexuelle der Gesellschaft eine Chance bieten, aus diesem binären System auszubrechen. Wie sehen Sie das?
Auf jeden Fall positiv. Es ist doch absurd, eine Person, deren Klitoris einige Millimeter zu groß ist, als behindert anzusehen. Oder bei einem sehr kleinen Penis zu sagen, dieser Mensch kann kein normaler Mensch sein. So weit ist die Medizin tatsächlich gegangen. Da hat die öffentliche Diskussion viel in Bewegung gebracht. Für mich ist an dieser Diskussion auch interessant, wie stark das alles am Y-Chromosom festgemacht wird. Wir hatten

die Fallbesprechung einer 20jährigen Patientin, die keine Menstruation bekam. Bei der genetischen Untersuchung wurde festgestellt, daß sie ein Y-Chromosom hat. Die Ärzte meinten, jetzt muß man ihr sagen, sie ist ein Mann. Warum, frage ich mich, muß man ihr sagen, sie ist ein Mann, obwohl sie wie eine Frau aussieht und als Frau lebt? Warum ist das Y-Chromosom dermaßen dominant in unserem Denken?

Vielleicht, weil es in unserer Gesellschaft so dominant ist ...?
... ja, weil es das Einzige ist, was man zu dem Thema weiß, schon ein zehnjähriges Kind weiß, was ein Y-Chromosom ist. Wenn man aber fragt, was Gonaden sind oder männliche und weibliche Hormone, das weiß kaum einer. Das ist komplizierter. Ich verstehe es, wenn AGS-Frauen keine Lust haben, sich sagen zu lassen, sie seien intersexuell, nur weil sie zu viele männliche Hormone haben.

Wie würden Sie einem Menschen, der sich bisher als Frau gesehen hat, mitteilen, daß bei ihr ein Y-Chromosom gefunden wurde?
Man kann zum Beispiel sagen: Bei Ihnen liegt eine Hormonstörung vor, und die basiert auf einer Veränderung eines Chromosomen, und das ist das Y-Chromosom. Das klingt anders als die Formulierung: Sie sind ein Mann.

Sie finden das Y-Chromosom nicht aussagekräftig genug dafür?
So ist es. Aber der Wunsch, eindeutig zuzuordnen, scheint so stark zu sein, daß jeder denkt, es hänge nur von den Chromosomen ab. Das prägt unser Denken und gibt eine gewisse Sicherheit: Alles ist gesund, normal, und wenn's nicht ganz so ist, wird trotzdem der Versuch gemacht, es einem der beiden Geschlechter zuzuordnen. Vielleicht ist es auch abgewehrte Homosexualität, ich habe nämlich den Eindruck, daß der Wunsch, eindeutig zuzuordnen, bei Männern ausgeprägter ist als bei Frauen. Wenn man nicht klar in männlich – weiblich trennen kann, kommen Ängste hoch vor Tunten, Schwulen, queer oder was man da für Ausdrücke kennt.

Also Fragen und Ängste, die um die sexuelle Orientierung kreisen?
Genau. Im Zusammenhang mit Intersexualität tauchen immer Fragen der Geschlechtsidentität, der Geschlechtsrolle und der

sexuellen Präferenz auf: Als was erleben sie sich, als Mann oder Frau oder irgendwie dazwischen? Zeigen sie typisch männliche oder weibliche Verhaltensweisen – ganz platt gesagt: mit Puppen spielen oder auf Bäume klettern, zu welchem Geschlecht fühlen sich Betroffene eher hingezogen? Fühlt sich eine XY-Person, die als Frau lebt, eher zu Frauen hingezogen als eine XX-Frau? All diese Fragen gehen mit in unsere Untersuchung ein. Zu Fragen der Geschlechtsrolle gibt es schon viele Studien. Wir entwickeln aber auch eigene Meßinstrumente, um diesen Bereich erfassen zu können. Eine große Untersuchung homosexueller und heterosexueller Frauen und Männer haben wir schon gemacht, um vorbereitend zu schauen, wie gut die Testmethoden sind.

Mit Puppen spielen und auf Bäume klettern – entsprechen diese Kategorien von männlich und weiblich noch unserer Gesellschaft?
Das sind natürlich Klischees. Aber legen Sie mal Studenten eine Liste von 100 Eigenschaftswörtern vor und fragen sie, was sie als typisch männlich und typisch weiblich für die heutige Gesellschaft ansehen. Da finden Sie Häufungen. Kürzlich sagte ein Student in einem Vortrag über biologische Grundlagen: »Wieso heißt es immer, daß Frauen nicht einparken können? Ich kann auch nicht einparken.« Das ist falschverstandene Statistik. Es bedeutet ja nicht, daß keine Frau das kann, aber alle Männer. Auch beim räumlichen Vorstellungsvermögen hört man oft, Männer können das, aber Frauen nicht. Das ist falsch formuliert. Es geht um Häufungen, die Sie mehr bei Frauen und andere, die Sie mehr bei Männern finden. Aber wir gehen inzwischen eher auf die übergeordnete Ebene, fragen nach Verhalten in den Bereichen »Bewegung – Aggression« und nicht, ob Personen, die Rasen mähen und auf Bäume klettern, typisch männlich oder weiblich sind. Doch auch diese Unterschiede findet man nach wie vor.

Wenn ein intersexuelles Kind in den ersten Lebensjahren zu einem äußerlich relativ unauffälligen Mädchen operiert wurde, besteht da nicht die Gefahr, daß die Eltern dieses Kind durch die Brille überholter Weiblichkeitsstandards anschauen?
Das kann gut sein. Die Mutter eines nicht-intersexuellen Mädchens macht sich keine Gedanken, wenn dieses mit Autos spielt. Die Mutter eines Kindes, das von Medizinern zum Mädchen gemacht wurde, kriegt möglicherweise Angst, wenn das Kind nach

einem Auto greift. Man sollte Mütter vielleicht darauf hinweisen, laß das Kind ruhig mit Autos spielen, da passiert nichts. Aber das ist ganz neu, es gab wirklich viele wissenschaftliche Arbeiten, die den Eltern empfahlen, ihren Kindern bestimmtes Spielzeug wegzunehmen, weil sie sich nur zu normalen Mädchen entwickeln könnten, wenn sie mit Puppen spielen. Da haben Michel Reiter und andere gute Vorarbeit geleistet. Und wieso muß denn jede ein »normales Mädchen« werden? Ich bin auch kein »normales Mädchen« ...

... ich auch nicht ...
... nach vielen Kriterien falle ich permanent durch dieses Raster, bin aber nicht unzufrieden damit. Eine Mutter jedoch, die ein intersexuelles Kind hat, ist unter Umständen verunsichert und denkt, sie müsse es zu einem möglichst normalen Kind erziehen. Aber das gelingt nicht, indem sie ihm verbietet, mit Autos zu spielen, sondern indem sie dem Kind Selbstbewußtsein vermittelt, ihm das Gefühl gibt, so wie du bist, bist du okay.

Jahrzehntelang glaubte man, die Sozialisation habe den entscheidenden Einfluß in der Entwicklung der kindlichen Geschlechtsidentität. Inzwischen wurden die weltweit einflußreichen Studien des amerikanischen Sexualforschers John Money heftig kritisiert und massiv in Frage gestellt. Heute glaubt man nicht mehr, daß ein Kind bis zum Alter von drei Jahren ein geschlechtliches Neutrum ist, das man beliebig prägen kann. Kippt die Einstellung jetzt wieder in Richtung Biologie?

Das ist ein genereller Trend in der Medizin. Nicht nur in den Sexualwissenschaften. Auch zwischen den Ansätzen der modernen Psychiatrie und der von vor zehn Jahren liegen Welten. Früher hieß es: »Depressionen können wir heilen, indem wir mit dem Patienten reden.« Heute sagt man: »Reden, was soll das? Medikamente sind das einzig Wahre, und wir müssen die genetischen Grundlagen der Schizophrenie erforschen.« Auch in der psychosozialen Welt wird die Biologie wieder sehr viel stärker betont. Etwa bei sexuellen Funktionsstörungen, Erektionsstörungen beim Mann: Vor 15 Jahren haben wir gesagt, 80 Prozent sind psychisch bedingt, heute sagen wir, 80 Prozent sind organisch bedingt, und verschreiben Viagra.

Und was ist Ihre Meinung?
Es sind sehr viel häufiger psychische Probleme, als man heute denkt. Und es gibt immer ein Zusammenspiel zwischen Biologie und Psychologie. Es ist gefährlich, nur einen Aspekt zu sehen.

Haben Sie eine Vision, wie sich die Situation Intersexueller entwickeln könnte?
Unsere Gesellschaft ist enorm im Wandel. Allein wenn man vergleicht, wie vor 20 Jahren mit Homosexuellen umgegangen wurde und wie heute. Wie selbstverständlich und selbstsicher die jungen Homosexuellen in unseren Kursen auftreten. Ich finde das toll. Meine Hoffnung ist, daß sich das bei Intersexuellen auch so entwickeln wird, je mehr es diskutiert wird, je mehr Variationen zugelassen werden und je weniger bestürzt man ist, wenn jemand nicht völlig in die Norm paßt. Ich bin optimistisch, daß wir auf dem richtigen Weg sind.

Und welche Möglichkeiten könnte es geben, einen Raum zu schaffen, wo man sich nicht unbedingt als Mädchen oder Junge einordnen muß?
Ich glaube, wir müssen sehr viel mehr Fortbildungen für Ärzte machen, auch über ihre Sprache. Ich denke an eine Patientin, die ein Y-Chromosom hatte und männliche Gonaden, die völlig verkümmert irgendwo im Bauchbereich saßen. Im Ärzteteam entstand eine heftige Diskussion, was man der Patientin sagt. Der Chirurg meinte: »Na, dann sagen wir ihr doch, sie hat Hoden.« Da habe ich mich eingemischt: »Warum um alles in der Welt müssen Sie ihr sagen, daß sie Hoden hat? Sie hat Keimdrüsen, und diese Keimdrüsen sind völlig verkümmert, und sie sind in Richtung Männlichkeit gegangen, aber sie hat nicht in dem Sinne Hoden, wie ein erwachsener Mann sie hat.« Man kann ihr natürlich auch sagen, daß es Hoden sind, aber warum? Diese Sensibilität sollte man entwickeln, ihr zu sagen, das sind Keimdrüsen, die sich ein bißchen anders entwickelt haben, weil irgendwelche Hormone anders zur Wirkung kamen. Das ist viel weniger schockierend, als einer Frau zu sagen: »Du hast ja Hoden!«

Das ist natürlich eine Frage der Formulierung. Aber sollte man nicht die Wahrheit erfahren?
Es ist die Frage, ob man wirklich alles wissen sollte. Viele for-

dern heute eine möglichst frühe, vollständige Aufklärung und vergessen dabei, wie schockierend das sein kann. Auf jeden Fall müßte ein Mädchen, das die Diagnose erfahren hat, weiterbetreut werden, um über seine Ängste sprechen zu können. Die Sache mit dem Y-Chromosom ist für eine erwachsene Frau vielleicht erträglich, wenn sie eine relativ stabile, abgeschlossene Persönlichkeit ist. Aber mit 16 oder 18 weiß ohnehin fast kein Mädchen so recht, ob es Frau ist oder nicht und wie sehr es Frau ist und ob sie Kinder haben möchte oder nicht. Und wenn sie dann plötzlich erfährt, daß sie ein Y-Chromosom hat, keine Menstruation bekommt, keine Kinder kriegen kann, ein Leben lang Hormone nehmen muß, ist das erstmal ein Schock. Hier kann die Selbsthilfegruppe sehr hilfreich sein, als Chance, von den Erfahrungen anderer zu profitieren. Manche trauen sich allerdings nicht, den Kontakt aufzunehmen.

Eine 15jährige kann vielleicht mit der Information leben, daß sie keine Kinder haben wird …

Die Belastung, kein Kind kriegen zu können, darf man nicht unterschätzen. Nicht nur für intersexuelle Menschen. Ich habe mit Paaren mit unerfülltem Kinderwunsch gearbeitet. Beeindruckend, welche Tragödien sich daraus entwickeln können für Menschen, deren Lebensziel eigene Kinder sind. Vielleicht ist es Selbstschutz, wenn viele Intersexuelle gar nicht so sehr an eigenen Kindern interessiert sind. Die wählen einen anderen Lebensweg: »Andere Leute haben Kinder, und ich mache meinen Beruf.«

… aber noch belastender als die Kinderlosigkeit ist für 15jährige vermutlich die – nicht seltene – Auskunft von Ärzten, sie könnten nie mit einem Mann schlafen oder nur, wenn der einen winzigen Penis habe. Wie kann man diese Nachricht einfühlsamer und korrekter überbringen?

Man muß dieser 15jährigen näherbringen, daß viele Männer erst mal an der Person interessiert sind. Es geht um ganz andere Dimensionen von Beziehung. Und man muß ihr klarmachen, daß ein Mann nicht nur aus einem Penis besteht, der groß ist und den er bei ihr reinstecken möchte. Hinter solchen Phantasien steckt das antiquierte Dampfkesselmodell männlicher Sexualität: Ein Mann hat einen großen Penis, wird erregt, und wenn er sich nicht sofort abreagieren kann, wird er aggressiv und böse. Von diesem Modell haben wir uns hoffentlich verabschiedet. Es ist auch Quatsch, die heutigen Jugendlichen sind unglaublich sensibel und empört, wenn ihnen so etwas unterstellt wird. Wenn ein Mädchen sagt, ich habe aber nur eine kurze Scheide, dann sagt der Junge vielleicht: »Na und? Dann machen wir halt was anderes.« Wir diskutieren in unseren Studien ohnehin heftig, was man als Geschlechtsverkehr bezeichnen soll. Studenten sind ganz empört, wenn man Penetration als die einzige Form von Geschlechtsverkehr ansieht. Es gibt Petting, es gibt Analverkehr, Oralverkehr und noch viel mehr, das ist alles Geschlechtsverkehr. Ich bin wirklich optimistisch, weil sich so viel verändert hat im Vergleich zur Sexualität, wie sie vor 30, 40 Jahren gedacht und praktiziert wurde.

Warum lassen sich dennoch viele Intersexuelle eine künstliche Scheide einbauen, die ja kaum Nerven hat und für ihren Orgasmus theoretisch bedeutungslos ist?

Als Nicht-Betroffene muß man aufpassen, daß man die Bedeutung der künstlichen Scheide für Betroffene nicht unterschätzt. Eine Patientin, die AGS hat, keine Kinder bekommen kann und eine verkürzte Scheide hat, erzählte, daß sie fest überzeugt ist, mit so einer kleinen Scheide keinen Mann kriegen zu können. Die ganze Beziehungsproblematik, die oft noch andere Dimensionen im Hintergrund hat, wird auf die kurze Scheide reduziert. Man sollte sich hüten, in der Öffentlichkeit großartig zu sagen, »ist doch wurscht, wie lang die Scheide ist, Hauptsache, du hast einen netten Partner, der einfühlsam mit dir umgeht«. Das vernachlässigt das Leiden der Betroffenen. Aber es ist fraglich, ob man im frühen Kindesalter anfangen muß zu operieren und zu bougieren. Reicht es nicht, wenn die erwachsene Person sagt, jetzt habe ich einen Partner, jetzt will ich das machen?

Wie sehen sich die Betroffenen nach Ihrer Beobachtung selbst?

Betroffene ordnen sich meist einem Geschlecht eindeutig zu. Gerade AIS-Patientinnen sind oft sehr attraktive Frauen, manchmal wie Models, schlank, dünn, hübsche Gesichter, nichts Vermännlichtes. Die kriegen natürlich entsprechende Rückmeldungen, was für attraktive Frauen sie sind. Das spielt ja auch eine Rolle im Prozeß der Identitätsfindung. Bei AGS-Patientinnen hingegen ist manchmal nicht nur die Klitoris vergrößert, sondern es entwickeln sich auch männlichere Gesichtszüge. Das kann sehr verunsichern. Es gibt auch Betroffene, die nicht zugeordnet werden wollen, die sich vielfältiger sehen. Manche sagen, in der einen Situation erlebe ich mich als Frau, in einer anderen als Mann. Nur wenige sprechen von einem dritten Geschlecht.

Also, ich bin eine Frau, aber ... ein bißchen anders?
Ja. Genau. Auch Transsexuelle lehnen ein drittes Geschlecht ab. Sogar noch vehementer: Eine biologische Mann-zu-Frau-Transsexuelle möchte eine Frau sein und sonst gar nichts. Weder ein drittes Geschlecht noch »ein bißchen anders«. Bis auf ganz wenige Ausnahmen ist da der Wunsch nach Eindeutigkeit sehr stark.

Bei manchen Transsexuellen scheinen Selbstwahrnehmung und Außenwahrnehmung extrem auseinanderzuklaffen. Das Phänomen tauchte während der Recherchen zu diesem Buch bei Intersexuellen nicht auf.
Das mag sein. Aber es gibt auch einen Riesenunterschied zwischen Frau-zu-Mann- und Mann-zu-Frau-Transsexuellen. Vom äußeren Erscheinungsbild her – nicht von den Genitalien – können Sie relativ leicht aus einer Frau einen Mann machen. Ich kenne einige, die gehen als Leiter irgendwelcher Schulungskurse ohne weiteres als Männer durch, und keiner kommt darauf, daß der jemals eine Frau war. Das ist bei Mann-zu-Frau-Transsexuellen schwieriger, weil sie oft sehr groß sind, sie haben zu lange Nasen, zu große Füße. Was ausgewachsen ist, kann man nicht mehr rückgängig machen. Deshalb ärgern mich Fernsehsendungen, wo ideale, hübsche Transsexuelle dargestellt werden. Das ist ein ganz kleiner Prozentsatz. Die anderen aber ... Manche haben wirklich kein Gespür dafür, wie sie auf andere wirken, aber manche leiden auch enorm drunter, weil sie es wissen. Mann-zu-Frau-Transsexuelle haben aufgrund ihrer Problematik meist den Wunsch, mehr als weiblich zu sein. Für uns als Frauen ist es oft mühsam, sich anzuhören, wenn ein Mann-zu-Frau-Transsexueller zur Beratung kommt und erzählt, was er sich unter Weiblichkeit vorstellt. Das ist das, was wir seit 20 Jahren über Bord geworfen haben, und er bringt uns das jetzt wieder brühwarm ins Beratungszimmer. Dahinter steckt die Angst, wenn ich nicht weiblich genug auftrete, glaubt man mir nicht, und ich bekomme meine Operation nicht.

Seit das Thema Intersexualität öffentlich diskutiert wird, hat man den Eindruck, daß manche Transsexuelle lieber als intersexuell gesehen werden wollen. Was für Gründe könnte das haben?

Das ist die Gruppe, von der ich am Anfang sagte, die wären froh, wenn es biologische Ursachen hätte. Ansonsten liegt bei Intersexuellen eine ganz andere Problematik vor, deshalb sollten wir sie nicht in einen Topf werfen.

Gibt es auch Intersexuelle, die unauffällig durchs Leben gehen und gar nicht mit dem Medizinapparat in Berührung kommen?

Vermutlich gehen viele Frauen mit etwas vergrößerter Klitoris durchs Leben, das geht dann eher in Richtung AGS. Ansonsten gibt es nur wenige, die nicht in irgendeiner Form behandelt werden müßten. Wenn ein Mensch in die Pubertät kommt und keine Behaarung entwickelt, keine Schambehaarung, keine Achselbehaarung, wenn bei einem Jungen der Penis nicht wächst, dann gehen die Eltern irgendwann mit ihm zum Arzt. Wenn ein Mädchen mit 18 keine Brust und keine Menstruation hat, geht sie zum Arzt, zumindest in unserer Gesellschaft. Theoretisch könnte sie darauf verzichten – wäre nicht die Osteoporose-Anfälligkeit, wenn keine Östrogene substituiert werden. Es gibt eine nicht so kleine Gruppe, die Hormone zu sich nehmen sollte, weil mit dem Wachstum oder mit den Knochen etwas nicht in Ordnung ist. Aber genauere Aussagen können wir noch nicht machen.

Wann sollte ein Kind erfahren, daß es intersexuell geboren wurde?

Auch da gehen die Ansichten auseinander. Es gibt zwei Gruppen. Die einen sagen, es ist leichter für das Kind, wenn man ihm möglichst viel sagt, möglichst offen damit umgeht. Doch nicht nur ich habe da Zweifel. Das Kind sollte schon ein bißchen wissen, was mit ihm los ist. Aber ich würde es schützen, nicht an den FKK-Strand, nicht in die Sauna mit ihm gehen. Manche Leute tendieren zu allzu großer Offenheit. Ich halte das für eine Idealisierung gesellschaftlicher Kräfte. Da wäre ich sehr vorsichtig.

Exkurs 1: Ein genetischer Geheimcode

Bei manchen intersexuellen Erscheinungsformen lassen sich die Ursachen nicht klären. Andere werden durch Umwelteinflüsse, Medikamente oder spontane Veränderungen des Erbguts ausgelöst. Die meisten haben genetische Ursachen. Daher nun ein kurzer Einblick in aktuelle Erkenntnisse der Genforschung.

XY – ungelöst

Eine einzige befruchtete Eizelle ist unser aller Anfang. Jeweils natürlich. Durch eifrige Teilung machen wir ca. 100 Billionen daraus. Mehr oder weniger. Eine Zehn mit 13 Nullen ist das. Und die brauchen wir auch, um am Leben zu bleiben, anderthalb Meter groß zu werden und einen Zentner auf die Waage zu stemmen. Mehr oder weniger. Denn jede Zelle ist nur einige Mikrometer groß. Da ein Mikrometer der tausendste Teil von einem Millimeter ist, verstehen wir nun auch, daß wir nur Haut und Poren sehen, wenn wir in den Spiegel schauen, nie aber Zellen. Es sei denn, wir benutzten ganz spezielle Brillengläser.

Eine kernige Angelegenheit

Dennoch ist so eine Zelle ein ziemlich dickes Ding im Vergleich zu den Winzlingen, die wir nun betrachten: unsere Gene. Im Kern jeder einzelnen Zelle liegt unser Erbgut herum: unsere Eigenarten, z.B. lange Beine, lange Nasen, rote Haare, langes Leben, Langmut und lange Zugriffszeiten auf unsere im Gehirn gespeicherten Informationen. Die Veranlagung für bestimmte Krankheiten ebenfalls. Unser gesamtes Potential, alles, was wir hätten sein und werden können, wenn wir nicht ausgerechnet Herrn Meier aus der Buchhaltung geheiratet hätten, das steckt im Kern jeder unserer Billionen Körperzellen. Da sie alle aus der ersten befruchteten Eizelle entstanden sind, die sich durch Teilung immer weiter multipliziert, sind sie im Kern – bis auf die Keimzellen – identisch. Im Prinzip. Was wir aber daraus machen (siehe Herr Meier) ist unsere Sache. Irgendeine Verantwortung wollen wir schließlich auch haben, trotz des aktuellen Trends, alles auf die Gene zu schieben.

Unser Erbgut, das Genom, liegt im Zellkern nicht etwa locker herum, obwohl es auf den ersten Blick ganz den Eindruck macht, als hätte jemand eine Spaghettimahlzeit allzu lange herumstehen lassen. Diese unaufgeräumten Spaghetti sind unsere zusammen-

geknüllten Chromosomen. Sie besteher
Eiweiße, und DNA, jener sorgfältig gel
ten Strickleiter, genannt Doppelhelix, di
wurde und seit April 2003 in ihrer Stri
schlüsselt ist.[45] Die DNA besteht aus 3.
und ist verpackt in 23 Chromosomen
somen. Mehr oder weniger. Aus praktis
Paare durchnumeriert von 1 bis 22. Pa
Geschlechtschromosomen, die weiblich
sein können. Man nennt sie Gonosomer.,
Autosomen, das sind die 22 anderen. Nur durch dieses Y-Go-
nosom unterscheiden sich Frauen und Männer voneinander, jedenfalls auf genetischer Ebene. Mediziner sortieren uns daher in
46,XX[46] für Mädchen und 46,XY für Jungen.

46 Chromosomen und jede Menge Komplikationen
Und nun kommen wir zu diesem mysteriösen »mehr oder weniger«, das schon eine Weile durch den Text geistert. 46,XY und
46,XX ist die Norm, aber manche haben eben mehr und manche
weniger Chromosomen. Weniger hat zum Beispiel 45,X0: ihr fehlt
das zweite Geschlechtschromosom – daher die Null (0). Zuviel
haben 47,XXY und 47,XYY und 47,XXX und 48,XXXY und so
weiter. Sogar Mischformen gibt es, sogenannte »Mosaike«; bei
diesen Menschen finden sich zwei Sorten von Chromosomen in
verschiedenen Körperzellen. Das alles kann zu intersexuellen Syn-
dromen führen. Aus 45,X0 werden Frauen mit Turner-Syndrom.
Ist außer XY noch ein weiteres X da oder sogar zwei, führt das
zum Klinefelter-Syndrom. Frauen mit zusätzlichen X-Chromosomen haben manchmal geistige Behinderungen, und Männern mit
zwei Y-Chromosomen unterstellte man hohe kriminelle Energie
(weil man vom Y nur Böses erwartete?), nun aber weiß man, daß
sie nur häufiger erwischt wurden, weil sie ebenfalls nicht besonders clever sind. Damit nicht genug, es gibt auch Frauen mit drei
X-Chromosomen, und Männer ohne Y-, aber mit XX-Chromosomen. Und dann gibt es noch Frauen mit XY-Chromosomen.
Welche Vielfalt!
   Unsere Geschlechtschromosomen haben offenbar eine Tendenz
zum kreativen Chaos. Trotzdem können wir mit solchen Varianten noch ganz gut überleben. Anders ist die Sache, wenn eines
der durchnumerierten autosomalen Chromosomen fehlt. Das en-

121

...ch für den Fötus. Was bedeutet das? Vielleicht,
...omen für den Ernst des Lebens sind. Und die Go-
...ie Geschlechtschromosomen, zum Herumspielen. An-
...r gereiht sind diese 23 Chromosomen fast zwei Meter
... Ungefähr so lang wie wir selbst. Aber das ist ein Zufall. Im
...nterschied zu uns hat die Fruchtfliege nur vier Chromosomen.
Doch darauf brauchen wir uns nichts einzubilden, denn der Karp-
fen hat 104.

Auf den Chromosomen sitzen in fester Reihenfolge die Gene.
Bis vor kurzem nahm man an, wir Menschen hätten 50 000 bis
100 000 davon. Doch es sind nur etwa 32 000, genau wie beim
Mais. Aber immerhin fünfmal so viel wie bei der Bäckerhefe.
Anders als bei der Bäckerhefe erfüllen bei uns die meisten Gene
mehrere Aufgaben gleichzeitig. Immerhin. Allerdings kann das
manchmal zu Überforderungen führen. Aber vielleicht stellt es
auch einen gewissen Schutz vor übereifrigen Gentechnologen dar,
die inzwischen begriffen haben, daß sie nicht einfach ein krankes
Mensch-Gen durch ein gesundes Kuh-Gen ersetzen können, weil
dieses etwas lädierte Mensch-Gen zwar für unsere Rot-Grün-
Blindheit verantwortlich ist, aber eine Reihe anderer Aufgaben
ganz ordentlich erfüllt, denen das Kuh-Gen nicht gewachsen ist.

Die Gene sind also zuständig für das Funktionieren unseres
Organismus, sie steuern unsere gesamte Entwicklung von der
befruchteten Eizelle an, und sie werden von einer Generation
an die nächste Generation weitergegeben. Die Gene erfüllen ihre
Aufgaben, indem sie die in ihnen gespeicherten Informationen
dekodieren und über Botenstoffe weiterleiten an die jeweiligen
Adressaten. Dort können sie nur dann verstanden und umgesetzt
werden, wenn genau das jeweilige Schloß für den versandten
Schlüssel vorhanden und nicht verklebt, verrostet oder abmon-
tiert ist. Hier deuten sich schon die Probleme an. Insgesamt operiert unser System also mit einem hohen Sicherheitsstandard, vergleichbar mit dem E-Mail-Verschlüsselungsprogramm PGP (engl.
Pretty Good Privacy, dt. ziemlich gute Sicherheit), an dem sich
auch Hacker die – geistigen – Zähne ausbeißen.

Die Erbinformationen aller Menschen unterscheiden sich nur
geringfügig voneinander, eigentlich hätten wir also mit Herrn
Meier aus der Buchhaltung gut klarkommen müssen, da seine
DNA zu 99,9 Prozent mit unserer identisch ist. Andererseits aber
weicht auch der Schimpanse nicht allzu weit von uns ab.[47]

Genetische Geheimcodes werden geknackt

Sechs Regierungschefs schickten am 14. April 2003 die Nachricht um die Welt, daß die molekulare Bedienungsanleitung für das menschliche Leben nun entschlüsselt sei. Deutschland hat sich dabei besonders um die Chromosomen X, 7, 8, 9, 11 und 21 verdient gemacht. Nummer 21 ist verantwortlich für das Down-Syndrom. Und hier sind wir nun bei einem der Motive des 13jährigen internationalen Forschens: Diagnose und Therapie von Krankheiten, besonders Erbkrankheiten. Aber auch das Krebs-Gen und das für das ewige Leben garantieren lukrative Forschungsprojekte. Doch es wird noch lange dauern, bis man über die genauen Funktionen der Gene Bescheid weiß.

Mit Hilfe unserer Gene können wir nicht nur Sprachtalent und Musikalität weitergeben, sondern auch einen oder mehrere der bisher bekannten etwa 8 600 sogenannten Gendefekte.

Wobei es relativ sein kann, was als Gendefekt gesehen wird. Große Ohren, Linkshändigkeit und Glatzen bei Männern werden auch vererbt, in unserer Gesellschaft und in der heutigen Zeit sieht man sie aber nicht als Gendefekt. Bei einem sechsten Finger an der Hand wird es schon kritischer, obwohl das keine Beeinträchtigung, sondern besondere Fingerfertigkeit bedeuten kann. Mehr als 8 000 genetische Abweichungen werden über die Autosomen vererbt. Bei den Gonosomen, also den Geschlechtschromosomen, weiß man bislang, daß die Y-Chromosomen 27 Erkrankungen vererben können, und die X-Chromosomen 495.[48] Das ist aber kein Anlaß für männlichen Triumph, denn das X-Chromosom ist sechsmal so groß wie das Y-Chromosom und enthält einige tausend Gene, das kleine Y-Chromosom hingegen nur ein paar Dutzend, deren Funktionen recht unklar sind, außer Männchen zu machen. Natalie Angier meint in ihrem frechen Buch *Frau* sogar, daß das Y-Chromosom »überhaupt das kleinste wäre, wenn es nicht ein paar inaktive Anhängsel hätte, die keinen anderen Zweck zu erfüllen scheinen, als es am Umkippen zu hindern«.[49] Kein gutes Haar – bildlich gesprochen – läßt auch der britische Genforscher Bryan Sykes an diesem instabilen Teilchen: Es sei dem Untergang geweiht und mit ihm die Männer.[50] In dasselbe Horn – ebenfalls bildlich gesprochen – tutet auch *Der Spiegel* in seiner Angstvision vom Verschwinden des Mannes. Frauen, die diese Vision weniger beunruhigt, erschrecken die *Spiegel*-Autoren mit der Frage: »Wer würde dann die Spinnen im Schlafzimmer töten?«[51]

Wie auch immer, jedenfalls wird allmählich verständlich, warum eines der zwei X-Chromosomen, die Frauen besitzen, sehr bald nach der Zeugung lahmgelegt und nur als stille Reserve verwendet wird. Die doppelte Menge dieser machohaften weiblichen Groß-Gene, wohin sollte das führen? Genetische Veränderungen sind nicht selten. Jeder Mensch hat eine ganze Reihe veränderter rezessiver Gene. Die können aber nicht aus der Reihe tanzen, solange sie nicht auf ein entsprechendes zweites rezessives Gen treffen. Das nämlich ist die Bedeutung von rezessiv: es tritt nur im Doppelpack in Aktion, kann allerdings einzeln weitervererbt werden über Generationen, ohne daß die Familie etwas von der Existenz dieses Gens ahnt. Eines Tages aber begegnet Marianne Gerbracht, Börsenmaklerin, dem Buchhalter Hans Meier, sie heiraten, halbieren ihren jeweiligen Chromosomensatz und fügen ihn – in Form von Eizelle und Spermafaden – wieder zusammen. Viermal. Soll heißen, sie bekommen vier Kinder. Und dabei begegnet das rezessive Gen p21.3 auf dem Chromosom Nr. 6 von Marianne dem rezessiven Gen p21.3 auf dem gleichen Chromosom von Hans. Und nun ist Tango. Die Chance, daß folgendes passiert, hat schon der alte Gregor Mendel, Abt und Vererbungsforscher, Mitte des 19. Jahrhunderts ausgerechnet: Eines der vier Kinder bekommt AGS, das zu einem intersexuellen Erscheinungsbild führt, zwei andere Geschwister vererben das rezessive Gen weiter, und das vierte Kind hat gar nichts.

Anfangs sind wir alle gleich – intersexuell
Oder ganz anders: Chromosom Nr. 6 von Marianne ist tiptop. Aber ihr X-Chromosom hat eine brisante Eigenschaft, zu deren Umsetzung sie überhaupt kein zweites Gen braucht, denn es vererbt sich dominant. Und bewirkt, daß Marianne und Hans zwar einen Sohn zeugen, aber eine Tochter bekommen. Um das zu verstehen, muß man wissen, daß wir alle bis etwa zur zehnten Schwangerschaftswoche eine Gonaden-, also eine Keimanlage haben, die weiblich und männlich werden kann. Sie enthält beides: Müllersche Gänge, aus denen Vagina, Gebärmutter und Eierstöcke werden, sowie Wolffsche Gänge, die sich zu Hoden, Prostata und Penis entwickeln können.

Und bei dieser Erkenntnis wollen wir einen Moment verweilen. Anfangs sind wir also alle Zwitter, intersexuell. Irgendwie muß das schon der alte Plato vor 2400 Jahren geahnt haben. Nicht nur ein paar treffende Bemerkungen über Wirklichkeit und Abbild hat der griechische Philosoph gemacht, sondern im *Gastmahl* – neben einigermaßen fragwürdiger Propaganda für Knabenliebe – auch die Idee vertreten, daß der Urmensch aus einer männlichen und einer weiblichen Hälfte bestand. Sehr stark soll der gewesen sein, was man allerdings nicht ganz versteht, weil er außer vier Armen auch vier Beine hatte, die sich vermutlich immer in die Quere kamen oder in verschiedene Richtungen rennen wollten. (Radschlagen konnten sie übrigens auch, sagt Plato.) Vielleicht wurden sie aber durch das gleichzeitige Vorhandensein männlicher und weiblicher Geschlechtsteile mit dem Handicap der Vielbeinerei versöhnt und kamen ohnehin nicht viel zum Rennen. Aber vielleicht war das Ganze ja nur eine Metapher, und Plato wußte etwas über unserer Leben als Fötus.

Zurück zu Hans und Marianne. Da eine Samenzelle mit einem Y-Chromosom im Kern das Wettschwimmen um Mariannes reifes Ei gewonnen hat, zeugten sie einen Jungen. Doch bevor sie einen bekommen, kann noch jede Menge schiefgehen. Das Y-Chromosom besitzt nämlich ein Gen namens SRY (engl. Sex-determining Region of the Y-chromosome, dt. geschlechtsdeterminierende Region auf dem Y-Chromosom), und nur wenn das funktionsfähig ist, wird auch ein Junge konstruiert. Sonst entwickelt sich ein Mädchen. Automatisch, könnte man sagen. Zum Beispiel eine »XY-Frau« mit Swyer-Syndrom; möglicherweise ist Mariannes Tochter dann äußerlich weiblich, hat sogar eine Gebärmutter, aber keine Eierstöcke. Mit in-vitro-Fertilisation trugen einige Frauen mit Swyer-Syndrom schon Kinder aus.

Nehmen wir aber an, SRY funktioniert. Dann entwickeln sich im Bauchraum kleine Hoden, welche Androgene und Anti-Müller-Hormone ausschütten. Letzteres sorgt dafür, daß sich die Müllerschen Gänge, die für die Weiblichkeit im Inneren zuständig sind, zurückbilden. Manchmal aber ist der Müllersche Gang ziemlich hartnäckig. Für diese Situation haben Mediziner das »Müller-Gang-Persistenzsyndrom« erfunden. Persistenz heißt Ausdauer, Eigensinn. Die Alte will da einfach nicht weg! Und so entwickelt sich ein Mann, den die Mediziner »äußerlich unauffällig« nennen (Herr Müller?), und der zusätzlich zu seiner Originalausstattung noch Gebärmutter und Eileiter besitzt.

Die Androgen-Maschine läuft an ...
Nehmen wir aber an, auch das mit dem Anti-Müller-Hormon klappt, und die Androgen-Maschine läuft an. Übrigens macht sie das im Laufe eines männlichen Lebens viermal besonders heftig: von der 9. bis 18. Schwangerschaftswoche, von der 2. bis 4. Stunde nach der Geburt, zwischen dem 60. und 90. Lebenstag und in der Pubertät. Daraus sehen wir, daß es ganz erhebliche Anstrengungen kostet, einen Jungen zu produzieren. Ein Mädchen entwickelt sich von allein. »Dies scheint nach jetzigem Kenntnisstand ohne die Wirkung einer spezifischen Substanz vonstatten zu gehen«, schreibt Hartmut Bosinski von der Sexualmedizischen Forschungs- und Beratungsstelle der Christian-Albrechts-Universität in Kiel.[52] An dieser Stelle verkneift sich die Autorin jeden triumphierenden Kommentar. (Aber nicht die Frage: Wer sagte eigentlich mal: Alles Göttliche geschieht ohne Anstrengung?)

Nun rollt das Androgen also durch die Gefäße. Aber wir müssen feststellen: Androgen allein genügt nicht. Es muß auch willkommen sein bei seinem Adressaten. Dafür wiederum ist ein anderes Gen zuständig, das den Körperzellen erst die Fähigkeit verleiht, auf Androgene reagieren und Männlichkeit produzieren zu können. Männlichkeit nicht nur in Form eines Penis, sondern zum Beispiel auch als veränderte Muskel- und Knochenstrukturen, über das Gehirn wollen wir gar nicht erst reden. Dieses leistet das Androgenrezeptor-Protein. Und jetzt kommt der Clou: Das zuständige Androgenrezeptor-Gen liegt auf dem weiblichen X-Chromosom. Um Männlichkeit zu produzieren, wird also Weiblichkeit benötigt.

»Isn't it romantic? – Ist das nicht romantisch?« fragt Natalie Angier begeistert. »Das Androgenrezeptor-Gen hätte auch überall sonst im Genom untergebracht werden können, in jedem der 23 Chromosomen (...) Aber nein, es steckt in unserem Chromosom, dem großen, dicken, stinklangweiligen X-Chromosom.«[53]

... und wird ausgebremst
Marianne nun hatte ein X-Chromosom mit einem mutierten Androgenrezeptor-Gen zur Vermehrung geschickt. Das saß nur dumm rum, machte sich breit (auf q11-q12) und tat nichts. Aber Mariannes Fötus war schlau, er besann sich auf die Alternative: er machte ein Mädchen. So ungefähr jedenfalls. Die Hoden blieben winzig und innen, es entfalteten sich große Schamlippen, eine Klitoris und die Miniaturausgabe einer Vagina. Doch das merkte

bei der Geburt keiner. Die Eltern waren zwar überrascht, denn die Fruchtwasseruntersuchung hatte eindeutig »Junge« ergeben, aber Irrtümer kann es ja mal geben. So schwenkten sie schnell vom Namen Norbert auf Nora um und beobachteten zufrieden, was für ein hübsches Mädchen es wurde. Auch die Pubertät schien recht glücklich zu verlaufen: sie bekam keine Pickel, aber eine schöne Figur inklusive Busen. Nur Körperhaare wuchsen nicht, aber das war ein geringes Übel. Doch als sie ihre Regel mit 17 Jahren immer noch nicht hatte, flog die ganze Sache schließlich auf: Nora ist genetisch männlich. Sie hat AIS, und zwar in seiner kompletten Form: CAIS. Da sie äußerlich vollkommen weiblich ist, kommt sie nach dem ersten Schock relativ gut damit zurecht. Sie ist ja nicht krank. Und bis aufs Kinderkriegen kann sie alles machen, was sie will.

Komplizierter sieht die Sache für Erika Kasal aus, die hier im Buch portraitiert ist; sie hat die partielle Form von AIS: PAIS. Einige ihrer Körperzellen reagieren auf Androgene, andere aber nicht. Während Nora keine plötzlich wachsenden Körperteile verkraften mußte, wurde Erika in der Pubertät, als ein Teil ihrer Androgene die Muskeln spielen ließ, von einer sich penisartig vergrößernden Klitoris überrascht. Sie wird sich am ehesten als intersexuell wahrnehmen, weil sie Akzente beider Geschlechter in sich vermischt.

Und nun können wir auch die Frage beantworten: Wer tötet die Spinnen, wenn es keine Männer mehr gibt? Entweder haut keiner mehr die nützlichen Tierchen tot. Oder Erika tut es. Der Spiegel nämlich bleibt in seinem Abgesang auf das Y-Chromosom in einer binären Sicht der Geschlechter stecken: er sieht nur Mann und Frau. Dabei ist es durchaus möglich, daß die Veränderungen zu etwas Drittem führen. In dem Sinne, wie es Zora in Middlesex meint: »Weil wir das sind, was als nächstes kommt.«[54]

Zurück zu Nora: Wenn sie eine Schwester bekommt, kann diese ebenfalls mit AIS geboren werden, falls Marianne das gleiche X-Chromosom wie beim ersten Mal gestartet hat. Bekommt Nora aber einen Bruder, dann kann er das defekte Gen von seiner Mutter erben und an seine Tochter weitergeben, die wiederum AIS bekommt. Welch ein Karussell, welche Lebensvielfalt. Ist Genetik nicht interessant?

Exkurs 2: Der Medizin durchs Raster gerutscht

Der Umgang von Medizinern mit intersexuellen Menschen ist ins Kreuzfeuer der Kritik geraten. Leben Betroffene besser, wenn sie keinen Kontakt zu Ärzten haben, die die Intersexualität bemerken?

Das Geheimnis des Krokus
Calliope Helen Stephanides ist 14, ein schlaksiges amerikanisches Mädchen, aufgewachsen im Detroit der sechziger und siebziger Jahre, als durch Zufall ungewöhnliche Details ihres Körpers entdeckt und Medizinern offenbart werden. Calliope ist eine Romangestalt – die eine Hälfte des Helden in *Middlesex*, dem mitreißenden Roman des griechisch-stämmigen amerikanischen Schriftstellers Jeffrey Eugenides. Die andere Hälfte der Romangestalt ist Cal Stephanides, ein halbwüchsiger Junge, der nach der Entdeckung von Calliopes Besonderheit – sie hat XY-Chromosomen, ist also genetisch männlich – ihr Leben, welches nun das Seine ist, weiterlebt. In dem sorgfältig recherchierten Roman, den viele intersexuelle Menschen als sehr stimmig empfinden, gibt es einen alten, wunderbar skurrilen griechischen Arzt, Dr. Nishan Philobosian, der noch mit 88 Jahren praktiziert, Calliope von Geburt an kennt und dem ihre Besonderheit immer wieder entgangen ist. Bis er das, was sie ihren kleinen Krokus nennt, bei einer medizinischen Untersuchung schließlich doch noch entdeckt. Daraufhin landet Calliope bei Dr. Peter Luce (wohl ein Portrait des Sexualforschers John Money), der sie untersucht, als »5-alpha-Reduktase-Pseudohermaphroditen« diagnostiziert und über sie publiziert.

Was aber ist, wenn niemand den »Krokus« entdeckt? Das habe ich mich während der Recherchen zu diesem Buch immer wieder gefragt. Die meisten Kinder, die mit einem intersexuellen Genital geboren werden, fallen irgendwann auf. Wenn nicht bei der Geburt, dann in der Pubertät. Aber sicher nicht alle. Was ist mit den anderen? »Vermutlich gehen viele Frauen mit etwas vergrößerter Klitoris durchs Leben«, sagt die Hamburger Sexualwissenschaftlerin Hertha Richter-Appelt im Interview, »das geht dann eher in Richtung AGS. Ansonsten gibt es nur wenige, die nicht in irgendeiner Form behandelt werden müßten.« Sei es wegen Kortisonmangels, Testosteronüberschusses oder Osteoporose.

Ist das wirklich so? Ich bin überzeugt, daß mehr Menschen betroffen sind, als bislang angenommen wird. Auch Erika Kasal[55] aus Baden-Württemberg vermutet, daß es in der lesbischen Szene einige Frauen mit AGS, vielleicht auch mit PAIS gibt. Aber, so Erika: »Man redet nicht darüber. Manche sagen, ich bin lesbisch, sie haben ihre Vergangenheit vielleicht verdrängt.« Ich machte mich auf, die anderen zu finden. Wie leben intersexuelle Menschen, die nicht von Medizinern behandelt wurden? Die keinen Kontakt zu Selbsthilfegruppen gesucht haben? Wie gehen sie mit ihrer Eigenart um? Wie sehen sie sich selbst? Und zu allererst, wie findet man sie? Vermutlich kennt jeder von uns mindestens einen intersexuellen Menschen, meist ohne es zu wissen. Manchmal ist da eine Ahnung, man spürt etwas, ohne es benennen zu können: Irgendetwas ist anders mit ihr. Warum hat er immer noch keinen Bartwuchs? Manchmal aber gibt es für Außenstehende keinen einzigen Hinweis.

So suchte und fand ich im weiteren Freundes- und Bekanntenkreis. Chris Hausendorf kannte ich schon lange. Rainer Haller aus Berlin ist die frühere Schulkameradin einer Kollegin. Dann gab es noch eine Mitschülerin vor vielen Jahren. Aber sie verweigert den Kontakt mit allen, die sie von früher kennen. Hier bleibt es nur eine Vermutung. Das ist sicher oft so: Da es ein gesellschaftliches Tabu ist, intersexuell zu sein, verbergen die meisten Betroffenen diesen Teil ihres Lebens. Kein Wunder, noch im letzten Jahrhundert stellte man Menschen mit unklarer Geschlechtszugehörigkeit auf Jahrmärkten aus. Die Medizin macht das auch heute noch: »Ich bin das Kind auf Seite 578, das nackt, mit einem schwarzen Balken vor den Augen, neben einer Meßlatte steht«,[56] läßt Jeffrey Eugenides seinen Romanhelden Cal über diese Erfahrung berichten.

»Meine Großtante war ein Zwitter, mit 20 hat sie sich aufgehängt.«
Chris Hausendorf, 52, Buchhalterin, Rheinland-Pfalz

Seit 20 Jahren kenne ich Chris Hausendorf*. Eine befreundete Therapeutin hatte den Kontakt hergestellt. Chris wollte mit ihrem Problem an die Öffentlichkeit gehen. Chris' Problem war das Glücksspiel, deshalb machte sie eine Therapie. Sie zockte in Casinos, Spielhallen und illegalen Spielclubs. Und immer zahlte sie drauf. Aber was ein echter Spieler ist, der schafft es lange Zeit, diese Erkenntnis nicht in sein Bewußtsein eindringen zu lassen. Manchmal jedoch wurde die Abwehr dünn, die Realität drang ein. Manchmal sah sie auch, daß nicht nur sie, sondern die Gesellschaft ein Problem hatte. Der lockere Umgang mit Geld, das frei verfügbare Glücksspiel in Kneipen, der leichte Zugang zu Spielbanken, die großzügigen Dispokredite der Banken und Sparkassen, überall lockten Gelegenheiten, auf Pump zu leben. Lifestyle der achtziger Jahre: Mehr Schein als Sein. Eine verführerische Zeit.

Eine lange Bekanntschaft

Durch ihre Augen lernte ich diese andere Seite der Gesellschaft kennen. Und versuchte zu verstehen, warum sie nicht aufhören konnte zu spielen. Oder nicht aufhören wollte. Chris Hausendorf ist nicht ihr wahrer Name, ich nannte sie so, als ich Mitte der achtziger Jahre in der Frauenzeitschrift *Brigitte* eine Reportage über sie schrieb. In Wirklichkeit trägt sie einen typisch weiblichen Namen. Chris, das schien mir passender. Weder ihr Auftreten noch ihr Verhalten waren »typisch weiblich« oder das, was man in den achtziger Jahren – und auch heute noch – darunter verstand. Sie trat eher burschikos auf und meist mit dem Bedürfnis zu dominieren. Bei den Zockern sind Frauen in der Minderzahl, Glücksspiel gilt als »männliche« Sucht. Für die wenigen Frauen, die ich dort kennenlernte, hatte gerade das einen Reiz. Die Insignien sind Geld, Macht, Einsamkeit, Risiko, Draufgängertum. Und, natürlich, Selbstbetrug und Selbstzerstörung, aber das gehört ja zu jeder Sucht. Wie ein »lonesome Cowboy« war sie mir oft vorgekommen, einer, der allein in die Nacht reitet, entschlossen, düster, auf einem sinnlosen Weg.

Überverhältnismäßig viele der zockenden Frauen sind lesbisch.

So auch Chris. Allerdings war sie auch mal verheiratet. Vielleicht aus einer Laune heraus, wie Spieler so sind. Irgendeinen Grund wird es gegeben haben. Der Ehemann war schwul. Schon längst lebten sie wieder getrennt. Chris ist gelernte Buchhalterin. Zahlen machten ihr Spaß. Als sie begriff, daß sie ihrer nicht Herr werden konnte, suchte sie zuerst Hilfe bei ihrem katholischen Pfarrer. Da hatte sie schon Schulden und einen Scheckbetrug hinter sich. Der Pfarrer wußte nur einen Rat: beichten und nach Hause gehen. Die Mutter zu Hause ordnete das Ende der Spielerei an und ein Schweigegebot über das Thema. Optimale Bedingungen zur Eskalation. Chris zog nach Hamburg. Dort gab es ein wunderbares Spielcasino mit Blick über die Alster. Wenn man sich die Zeit nimmt, aus dem Fenster zu schauen.

Irgendwann später, nach zehn Jahren Glücksspiel, versuchte sie, eine Rechnung aufzustellen: Mehr als tausendmal war sie spielen gegangen, höchstens sechzigmal mit Geld wieder rausgekommen. 200 000 Mark Verlust seien es damals gewesen. Sagt sie. Auch eine fleißige Buchhalterin kann soviel Spielgeld nicht allein erwirtschaften. Dann suchte sie Hilfe bei einer Ärztin. Und erfuhr, daß manche Medikamente ihre Ängste dämpfen, andere ihre Schlaflosigkeit, aber auch ihre Müdigkeit bekämpfen konnten. Hinweise, die nur von sehr kurzfristigem Nutzen waren. Nach einer Weile waren Chris' Ängste zu Panikattacken angewachsen. Sie nahm Lexotanil, Valium, Adumbran und diverse andere Psychopharmaka. Und spielte weiter. Sie bekam Krampfanfälle. Aber nie beim Spielen. Beim Spielen konnte sie alles vergessen, was im Leben unerträglich schien.

Von den Medikamenten wurde sie dick, das machte ihr Sorgen, denn sie legte großen Wert auf ihre Figur, ihre äußere Erscheinung. Immer gut gekleidet, immer frisch gewaschene, gut geföhnte Haare. Die allerdings wurden langsam zum Problem, sie wurden dünner, obwohl Chris erst Anfang 30 war. Vielleicht auch eine Folge der Medikamente? Nun war sie Spielerin und medikamentenabhängig. Die Panikattacken waren geblieben, Herzrhythmusstörungen hinzugekommen.

Ein Geheimnis deutet sich an
Mich faszinierte die Frage nach den Ursachen. Warum spielt sie? Hatte es mit einer frühen Einengung zu tun? Mit 18 Monaten war sie ins Krankenhaus gekommen. Wegen einer angeborenen Hüft-

gelenksluxation, einer Fehlstellung der Hüftgelenke, lag sie dort in Gips, bis sie fast drei Jahre alt war. So hatte sie es erzählt. So wußte sie es von ihren Eltern. Anderthalb Jahre lang im Krankenhaus, konnte das sein? Eine andere Erklärung gab es nicht. Ihre Erinnerung zeigt das Bild eines Glaskastens, in dem viele Betten standen. In einem davon lag sie. Merkwürdig, die Erinnerung zeigt den Glaskasten von außen. Vielleicht kein Bild ihrer Erinnerung, sondern aus der Perspektive der Besucher geschildert? Chris erinnert sich auch an Mutter und Großmutter, die draußen davor standen, nicht hinein durften. Sie soll viel geweint haben in dieser Zeit.

Wieder zu Hause, mußte sie das Laufenlernen nachholen. Und wurde ein wildes Kind. »Ich habe immer etwas ausgefressen«, erinnert sie sich, »ich war Räuberhauptmann, habe mich mit den Jungen geprügelt. Ich hatte ein unheimliches Nachholbedürfnis. Mein Vater hat das gefördert, meine Mutter hat es unterdrückt. Ich konnte es nie beiden recht machen. Er hat mich zum Tapezieren mitgenommen, und bei ihr sollte ich ein Mädchen sein.«[57] Und dann ergänzt sie: »Das war das Problem zwischen meiner Mutter und mir: Ich war völlig aus der Art geschlagen, ich entsprach so gar nicht ihren Vorstellungen, wie ein Mädchen zu sein hatte.« Dafür spielte Chris begeistert Fußball und entwickelte sich zu einem Crack in Leichtathletik. Wir waren uns einig, daß dieses frühe Eingesperrtsein zu einer Zeit, in der andere Kinder laufen und spielen lernen, der Grund sein mußte, warum sie zu spielen anfing. Warum sie nicht aufhörte, erklärte das nicht.

Zehn Jahre nachdem das Buch erschienen war, in dem auch Chris' Lebensgeschichte stand, nahm ich noch einmal Kontakt mit allen Spielern auf. Chris' Geschichte war keine Erfolgsgeschichte: Sie spielte immer noch. Seltener als früher, aber auch mit dramatischen Abstürzen. Zwar hat sie eine der ersten Selbsthilfegruppen für Spieler im Bundesgebiet gegründet, aber sie selbst fand dort auf Dauer keine stabilisierende Hilfe. An den Treffen nahm sie seit langem nicht mehr teil. Damals beschäftigte mich die Frage nach dem geheimen Anteil der Angehörigen an der Sucht der Süchtigen: Für Chris, die lesbisch ist, finden sich immer wieder Freundinnen, die ihr einen Teil ihrer Last abnehmen – der finanziellen, sozialen und der psychischen. Ich fragte mich, ob diese Frauen – vielfach aus sozialen Berufen – Chris damit wirklich helfen. Die Frage mußte gestellt werden. Aber wer kann sie beantworten? Andere Fragen wurden damals nicht einmal gestellt.

Erste Zweifel

Als ich begann, zum Thema Intersexualität zu recherchieren, fiel mir Chris wieder ein. Der »lonesome Cowboy«, immer einen Kamm in der Hosentasche, immer in Sorge um die Frisur, das Dünnerwerden der Haare. Und wenn sie zunahm, unter Medikamenten, dann schien das eher so, wie wenn Männer zunehmen. Ein wenig, nicht genug, um die Grenze zu Unhöflichkeit zu überschreiten und darüber zu sprechen. Und dann war noch ein eigenartiger Satz in der Erinnerung haftengeblieben, ihre Freundin hatte ihn einmal gesagt, fast nebenbei: »Chris sieht unten irgendwie anders aus.« Eine solche Mitteilung unter entfernten Bekannten löst eher Schweigen aus als interessiertes Nachfragen. So auch damals. Warum hatte sie ihn gesagt? Ein Versuch, etwas ihr Unverständliches zu klären?

Könnte Chris ein Adrenogenitales Syndrom haben? Nicht alle AGS-Patienten erleiden eine lebensbedrohliche Salz-Verlust-Krise. Manche haben nur den erhöhten Androgenspiegel und minimale körperliche Veränderungen. Es gibt also einen graduellen Übergang. Aber wo ist die Grenze? Ab wieviel Milligramm Androgen ist eine Frau intersexuell? Und bei einem Millionstel Milligramm weniger – ist man dann »normal«?

Im Abstand von Monaten, manchmal auch Jahren meldet sich Chris bei mir. Beim nächsten Gespräch wollte ich mehr erfragen. Aber wie? Vielleicht irrte ich mich. Und vielleicht war sie sich nicht bewußt, daß bei ihr etwas anders war als bei anderen Frauen. Was dann? »Wenn das Kind gar keine Wahrnehmung hat, daß bei ihm irgendwas anders aussieht als bei anderen, würde ich auf keinen Fall darauf bestehen«, empfiehlt die Kinderärztin Ute Thyen für den Umgang mit intersexuellen Vierjährigen. Aber wie spricht man mit Erwachsenen darüber?

Mehrmals versuchte ich, Chris zu erreichen. Ihre Stimme auf dem Anrufbeantworter hört sich nicht gut an. Manchmal hatte es auch Probleme mit Alkohol gegeben. Eines Tages ruft sie zurück. Sie klingt klar, intelligent und witzig, wie zu den besten Zeiten. Sie ist jetzt über 50 Jahre alt. Ausführlich berichtet sie von ihrer jüngsten Operation, bei der sie ein künstliches Hüftgelenk bekam. Ein zweites wird folgen, immer hat sie Probleme mit den Knochen. Aber zuerst wird sie einen Medikamenten- und Alkoholentzug machen in einer Klinik. Im Moment ist sie trocken, aber das soll endlich dauerhaft werden. Dann fragt sie, was ich mache, und ich erzähle ihr von dem Projekt, ein Buch über Intersexualität zu schreiben. Sie fragt, was das ist. Ich beginne zu erklären. Von dem Skandal, daß intersexuelle Säuglinge seit den späten fünfziger Jahren in 90 Prozent der Fälle zu Mädchen operiert werden. Daß ein Junge, dessen Penis bei der Geburt weniger als 2,5 Zentimeter lang ist, und ein Mädchen, dessen Klitoris länger als einen Zentimeter ist, für die Mediziner schon als Grenzfall gelten. Da sagt sie, völlig locker: »Dann gehöre ich wohl auch dazu.« Wieso?

Sie erzählt, daß ihre Mutter ihr in der Pubertät vorgeworfen hätte, sie sei ein Zwitter. Wie kann man das seiner Tochter vorwerfen? Chris weiß es nicht. Sie weiß auch nicht, warum die Mutter das überhaupt gesagt hat. Doch dann fällt ihr noch etwas dazu ein. Chris: »Die Schwester meiner Oma war einer. Die hat sich mit 20 das Leben genommen. Und eine Tante sagte mal zu meiner Mutter, ich sei wohl auch einer. Da hab ich gesagt, sie kann ruhig herkommen und sich das angucken.« Und, kam sie? »Nee.« Jetzt sind wir wieder in den lockeren Ton von früher eingestiegen, und ich erzähle ihr, daß ich bei meinen Recherchen immer mal an sie gedacht habe, weil mir jener Satz ihrer Freundin nicht aus dem Kopf ginge. »Ja, das stimmt«, erwidert sie, ohne Näheres auszuführen. Nur eine merkwürdige Erklärung: das sei von dem Gips gekommen, in dem sie habe liegen müssen, als sie damals als Kleinkind wegen ihrer Hüftgelenke im Krankenhaus war. Und dann fällt ihr noch etwas ein: »Ich habe meine Regel auch sehr spät gekriegt, so mit 16, und die hörte auch ganz früh wieder auf, mit 40 oder so.«

»Aber du hast sicher eine Scheide«, vermute ich kühn und reiche ein Stückchen Information nach: »Viele betroffene Frauen haben gar keine oder nur eine sehr kleine, enge, kurze.« Das wiederum ist für Chris Anlaß, das Thema zu verlassen und mir zu berichten, daß sie vor zwei Jahren in ihrer Wohnung vergewaltigt wurde. Ein Bekannter habe sie überwältigt, als sie frisch nach der Hüftgelenksoperation zu Hause war. Am nächsten Tag sei sie zur Polizei gegangen. Der Prozeß ließe noch auf sich warten. Jetzt habe sie aber einen guten Rechtsanwalt, der sich darum kümmere. »Wenn ich gesund gewesen wäre«, ihr Resümee, »dann hätte der jetzt keine Eier mehr.« Zack, Thema durch.

Von dieser Phantasie über Wehrhaftigkeit landen wir übergangslos bei ihrer sportlichen Vergangenheit. Mit 20 Jahren spielte sie Profifußball. Chris: »Mein linkes Bein war immer Spitze, wenn ich damit geschossen habe, war der Ball drin.« Leider aber, na, ich wisse ja, die starke Osteoporose, schon seit langem, da sei sie sehr gefährdet. Nimmt sie keine Östrogene? Nein, sie hatte ja schon mal eine Vorstufe von Gebärmutterhalskrebs. Dann erzählt sie von ihrem »ziemlich hohen Testosteronspiegel«. Woher weiß sie das? »Das hab ich mal untersuchen lassen in Hamburg. Weil ich solche Fitzelhaare habe, die mir auch noch ausgingen. Und Ratsherrenecken hab ich auch. Seither weiß ich, das Testosteron ist an der oberen Grenze.«

So plaudern wir dahin, bis sie plötzlich, tief beunruhigt, fragt: »Meinst du, ich bin auch nicht ganz in Ordnung?« »Chris«, sage ich, »du bist völlig in Ordnung.« Ich weiß, was sie mich eigentlich gefragt hat: Ob ich meine, daß sie intersexuell ist. Nein, eigentlich hat sie gefragt, ob ich meine, daß sie ein Zwitter ist. Ich habe den Deckel schnell wieder zugemacht. Vertraue ich darauf, daß sie zurückruft, wenn sie mehr wissen will? Vielleicht, denke ich dann, ist sie gar keine von den »Durchgerutschten«, die nie als intersexuelles Kind diagnostiziert wurden. Vielleicht wurde sie diagnostiziert. Und operiert. Hat nur ihr Leben lang nicht erfahren, was da in der Kindheit wirklich los war. War die Hüftoperation nur ein Vorwand? Eine Deckerinnerung? Wurde sie in Wirklichkeit am Genital operiert? Oder fand beides statt (»Wo wir sie schon mal auf dem Operationstisch haben ...«)? Würde das ihre lebensbegleitende Unruhe erklären, ihre Versuche, in Medikamenten, Spielen, Alkohol Ruhe zu finden? Vielleicht auch ihre Panikzustände? Könnte Ruhe einkehren, wenn sie die Wahrheit wüßte? Falls es die Wahrheit ist.

Bei einem späteren Gespräch erzählt sie ausführlicher von ihrer Großmutter und ihrer Großtante. Jener Großtante. Klara hieß sie. Alle Geschwister waren sehr klein, aber Klara war die kleinste. Und dann sagt sie es noch einmal: »Klara war ein Zwitter.« Na klar, die unklarste haben sie Klara genannt.

Was ist die Wahrheit?

Mehr als 50 Jahre ist Chris geworden, hat ihr Leben ganz gut hingekriegt, ohne daß sie Zweifel an ihrer Weiblichkeit, an ihrer weiblichen Identität bekam. Aber muß sie die denn haben? Was wäre ihr Nutzen, wenn sie sich tiefer damit beschäftigen würde? Ein Internist könnte feststellen, ob ihr Blut über einen auffallend hohen Kaliumwert verfügt. Das wäre ein Hinweis. Unregelmäßigkeiten im Elektrolythaushalt können zu Herz-Rhythmus-Störungen führen. Die hat Chris schon lange. Man könnte es ausgleichen mit dem richtigen Medikament. Aber was hätte das für Folgen, wenn der Körper 50 Jahre lang ohne auszukommen gelernt hat?

Chris könnte der Frage nachgehen, warum die Mutter nie mit ihr als Mädchen zufrieden war. Doch die Eltern kann Chris nicht mehr fragen, der Vater ist tot, die Mutter im Heim kann nicht mehr antworten. Zum jüngeren Bruder besteht kein Kontakt. Aus Chris' Kindheit wird er nichts mehr wissen. Aber er hat eigene Kinder. Falls tatsächlich jenes Gen durch Chris' Familie wandern sollte, das den 21-Hydroxylasemangel auslöst und damit das Adrenogenitale Syndrom, sollte man das wissen? Oder besser nicht? Auch die starke Osteoporose würde dann eine Erklärung finden. Die Osteoporose, sagt Chris, habe sie aber von der anderen Familie, der ihrer Mutter. »Nur Mist«, urteilt sie abschließend, habe sie von ihren Familien geerbt. Vielleicht nicht nur Mist. Vielleicht ist da ja noch eine kleine geheime Besonderheit, ein Krokus vielleicht, mit einer großen Bedeutung.

Das paßt alles wunderbar, meint der Endokrinologe, der diese Schilderung hört. In seiner Begrifflichkeit fand in Chris' Familie vermutlich folgendes statt: In der Urgroßelterngeneration traf ein heterozygoter Merkmalsträger auf einen anderen Heterozygoten. Die beiden bekamen vier Kinder, einer Tochter vererbten die Eltern homozygot das defekte Gen. Es zeigte sich in einer sehr ausgeprägten Klitorishyperplasie, also einer auffallend großen Klitoris, die vielleicht sogar Penisgröße annahm. Früher bedeutete das die soziale Isolation für viele der Menschen. Manche konnte man für Geld besichtigen. Manche wählten den Tod. Wie Klara. Klaras Schwester, Chris' Großmutter, könnte das Gen weitervererbt haben an ihren Sohn, Chris' Vater. Eine von 40 trägt dieses veränderte Gen in sich. Vielleicht lernte Chris' Vater eine andere vierzigste kennen. Und heiratete sie. Vielleicht war es so. Und nun?

»Es bleibt natürlich weiterhin das Ungleichgewicht in ihrer Hormonbilanz«, sagt der Endokrinologe. »Mit einer Tablette Dexametason, einem künstlichen Steroid, 0,5 mg abends gegeben, könnte man das Ganze normalisieren.«

Vielleicht ist es ja gar kein Ungleichgewicht in ihrer Hormonbilanz. Vielleicht ist es ja ihr Leben.

Intersexuelle – vergessene Patienten?

Endlich beginnt die Wissenschaft, Betroffene zu befragen, wie es ihnen geht, wie sie sich sehen und wie sie behandelt werden wollen.

Die erlösende Frage

Jahrzehntelang glaubten Medizin und Soziologie an die Konstruierbarkeit des körperlichen und des sozialen Geschlechts. Die Zufriedenheit der Betroffenen galt dabei nicht als relevante Kategorie. Sie wurde nicht erfragt. Langsam ändert sich das. Thea Hillman, Vorsitzende von ISNA, der Intersex Society of North America, kündigte eine Zusammenarbeit mit Wissenschaftlern bei der Erforschung der Lebensqualität von Intersexuellen an: »Zu lange haben Wissenschaftler und Mediziner Intersexualität studiert ohne die aktive und informierte Teilnahme der Intersexuellen.«[58]

Sicher halfen auch aktuelle Erkenntnisse der Hirnforschung beim Umdenken. In diesen Forschungen deutet sich an, daß es eine sehr frühe Wahrnehmung über das eigene Selbst gibt. Die Zentralverwaltung unseres Körpers, Verstandes, unserer Seele und damit unseres Selbstbildes findet im Gehirn statt. Es läßt amputierte Beine schmerzen, Kriegsverletzte wissen das. Das Gehirn hält am Bild des intakten Körpers auch nach der Verstümmelung noch fest. Bei keinem und keiner operierten Intersexuellen, mit denen ich sprach, hat sich diese frühe Wunde, der Verlust eines elementaren Teils ihres Selbst, je geschlossen. Wenn ein genetisch weibliches Baby mit überdurchschnittlich großer Klitoris geboren wird, mit Gebärmutter, aber ohne Vaginaleingang, weil es als Embryo mehr als die erforderliche Portion Androgene genascht hat, bringt man dann die Welt wieder in Ordnung, indem man seine Klitoris reduziert, die Vagina öffnet, das Kind in rosa Kleidchen hüllt und mit Puppen spielen läßt? Anders gefragt: Wenn ein Embryo mit XX-Chromosomen in den ersten Wochen der Schwangerschaft in Androgenen badet, beeinflußt das nur seinen Körper? Oder auch sein Selbst?

Wie sehen die Betroffenen sich selbst, und wie wollen sie gesehen werden? Auch darüber gehen die Meinungen noch auseinander. »Bitte schreiben Sie ›Personen mit Intersexualität‹. Das klingt weniger pathologisierend als ›Intersexuelle‹«, forderte mich eine Wissenschaftlerin auf, als sie ihr Interview gelesen hatte. Das wollte ich genauer wissen und fragte diejenigen, um die es geht: »Mit welcher Bezeichnung fühlen sich die meisten von Ihnen gemeint, anerkannt, aber nicht verletzt?« Katrin Ann Kunze leitete meine Frage weiter an die geschlossene Internet-user-group der *XY-Frauen*. Katrin Ann Kunze, 43, aus Wuppertal ist Journalistin, Werbetexterin und Gründungsmitglied der *XY-Frauen*. Sie hat – wie ihre jüngere Schwester auch – AIS in seiner kompletten Form. Auf die Frage schrieb sie: »Ich selbst sage, daß ich eine intersexuelle Frau bin, ich bin aber genauso eine intersexuelle Person oder ein intersexueller Mensch oder eine Frau/ein Mensch/ eine Person mit intersexueller Disposition. Ganz bestimmt bin ich kein Mensch mit Intersexualität, denn das klingt wie eine Krankheit. Und das ist es ja nun mal nicht.«

Andere schlossen sich an:

- »Ich bin ganz deiner Meinung, außer ›Mensch mit Intersexualität‹ finde ich die Namensgebungen gut.«
- »Ich sehe mich als weiblich aussehender und wirkender Hermaphrodit; lege Wert darauf, nicht mit ›Frau‹ angeredet zu werden.«
- »Mir persönlich gefällt intersexuelle Frau am besten, wenn ich mich schon mit diesem Wort brandmarken soll. Ansonsten würde ich mich ganz konkret als Frau bezeichnen, haha ... mehr fällt mir dazu im Moment nicht ein.«
- »Ich werde am liebsten als intersexueller Mensch bezeichnet. Intersexuelle Frau finde ich widersprüchlich, außerdem gibt es ja auch männlich aussehende Intersexuelle wie z.B. Klinefelter. Beim direkten Ansprechen im täglichen Leben bevorzuge ich die Bezeichnung ›Frau‹ und möchte ich mich gerne diesem Geschlecht zuordnen.«
- »Ich finde für mich den Ausdruck ›XY-Frau‹ am richtigsten. Als Oberbegriff finde ich ›intersexuelle Menschen‹ völlig okay.«
- »Für mich trifft ›intersexuelle Frau‹ nicht ganz zu. Aber intersexueller Mensch ist okay.«
- »Ich finde ›intersexuelle Frau‹ oder ›Intersexuelle‹ absolut in Ordnung. Ich hasse das Wort ›Mannweib‹, obwohl mir das noch nie jemand ins Gesicht gesagt hat.«

Wie gut, daß ich gefragt habe, dachte ich und setzte noch eine Frage nach: »Welches sind erwünschte und verhaßte Verhaltensweisen von Nicht-Intersexuellen gegenüber Intersexuellen?« Dazu Katrin Ann Kunze: »Mit Mitleid kann ich schlecht umgehen, weil ich mich nicht (mehr) bemitleidenswert erlebe und mein Leben als XY-Frau alles andere als furchtbar ist. Diese Art von Mitleid ist auch eine Form, auf Distanz zu etwas zu gehen, mit dem man selbst ein Problem hat – in diese Mitleidsfalle tappe ich nicht mehr. Auch das andere Extrem (›Ist nicht so schlimm, bist ja doch eine ansehnliche Frau geworden.‹) kommt bei mir ganz schlecht an. Ansonsten habe ich nie Diskriminierung oder brüskierende Verhaltensweisen erlebt. Wenn mein Gegenüber sich Mühe gibt mit seiner Wortwahl, reicht mir das schon, auch wenn etwas Falsches dabei herauskommt. Früher war ich empfindlicher, aber wie soll mein Umfeld dazulernen, wenn ich als Vermittlerin nicht bereit bin, den Lernprozeß zu begleiten?«

Seit Jahrzehnten ist es dank der Selbsthilfebewegung üblich, Betroffene selbst zu fragen. In diesem Bereich nicht. Die rigide Tabuisierung, die die Medizin seit fast 50 Jahren über Intersexualität verhängt hat, traf die Wissenschaft selbst: Auch in Deutschland gibt es keine Nachfolgestudien über Operationserfolge oder -mißerfolge, über das weitere Leben der betroffenen Patienten, geschweige denn ihre Lebenszufriedenheit. Das beginnt erst jetzt.

»Macht, Geheimhaltung, Sexualität –
dem waren die Patienten ausgesetzt.«
Dr. Ute Thyen, Fachärztin für Kinderheilkunde, Lübeck

Die Kinderärztin Ute Thyen (45) ist Sozialpädiaterin und Entwicklungsneurologin. Entwicklungsneurologie befaßt sich mit dem kindlichen zentralen Nervensystem, seiner Anpassung an äußere Reize und der Interaktion zwischen Kind und Umwelt. Spezialgebiet von Ute Thyen sind chronische Erkrankungen und deren Bewältigung bei Kindern und Jugendlichen. Sie leitet derzeit die Klinik für Kinder- und Jugendmedizin des Universitätsklinikums Schleswig-Holstein, Campus Lübeck, und ist Vizepräsidentin der Deutschen Gesellschaft für Sozialpädiatrie und Jugendmedizin.

Frau Dr. Thyen, in der Lübecker Kinder- und Jugendklinik wer-
den auch Kinder mit Intersexualität behandelt. Sie haben die
Ärzte dieser Kinder gefragt: »Wie geht es denn Ihren Patienten?«
Was war die Antwort?
Sie wußten es nicht. Wenn ich dagegen einen Arzt, der eine
Asthma-Sprechstunde führt, nach seinen Patienten frage, dann
kann der in der Regel sagen, denen geht es gut, weil wir heute
viel bessere Medikamente haben, die Lebensqualität ist viel besser als vor zehn Jahren. Auch Diabetesfachleute, die Studien zu
gesundheitsbezogener Lebensqualität machen, wissen, daß man
heute bei Diabetes nicht mit 18 blind sein muß.

Und warum wußten es die Ärzte der intersexuellen Kinder nicht?
Weil Menschen mit untypischer sexueller Differenzierung bislang ein undurchsichtiges Behandlernetz haben. Mal kommen sie
zur Uniklinik wegen einer Frage. Dann gehen sie zu irgendeinem
Chirurgen und kommen nie wieder. Das wurde mir sehr deutlich
bei einer Umfrage nach Neugeborenen mit Intersexualität. Sechs
Monate nach der Geburt fragten wir nach: Was ist daraus geworden, wo wird das Kind betreut? Sehr häufig hatte die erstbe-
treuende Klinik gar keinen Kontakt mehr. Die Eltern irren durch
die Gegend, und oft bleibt es dem Zufall überlassen, ob sie gute
Betreuung finden oder nicht. Bisher gab es weder ein Netzwerk
noch Kooperation.

Und weshalb interessieren Sie sich für die Befindlichkeit dieser
Patienten?
Weil ich mich mit Lebensqualitätsforschung beschäftige. Kinder, die außergewöhnliche Belastungen erleben, wie etwa chronische Erkrankungen, müssen besondere Anpassungsleistungen
schaffen. Eine ganz spezielle Herausforderung sind nicht-typische
Entwicklungsverläufe bei der Sexualdifferenzierung. Welche Ressourcen sind notwendig, welche Coping-Strategien (engl. coping,
dt. mit schwierigen Bedingungen zurechtkommen) kann man entwickeln? Solche Fragen stelle ich mir. Um sie zu beantworten, muß
man natürlich wissen, wie es den Patienten geht, welche Lebensqualität sie haben.

Was ist überhaupt Lebensqualität aus Sicht der Medizin?
Lebensqualität meint das körperliche, seelische, soziale Wohl-

befinden und muß im subjektiven Erleben des Betroffenen geschildert werden. Diese Forderung entstand einerseits aus der Definition von Gesundheit der Weltgesundheitsorganisation (WHO),[59] andererseits gab es die Bewegung von Patienten und Konsumenten, besonders in den USA, die verlangte, daß man die Klienten selbst fragen muß.[60] Sogenannte objektive Maßstäbe genügen heute nicht mehr. Früher beurteilten die Fachleute den Gesundheitszustand: Ist er besser oder schlechter als vorher, ist das OP-Ergebnis besser oder schlechter? Das waren die Endpunkte klinischer Forschung. Jetzt fragt man Patienten selbst nach ihrem subjektiven Erleben über ein OP-Ergebnis, einen Krankheitsverlauf oder das Wohlbefinden. Wenn man das nicht macht, ist man auf Vermutungen angewiesen. Zum Beispiel gibt es Hinweise auf ein erhöhtes Risiko zu Geschlechtsidentitätsstörungen bei intersexuellen Menschen. Andere halten das für eine Folge der erheblichen Traumatisierung durch Operationen. Aber kein Mensch weiß es genau. Man wußte noch nicht mal, ob sie mit dem Ergebnis ihrer Operationen zufrieden waren. Niemand hatte sie gefragt.

Und das machen Sie jetzt?

Ja, wir haben zusammen mit dem sexualwissenschaftlichen Institut der Universität Hamburg das Projekt »Vom Gen zur Geschlechtsidentität« entwickelt. Wir untersuchen die Lebensqualität bei Kindern von drei bis elf Jahren, also bis zur Pubertät. Wie geht es ihnen wirklich? Wie ist ihr Verhalten, gibt es Auffälligkeiten?

Sprechen Sie auch mit Erwachsenen?

Mit den Eltern der Kinder. Aber als Klinik für Kinder- und Jugendmedizin beschränken wir uns auf Kinder. Im Hamburger Teilprojekt werden Erwachsene befragt.

Durch deren Antworten kommt man vielleicht auch auf Fragen, die man den Kindern stellen sollte?

So entwickelte es sich auch historisch. Die Erwachsenen meldeten sich zu Wort und berichteten, was ihnen als Kind widerfahren ist. Da wacht man als Kinderärztin natürlich auf und denkt, oh Gott, was geschieht hier eigentlich?

Seit wann haben Sie an der Klinik Kontakt mit Betroffenen?
Seit über zehn Jahren. Beide Kinderkliniken des Universitäts-klinikums Schleswig-Holstein sind relativ stark in pädiatrischer Endokrinologie. Nach Kiel kommen mehr AGS-Patienten, Lübeck ist spezialisiert auf AIS. In dieser Region und in Hamburg gab es schon ungewöhnlich viel dazu: sexualmedizinische Beratung, Kinderpsychosomatik und ein Beratungs- oder Betreuungsangebot für Familien. Aber man forschte hier vor allem nach molekularen Grundlagen für diese Störungen. Alles, was ins Psychosoziale ging, wurde eher als Serviceangebot gesehen, aber nicht wissenschaftlich betrachtet. Das ändert sich jetzt.

Ist die Medizin sich einig, was Intersexualität ist?
Nein. Wir arbeiten daran. Wichtig ist uns der Begriff der Inkongruenz oder Diskrepanz, das heißt Nichtübereinstimmung oder Widersprüchlichkeit. Also Intersexualität als fehlende Übereinstimmung zwischen chromosomalem Geschlecht, inneren Geschlechtsorganen und Erscheinungsbild der äußeren Geschlechtsorgane. Wenn es da zu Unstimmigkeiten kommt, scheint die Geschlechtsrollenentwicklung vulnerabler, also störungsanfälliger zu verlaufen als bei anderen Menschen. Das ist unsere Arbeitshypothese.

Was verstehen Sie unter Störanfälligkeit der Geschlechtsrollenentwicklung?
Nicht-typische Entwicklungsverläufe sind immer vulnerabler als normative Entwicklungsprozesse, weil sie einer stärkeren Auseinandersetzung mit Anders-Sein und den sozialen Reaktionen auf Anders-Sein bedürfen. Es geht immer darum, das scheinbar Andere in die eigene Identität zu integrieren und ihm Sinn zu geben. Dies kann zu Problemen führen, aber auch eine Quelle von extra Entwicklungsmöglichkeiten und Chancen aufgrund der besonderen Erfahrung sein.

Was ist nach Ihrer Definition eine typische intersexuelle Kondition?
Die AIS-Frauen identifizieren sich am ehesten mit dem Begriff der Intersexualität. Sie haben einen XY-Chromosomensatz, erscheinen aber fast vollständig weiblich. Da ist der Begriff Inkongruenz am einleuchtendsten. Ein Mädchen mit AGS hat einen

weiblichen XX-Chromosomensatz. Es kann mehr oder weniger virilisiert sein, das heißt, äußerlich wie ein Junge aussehen. Das kann – rein optisch – mehr oder weniger gut operativ korrigiert werden. Trotzdem ist es für mich eine Form der Intersexualität, denn wir vermuten, daß der erhöhte pränatale Einfluß von Androgenen ein erhebliches Risiko für dieses Kind bedeutet, nicht unkompliziert in eine weibliche Geschlechtsrolle hineinzuwachsen. Das ist ja Michel Reiters Geschichte, soweit ich sie verstanden habe.[61] Er sollte ein Mädchen sein und wollte dann doch lieber keine Frau sein und definiert sich jetzt in einem dritten Geschlecht. Er läßt es offen, wirkt aber auf mich eher männlich. Frauen mit Turner- und Männer mit Klinefelter-Syndrom würde ich hingegen nicht in die Gruppe Intersexualität zählen.

In der Selbsthilfegruppe der XY-Frauen *erschienen auch Frauen mit Turner-Syndrom. Offenbar fühlten sie sich dort zugehörig. Wie sehen Sie das?*
Die Grenzen der Intersexualität abzustecken, ist sehr schwierig. Manche Aspekte und Probleme sind sicher übergreifend und verbinden sie als Gruppe, zum Beispiel das Problem der Infertilität, also der Unfruchtbarkeit. Frauen mit Turner-Syndrom haben X0-Chromosomen, unvollständig ausgebildete innere Genitalien, sie sind unfruchtbar und haben keine typisch weibliche Pubertät. Aber es gibt keine Diskrepanz zu weiblicher Rollenentwicklung und weiblicher Identität, auch das Aussehen ist weiblich. Würden wir Intersexualität aber »Störungen der somatosexuellen Differenzierung« nennen, dann würden Turner- und Klinefelter-Syndrom dazugehören. Also ist auch die Klassifikation der sehr zahlreichen Formen der untypischen Geschlechtsdifferenzierung noch unklar.

Weiß man, wie häufig Intersexualität auftritt?
Es gibt mindestens 20 verschiedene Diagnosen. Jede für sich gehört mit großer Sicherheit in den Topf der sehr seltenen Erkrankungen, tritt also seltener als einmal in 10 000 Geburten auf. Manche zählen Hypospadie dazu, bei der die Penisöffnung bei kleinen Jungen relativ weit nach unten auf die Unterseite des Penis verzogen ist. Man vermutet, dies sei eine Folge von Androgenmangel. Das kommt gar nicht selten vor. Weitet man die Definition aus, landet man bei einer Größenordnung von etwa einer in 1 000 Geburten.

Seit einigen Jahren kommen Berichte von Betroffenen über Operations- und Behandlungsmethoden an die Öffentlichkeit, bei denen es einem kalt den Rücken runterläuft. Sind die Zeiten solcher Methoden vorbei?

Es ist klar, daß damals extrem viel Schlimmes passierte. Im Moment geht das Pendel eher wieder zurück, die fortschrittlichen Ärzte treten den Leuten sehr vorsichtig entgegen und sagen, wir wissen nicht viel. Aber auch heute können noch schlimme Sachen passieren. Es gibt immer noch Chirurgen, die sagen: »Ach komm, zack, zack, normalisieren, und dann ist gut.« Wegen der fehlenden Vernetzung verläuft die Entwicklung sehr ungleich. In England, Australien und den USA etwa können Patienten zu einem Experten-Zentrum gehen. In Deutschland gehen die Leute zum Arzt, da wird ihnen gesagt, dort ist ein Chirurg, der kann das korrigieren, und bevor man richtig darüber nachgedacht hat, ist schon alles fertig. Das ist eine häufige Klage in den Interviews, die wir führen.

Beklagt wird auch der schockierende Mangel an Empathie in Kliniken: 20 Studenten begucken die Genitalien eines Kindes, dem keiner erklärt, warum. Kann das nicht prägend für das ganze Leben sein?

Wissen Sie, als ich vor 25 Jahren mein Studium in Lübeck begann, war es in der Gynäkologie üblich, daß der Studentenuntersuchungskurs die bereits anästhesierten Frauen, kurz bevor sie in den OP geschoben wurden, einmal vaginal untersuchen durfte. Selbstredend ohne Einwilligung.

Das ist doch Wahnsinn, oder?

Gräßlich und menschenverachtend, wenn man sich das heute vorstellt. Wir erkennen da autoritäre Grundmuster, die wir aber zunehmend überwinden. Durch die Frauenbewegung hat sich viel verändert. Studentinnen protestierten damals, und es wurde gestoppt.

Es hat sich also doch etwas getan?

Ja, das darf man nicht vergessen. Die Folgen der Geheimhaltung sind ein wichtiger Aspekt, der in den Interviews deutlich wurde, die Sandra Reinecke[62], eine wissenschaftliche Mitarbeiterin, hier in der Klinik mit Betroffenen führte: Man nahm bisher an, das andere Aussehen ihrer Genitalien würde die Kinder traumatisieren. Ich habe das früh bezweifelt. Liberal aufgeklärte Kinder laufen heute oft nackig herum. Wenn ein Kind bis zum Kleinkindalter sexuell gute taktile Erfahrungen macht, bezweifle ich, daß es ein Trauma ist, anders auszusehen. Sicher gibt es manches, was noch ungewohnter aussieht als ein viel zu kleiner Penis oder eine Mischung aus weiblichem und männlichem Genital. Ich meine, es ist dieses Dogma der Geheimhaltung, was traumatisiert.

Warum vermuten Sie das?
Mein anderes Spezialinteresse ist der Bereich sexueller Mißhandlung von Kindern. Was bei sexueller Mißhandlung so traumatisierend wirkt, ist die Mischung aus Macht, Geheimhaltung und Sexualität. Das scheint eine brisante Mischung zu sein. Genau dieser Mischung waren damals die Patienten ausgesetzt. Geheimhaltung, Verunsicherung und diese Macht – 20 Studenten stehen herum und gucken auf mein Genital, das ganze Setting finde ich schlimmer als die OP selbst. Das wird auch immer wieder bestätigt. Nach einem Fernsehinterview bekam ich E-Mails von Erwachsenen. Einer schrieb, er habe auch so komische Narben. Seine Eltern könnten ihm keine Auskunft geben, was da operiert wurde. Das muß damals gang und gäbe gewesen sein. Es war der postulierte Standard.

Was möchten Sie in Zukunft verändern?
Wir wollen die Bedingungen für eine möglichst untraumatische Kindheit der Betroffenen klären und herausfinden, was man wirklich empfehlen kann.

Und welche Empfehlung können Sie schon geben?
Maximale Aufklärung dieser Kinder, natürlich immer entwicklungsangemessen.

Wie würden Sie einem vierjährigen Kind seine Intersexualität erklären?
Im Gespräch kann man fragen, welches Bewußtsein dafür da ist, man kann zusammen Bilder angucken von nackten Kindern. Man kann bei der Untersuchung alles mit dem Kind durchsprechen, das ist sehr wichtig. Wie sieht das bei dir aus? Sieht das

bei anderen Kindern auch so aus? Man kann versuchen nachzu-
spüren: Findest du es gut oder schlecht, oder ist es dir egal? Was
machst du damit, macht es Spaß? Möchtest du gerne wissen,
warum das bei dir so aussieht? Man muß sich Erklärungen in
kindgerechter Sprache ausdenken. Man kann fragen, kennst du
auch anderes, wo Dinge verschieden aussehen, und das ist völlig
okay? Sie könnte ja Jungs und Mädchen gesehen haben. Bei Jungs
sieht es ohnehin anders aus. Ich glaube, weiter kommt man mit
vier Jahren noch nicht.

*Und wenn das Kind mit intersexuellem Genital sagt, bei mir sieht
es genauso aus wie bei den anderen Mädchen?*
Dann wäre das Gespräch für mich beendet. Was soll ich dazu
sagen? Es sei denn, ich merke, daß es eine Fremdaussage ist. Aber
wenn das Kind gar keine Wahrnehmung hat, daß bei ihm irgendwas anders aussieht als bei anderen, würde ich auf keinen Fall
darauf bestehen.

Und wenn das Kind älter ist?
Vierjährige können sagen, daß ein Papa was anderes ist als eine
Mama. Wenn man sie fragt, ob sie Mama oder Papa sein wollen,
werden sie sicherer. Ein kleinerer Junge sagt durchaus noch, er
möchte mal eine Mama sein. Das wechselt noch sehr stark. Acht-
jährige beginnen so langsam, abstrakte Prinzipien zu begreifen.
Dann kann man mit ihnen zum Beispiel darüber reden, wer und
was sie sein möchten, wenn sie groß sind. Bezogen auf den Körper müßte man genauso vorgehen, also erst feststellen, ob die
Kinder überhaupt Fragen haben.

Was sagen Sie den Eltern?
Die Eltern würde ich auch maximal aufklären – mit allen Unsicherheiten, die wir im Moment noch haben. Unsere Erfahrungen
zeigen, daß es gut ist, den Leuten Zeit zu lassen und Entscheidungen nicht vorschnell zu treffen. Aber wir sind auch bereit, Familien zu unterstützen, wenn sie eine Entscheidung getroffen haben.
Eltern, die ein Kind mit AGS haben, die sich sehr sicher sind, daß
es sich um ein Mädchen handelt und die auch ein Mädchen erziehen, würde ich unterstützen, wenn sie eine äußere Auffällig-
keit korrigiert wissen wollen, bevor das Mädchen 16 oder 18 ist.
Ich bin nicht so radikal, daß ich sage, ich kann das nicht mittragen.

Dann soll es lieber eingebunden sein in ein vernünftiges Versorgungskonzept, wo offen über alles gesprochen wird. Es wäre verrückt, sie wegzuschicken, sie finden doch irgendeinen Operateur.

Warum können viele Eltern eine unklare Geschlechtsidentität schwer ertragen?

Ja, das ist die zentrale Frage. Viele entschließen sich nach langem Schwanken dann doch für eine frühe Operation, und man fragt sich, warum eigentlich? Es muß so sein, daß die Eltern das irgendwann nicht mehr ertragen können. Ich glaube, daß der Wunsch, das Kind vor Stigmatisierung und Ausgrenzung schützen zu wollen, eine sehr große Rolle spielt. Häufig sagen sie, das Kind kommt in den Kindergarten, und wir möchten nicht, daß es so gesehen wird. Wo kommen diese Gedanken her? Weil so oft in der Literatur steht, daß es ein Damoklesschwert sei, das über den Kindern hängt? Es ist schwer zu sagen.

Was ist daran beunruhigend, nicht zu wissen, ob Junge oder Mädchen?

Es könnte etwas Kulturelles sein, daß Sexualität, Sexualentwicklung und Geschlechtsdifferenzierung so eine große Bedeutung in unserer Gesellschaft haben. Es kann aber auch anthropologisch von großer Bedeutung sein, weil die Geschlechtsidentität ein Kernbestandteil der Identität ist.

Was ist die größte Sorge der Eltern?

Daß das Kind sozial nicht zurechtkommt, mit Freunden, Freundinnen. Wird mein Kind einen Partner finden? Wird es ausgeschlossen? Diese Kindergarten- und Schulgeschichten sind sehr beängstigend für die Eltern. Sie wollen das Beste für ihr Kind, und sie fürchten, eine falsche Entscheidung zu treffen. Eine Stigmatisierung oder ein Hänseln ihres Kindes empfinden sie wie ein persönlich erlebtes Trauma. Da ist keine Distanz möglich. Geschlechtsteile sind etwas sehr Repräsentatives. Wer möchte schon verlacht werden, weil er einen zu kleinen Penis hat? Das ist eine sehr belastende Vorstellung für die Eltern, und das möchten sie ihrem Kind auf jeden Fall ersparen.

Ist es vergleichbar mit anderen angeborenen Handicaps?

Hier scheinen sie mir verletzlicher zu sein als bei anderen Stigmatisierungen, also zum Beispiel, wenn ein Kind ohne Hand geboren wird. Da fördern viele Eltern einen kämpferischen Ansatz: »Komm, du schaffst das schon, andere Leute schaffen das auch, du bist stark, sag den anderen Kindern, daß es bei dir eben so ist.« Bei Intersexualität könnte man ja auch sagen: »Sag doch einfach den anderen Kindern, daß du lieber sitzen willst auf dem Klo, obwohl du ein Junge bist.« Einige können ja nicht im Stehen pinkeln. Aber durch die lange Geheimhaltungsdoktrin ist ihnen der kämpferische Ansatz verwehrt worden. Selten sind sie kämpferisch. Das ist Angst.

Trifft es den Vater in der Männlichkeit, wenn sein Sohn einen kleinen Penis hat?

Bei denen, die wir kennen, fanden die Väter das nicht so schlimm, gingen locker damit um, sagten ihrem Kind, einige sind halt größer als andere. Es waren eher die Mütter, aber das ist nicht repräsentativ, sondern nur anekdotisch. Vielleicht haben Mütter mehr Angst oder trauen ihren Kindern Belastungen weniger zu. Sie wollen sie beschützen. »Mein Kind wird in der Schule gehänselt«, ist eine häufige Klage in der Entwicklungssprechstunde. Ob wegen Lispeln, roter Haare oder angeborener Fehlbildungen. Das finden Mütter schrecklich. Sie wollen es ihrem Kind abnehmen. Behüten, wegnehmen, ungeschehen machen, ist die Haupttendenz. Zu sagen, »Wehr dich, hau ihm doch eine rüber, wenn er dich hänselt«, ist politisch nicht mehr korrekt.

Welche Probleme haben die Jugendlichen?

Kürzlich erkundigte sich eine Jugendliche mit AIS nach einer Vaginalplastik.

Ist das sinnvoll, wenn keine Gebärmutter vorhanden ist?

Was ist daran kritikwürdig, wenn jemand eine Vaginalplastik möchte? Viele aus ihrem Freundinnenkreis hatten die ersten Beziehungen und sie noch nicht. Es schwang ein bißchen Angst mit, gegen andere Frauen nicht bestehen zu können. Aber sie weiß sehr genau, was sie will und was nicht. Sie ist von Kindheit an gut aufgeklärt: Sie ist jung, ihr ist bewußt, daß sie vielleicht noch nicht weiß, ob sie Frauen oder Männer lieben möchte und ob sie überhaupt eine Vagina haben will. Man darf sie wirklich nicht unterschätzen.

Modischer Trend bei jungen Mädchen ist die Rasur der Scham-
haare. Aus kosmetischen Gründen wird dann schon mal die ope-
rative Verkürzung der inneren Schamlippen verlangt. Gehört der
Traum von einer perfekten Vagina auch in diesen Rahmen?

So was ist wirklich eine bemerkenswerte Entwicklung. Den
Trend zum Rasieren habe ich in der Sauna gesehen, das sieht dann
fast aus wie neun Monate alte Babymädchen. So ungefähr wollen
die aussehen. Das ist mir unheimlich. Da geht meine Phantasie
Richtung Kinderpornographie. Bei den Brüsten ist der Druck zur
Perfektion genauso stark. Diese Schönheitsideale an sich bleiben
im wesentlichen unkritisiert. Der Wunsch nach perfektem, nor-
mativem Aussehen lastet schon auf den Eltern: Mein Mädchen
soll eine Prinzessin werden, mein Junge der starke Held mit einem riesigen Penis dran. Das ist natürlich unbewußt. Die meisten
Eltern möchten nicht bewußt den Druck an die Kinder weitergeben. Die Jugendlichen müssen sich dann auch noch auseinandersetzen mit feministischer Kritik nach dem Motto: »Wozu
brauchst du eine Vagina, mach dir doch anders Spaß.« Die Komplexität all dieser gesellschaftlichen Strömungen macht die Situation offener, aber nicht unbedingt leichter.

Bleiben Menschen, die nicht eindeutig Mann oder Frau sind, dem
Druck zur Anpassung unterworfen? Oder wird es Raum in der
Gesellschaft geben für sie?

Also ich bin da ganz leidenschaftslos. Mir ist es egal, in welchem Geschlecht Erwachsene rumlaufen. Aber Kinder können
solche Entscheidungen nicht treffen. Sie sind darauf angewiesen,
in der Familie aufzuwachsen. Wenn die Gesellschaft Familien
mehr Freiraum gibt, wenn Familien selbstbewußter werden, keine
Angst haben müssen vor Stigmatisierung, dann könnte man verlangen, daß Eltern die Ambivalenz und Offenheit aushalten. Wenn
die Gesellschaft sie unterstützt, wird es gehen. Aber wie kann ich
das in einer Zeit fordern, wo Familien mit Kindern zu Minder-
heiten in unserer Gesellschaft werden? Schon an normalen Familien wird rumgekrittelt, wie schlecht sie ihre Kinder erziehen,
wieso sie nicht besser aufpassen auf ihre Kinder oder sie mehr
fördern. Ich helfe, die für die Familie beste Lösung zu finden.

Sie sind sehr familienorientiert. Aber sind die Interessen der Eltern
auch die des Kindes?

Die Kinder- und Jugendmedizin ist eben stark familienorientiert. Natürlich mache mich auch zum Anwalt des Kindes. Wir überlegen gemeinsam, was im besten Interesse des Kindes ist. Aber ich muß eine Lösung finden, die die Familie trägt. Wenn ich nicht durchsetzen kann, daß die Familie mit der Operation wartet, bis das Kind 16 oder 18 ist, dann trage ich deren Entscheidung auch mit. Mit Eltern wird unglaublich moralisierend umgegangen, das Pendel der Empfehlungen geht von: »Ihr müßt sofort alles machen und dürft dem Kind gar nichts sagen!« bis hin zu: »Ihr dürft nichts machen und müßt alles aushalten, denn das ist nach den Menschenrechten politisch korrekt!« Aber Leute, die das fordern, müssen nicht jeden Abend ihr Kind baden. Und denken, oh Gott, ich ertrage es nicht.

Könnten Sie es aushalten?

Ich finde tendenziell, man könnte es so lassen, bis das Kind selber entscheiden kann. Aber man muß sehr sorgfältig mit allen Beteiligten arbeiten, ob diese Lösung gut gelebt werden kann. Wir wollen Lebensqualität für alle Beteiligten. Dazu gehören die Eltern genau wie das Kind. Ich erlebe ganz stark, unter welchem Druck Familien stehen. Manche muß man auch unterstützen, nach außen Geheimhaltung zu wahren. Stellen Sie sich das mal vor, wenn die komplette Verwandtschaft mitdiskutiert, ob das Kind operiert werden soll oder nicht. Da gibt es bestimmt noch jemand, der sagt: Das ist doch nicht normal, Zwitter!

Manche Betroffene warnen vor Folgen der Genforschung: Wenn man weiß, auf welchem Gen diese Störungen sitzen, löscht man es einfach. Das macht Angst vor Normierung, vor Vernichtung.

Leider hat die Wissenschaft durch ihre Darstellung genetischer Forschung Hoffnungen und Horrorvorstellungen geweckt, die beide nichts mit der Wirklichkeit zu tun haben. Patientengruppen steckten unglaublich viel Geld in diese Forschungen, weil sie einen tödlichen Gendefekt haben, Muskeldystrophie[63] etwa oder Mukoviszidose, das ist ein winziger, gut bekannter Defekt. Da weiß man, welches Protein falsch gebildet wird und warum das schreckliche Auswirkungen hat. Dennoch wurden die Hoffnungen bitter enttäuscht. Alle Versuche, ein Gen einzuschleusen oder ein anderes unschädlich zu machen, schlugen fehl. Wir sind weit von klinischen Erfolgen entfernt.

Warum dann überhaupt diese ganze Forschung?

Ja, man könnte wirklich sagen, wenn es keinen therapeutischen Nutzen hat, was soll das Ganze? Aber selten hat mir der Sinn so eingeleuchtet wie bei der Intersexualität. Das ist eine große heterogene Gruppe mit ungefähr 20 verschiedenen Diagnosen, alles Abweichungen von der typischen genetischen Entwicklung. Ich glaube, eine exakte Diagnose hilft diesen Menschen sehr. Nur dann kann man sagen, wenn du dieses Problem hast, wird deine weitere Entwicklung vermutlich so verlaufen, und wir kennen zehn andere, die sind in dieser Selbsthilfegruppe organisiert. Man kann die Eltern besser beraten: Einige Formen von Intersexualität verlaufen zunächst ganz unproblematisch, aber in der Pubertät gibt es plötzlich massive Veränderungen in Richtung des anderen Geschlechts. Man kann also sagen: In der Pubertät gibt es eine starke Virilisierung, überlegt euch jetzt, wollt ihr in Richtung weibliche oder männliche Erziehung gehen? Oder wollt ihr es gar nicht beeinflussen? Gespräche mit den AIS-Frauen zeigen mir, daß sie sehr dankbar sind für exakte Medizin. Viele haben auch Lust zu verstehen. Biologie ist ja nicht uninteressant. Einige wollen genau wissen, mein Körper funktioniert exakt so. Nicht falsch, nicht richtig, sondern exakt so. Nun verstehe ich ihn besser. Andere sagen, ach, laß das mal alles beim Doktor, ich muß es nicht so genau wissen. Sicher gibt es unsinnige genetische Forschung, aber hier sehe ich einen Nutzen für Patienten. Doch die Idee, daß Forschung irgend etwas genetisch sanieren will, ist wirklich bizarr. Da muß man schon apokalyptischen Vorstellungen anhängen.

Diese Ängste gibt es aber durchaus.

Wissen Sie was? Nach meiner persönlichen Meinung braucht man die gesamte pränatale Diagnostik nicht. Ich sehe keinen Grund, warum Menschen mit besonderen Entwicklungswegen nicht leben dürfen. Die Medizin sagt pränatal nur: das ist ein Kind mit Down-Syndrom. Aber Eltern dürfen wählen, was für ein Kind sie gerne möchten. Das ist Selektion. Das Problem haben wir schon lange. Dürfen Eltern sich wünschen, daß ein Schwangerschaftsabbruch bei Turner-Syndrom gemacht wird? Das werden verschiedene Gynäkologen unterschiedlich beantworten. Die Frau braucht nur zu sagen, daß sie psychisch daran zugrunde geht. Das ist die Indikation. Nicht, daß das Kind ein Turner-Syndrom hat, intersexuell ist, ein Down-Syndrom hat oder fünf Füße. Sondern, daß die Mutter sagt, ich kann damit nicht leben. Ich würde viel eher fragen, warum unsere Gesellschaft nicht mit Menschen leben kann, die anders sind. Das sind ja durchaus noch erkennbare und unbearbeitete Grundmuster aus der Zeit des Nationalsozialismus.

Was möchten Sie erreichen?
Ich möchte sehr, daß die Qualität der Versorgung und Betreuung besser wird. Patientenorientiert. Das fängt an bei *informed consent*, Betroffene müssen alle Informationen haben, um entscheiden zu können. Behandlungszentren müssen sich der Qualitätskontrolle stellen, über Behandlungsvorschläge, Operationsmethoden und Ergebnisse reden. Patienten haben Anspruch auf bestmögliche Behandlung. Und das geht nicht, wenn jemand so eine Beratung oder Operation nur alle zehn Jahre mal macht. Wenn eine Klinik sagt, wir behandeln das, müssen Familien sich darauf verlassen können, daß sie dort den höchsten Standard bekommen. Statt daß sie in der ganzen Republik shoppen gehen müssen, und zum Schluß sagt man ihnen, tja, das ist Ihre Entscheidung. Das ist nicht gut genug. Man muß den Leuten Fakten geben können. Forschung muß Forschung *für* den Menschen sein. In meinem Sinne dient Forschung immer dazu, die Versorgung zu verbessern. Bei Asthma, Diabetes, Epilepsie oder Operationen der Lippen-Gaumenspalte sind die Erfolge sehr deutlich. Ich sehe keinen Grund, warum es auf dem Gebiet der Intersexualität anders sein sollte.

Kinder

»Sie weiß bestens über sich Bescheid.«
Sabine, 31, Hausfrau, Kerstin, 5, und Florian Warncke, 3,
Niedersachsen

Kerstin Warncke* ist ein kerniges kleines Mädchen mit kurzen
Haaren, einer dunklen, etwas kehligen Stimme und der Wach-
samkeit einer intelligenten Fünfjährigen. Kerstin hat AGS, eine
Stoffwechselstörung, die unter anderem dazu führen kann, daß
Mädchen männlich erscheinende Genitalien entwickeln. Auf der
Suche nach intersexuellen Menschen in meiner Nähe lernte ich
Kerstins Familie kennen, es sind Bekannte von Bekannten. Wie
leben normale AGS-Kinder heute, wollte ich wissen. Geht es ih-
nen besser als den Kindern früherer Generationen? Was hat sich
verändert in Einstellung und Verhalten von Ärzten, Familien,
Umgebung?

Auf der Couch in einem gemütlichen Einfamilienhaus an der
Elbe zwischen Cuxhaven und Stade sitzt Kerstin und kommentiert lebhaft das farbig bebilderte Buch über Kinderkrankheiten,
während ihre Mutter versucht, die anatomischen Besonderheiten
ihrer Tochter zu erklären. Die Wohnung ist ein bißchen rustikal
und sehr kindgerecht eingerichtet. Der Vater ist fort zum Kegel-
abend.

Kerstin (zeigt auf ein Bild im Medizinbuch): »Mama, was ist
das?« Sabine Warncke: »Das ist ein Inkubator, da liegt ein Baby
drin.« Kerstin: »Und das?« Sabine Warncke: »Das ist die Niere,
und dieser Zipfel hier oben drauf ist die Nebenniere. Was bei dir
nicht funktioniert.« Man merkt, daß dieses kleine Frage-Antwort-
Spiel zu den Ritualen der Familie gehört wie eine Gute-Nacht-
Geschichte. Dabei wird Kerstin mit den Eigenarten ihres Körpers
vertraut gemacht und integriert sie in ihr Selbstbild. Kerstins Nebenniere produziert kein Kortison, statt dessen aber vermehrt
Androgene, was schon im Mutterleib zu einer Vermännlichung
ihrer äußeren Genitalien führte. Dies fiel dem Arzt bei ihrer Geburt auf, und Kerstin wurde sofort mit dem Rettungswagen in
die Kinderabteilung des Kreiskrankenhauses gebracht.

Die Geburt eines Kindes mit uneindeutigen Genitalien wird als

medizinischer Notfall behandelt, als akut leb
stand, bei dem schnell gehandelt werden muß
eine allzu heftige Aktion, denn uneindeutige G
nicht lebensbedrohlich. Die Ärzte führen als
die Ängste der Eltern an, die unbedingt wisse
eine Sorte Kind sie da zur Welt gebracht haben
dings war Eile geboten, da sie AGS mit Salz
schnell zu schwerem Schock und zum Tod fül
der Verlust dieses lebensnotwendigen Minerals nicht ausgeglichen
wird. Sabine Warncke: »Mein Mann sagte mir am nächsten Tag,
es könnte sein, daß bei ihr was nicht stimmt. Oh Gott, dachte
ich, geistig behindert. Ich lag noch da mit den Schläuchen nach
meinem Kaiserschnitt. Später zeigte man mir Fotos und sagte,
daß ihre Scheide anders aussieht und daß das vielleicht mit den
Nieren zusammenhängt.«

Offen über alles sprechen
Vorsichtig schiebt sich ein Kindergesicht durch den Türspalt und
schaut. Der dritte Mitspieler, Florian, ist vier Jahre und erkältet.
Sabine Warncke: »Kannst reinkommen, Florian. Das ist unser
Sohn, und der ist gesund.« Kerstin: »Der ist nicht gesund! Der
hat Husten.« Sabine Warncke: »Aber der hat nicht dasselbe wie
du.« Während Sabine das Adrenogenitale Syndrom ihrer Tochter
als Krankheit empfindet, wehrt sich Kerstin dagegen, als krank
bezeichnet zu werden. Sie fühlt sich gesund. Krank ist ihr Bruder,
denn der hat Husten. Krank war sie, als sie Windpocken oder
Scharlach hatte.

Kerstin öffnet das Familienalbum: »Hier bin ich drinne!« Nun
beugen sich vier Personen über medizinische Bilder und Familienfotos. Gemeinsam blickt man auf ein winziges nacktes Neu-
geborenes, während Kerstins Mutter in großer Offenheit über Klitoris und Gebärmutter ihrer Tochter plaudert: »Mit Ultraschall
haben die Ärzte geguckt, ob eine Gebärmutter da ist, es hätte ja
auch ein Zwitter sein können. Bei Kerstin ist aber alles vorhanden. Da vermuteten sie, daß es bei ihr an den Nebennieren liegt.
Schließlich war klar, daß sie diese Stoffwechselerkrankung hat,
von der ich noch nie gehört hatte. Aber im Krankenhaus sollen
schon zehn bis zwölf solcher Patienten gewesen sein. Es ist also
gar nicht selten.«

Für Sabine Warncke hat die Besonderheit ihrer Tochter offen-

.nit Intersexualität zu tun. Es ist eine Nebennierenstö-
.ɔ sehen es auch die Elterninitiativen: Ihre Kinder haben
.ɔtoffwechselstörung. Punktum. Intersex-Aktivist Michel Rei-
.er, der das Thema in Deutschland an die Öffentlichkeit brachte,
wurde ebenfalls mit Adrenogenitalem Syndrom mit Salzverlust
geboren. Männlich, weiblich – er fühlt sich dazwischen. Davon
weiß Sabine Warncke nichts.

Sabine Warncke: »Als die Ärzte mir alles erklärt hatten, habe
ich mich langsam wieder beruhigt, war nicht mehr so geschockt,
es ging mir richtig gut. Und die Schwestern fanden Kerstin alle
nett und süß. Ihre ausgeprägten Augenbrauen hatte sie von Geburt an.« Zwei elegante dunkle Bögen schwingen sich über Kerstins Augen und treffen in der Mitte zusammen. Das gibt ihr einen ernsten, wachsamen Blick – zusammen mit den Grübchen,
die sie beim Lachen bekommt, bei einer Fünfjährigen eine origi-
nelle Kombination. Kerstin ist unverwechselbar.

Sabine Warncke: »Hier ist die vergrößerte Klitoris auf dem Foto
zu sehen. Ganz klein, wirklich nur winzig.« Die Vergrößerung
der Klitoris bei AGS stufte der Schweizer Arzt Andrea Prader in
fünf Stadien ein. Kerstin ordneten die Ärzte Prader Typ 2 bis 3
zu. Sabine Warncke: »Wir sind mit ihr noch ganz gut gefahren.
Ich habe Briefkontakt mit einer Mutter, deren Zwillinge hatten
Prader 5. Die Eltern wußten nach acht Wochen noch nicht, ob sie
zwei Jungs oder zwei Mädchen haben. Bei uns war es nach 14 Tagen klar.« Für die Mediziner jedenfalls. Denn sie hatten nicht
nur Kerstins Gebärmutter, sondern auch ihre XX-Chromosomen
entdeckt. Damit stand fest: Kerstin ist genetisch weiblich.

Kerstin: »Also, das reicht jetzt aber auch!« Unklar bleibt, was
ihr reicht. Der beständig naschende Bruder? Das Gesprächsthema? Auch die Besucherin ist ein wenig irritiert. Oder ist sie nur
verklemmt? Geschlechtsteile waren in bürgerlichen Familien vor
nicht allzu langer Zeit ein unpassendes Gesprächsthema, zumal
mit Fremden. Besonders, wenn es sich dabei um die Genitalien
anwesender Personen handelte. Ungewöhnliche Genitalien aber
waren vollkommen tabuisiert, undenkbar, daß man noch vor fünf
Jahren derart freimütig darüber gesprochen hätte. Ist die Offenheit der Mutter das Ergebnis solider Aufklärungsarbeit der Selbsthilfegruppen? Und dies also der richtige Weg nach dem jahr-
zehntelangen Schweigen? Aber fühlt sich Kerstin wirklich wohl
bei dem Thema? Das ist nicht klar.

Kerstin (zu ihrem kleinen Bruder): »Füße vom Tisch!« Schnell klar hingegen ist die Hackordnung der Geschwister: Kerstin hat das Sagen, nicht nur als Erstgeborene. Sie ist ein Energiebündel mit der Fähigkeit zur deutlichen Aussage, wenn ihr etwas nicht paßt. Die meisten Eltern nennen das »bockig«. Aber Kerstin ist folgsam bei Dingen, deren Bedeutung ihr so erklärt wurde, daß sie sie begreift. Zum Beispiel die Tabletteneinnahme. Tagsüber bekommt Kerstin alle sechs Stunden Hydrocortison, das ihre Nebenniere nicht produzieren kann – morgens um sechs, mittags um zwölf und abends um 18 Uhr. »Abends die niedrigste Dosis, weil sie nachts schläft und wenig Energie verbraucht. Mittags kriegt sie auch noch Astonin-H, ein Kortisonderivat«, erläutert Sabine und fügt hinzu, »wir sind so eingestellt. Ich finde, wir sind gut eingestellt.« Eine Mutter in der symbiotischen Phase. Sabine: »Sie weiß, daß es wichtig ist. Ich habe ihr erzählt, daß sie stirbt, wenn sie das nicht nimmt. Sie weiß, was es heißt, wenn einer stirbt. Er ist weg für immer. Sie hat das jetzt mit ihrem Kaninchen durchlebt.«

Diese Information ist nicht ganz korrekt. Die Mehrzahl ihrer Medikamente bekommt Kerstin, damit sie das Mädchen bleibt, das sie ist. Und damit sie weiter wächst. Astonin-H ersetzt das fehlende Hormon Aldosteron, das für den Natrium-Kalium-Haushalt – und das Weiterleben – wichtig ist. Kerstin: »Papa weiß das nie, wann ich die Tabletten nehmen muß.« Kinder können offene Interviewpartner sein. Bereitwillig gewähren sie Einblicke ins Familienleben, die Erwachsene verbergen würden.

Vermutlich macht sich jede Familie, in die ein Kind mit AGS hineingeboren wird, ähnliche Gedanken wie die Familie Warncke: Wird sie die Medikamente auch nehmen? Was ist, wenn sie einen Schock hat? Was machen wir bei Fieber? Und im Urlaub? Wie löst man Tabletten im Auto auf? Sabine: »Dann hat sie die eben so reingeschmissen. Ging auch.« Wirklich pflegeleicht.

Welche Familie aber ist in der Lage, die ärztliche Aussage zu überprüfen, ihr Kind brauche diese Medikamente lebenslang? Der Mensch ist ein lernendes System. Sein Körper auch. Manchmal läßt der Salzverlust nach. Einige – wie Michel Reiter – gingen als Erwachsene das Risiko ein, auf Medikamente zu verzichten. Dies ist keine Empfehlung und keine Anmaßung ärztlicher Kompetenzen. Es ist nur als Information gedacht, die – bei Erwachsenen! – alternative Möglichkeiten denkbar machen könnte.

Spritzen, Nintendo und kurze Haare

Bei Streß steigt der Kortisonbedarf. Darauf ist die Familie vorbereitet. Bei Fieber wird die Dosis auf das Doppelte oder Dreifache erhöht. Im Kühlschrank liegen Kortisonzäpfchen bereit. Familie, Kinderarzt, Kindergärtnerinnen wissen, was im Notfall zu tun ist: zum Hausarzt oder gleich ins Krankenhaus. Sabine spricht offen mit allen Bekannten darüber.

Kerstin (zeigt auf ein Bild im Medizinbuch): »Aua, er hat eine Spritze.« Sabine: »Wenn sie woanders schläft, gebe ich Thermometer, Zäpfchen und Medikamente mit. Mehr Streß hatten wir noch nicht. Bei ihren Impfungen läuft alles ganz normal.« Kerstin: »Mama, ich will das nicht.« Sabine: »Darüber sprechen wir, wenn es soweit ist.« Mit Spritzen ist Kerstin während des ganzen Gesprächs beschäftigt. Jedes Bild, auf dem sie eine Ärztin oder einen Pfleger mit Spritze entdeckt, wird ausführlich diskutiert. Kein Wunder, diesen Geräten ist sie schon oft begegnet. Solche Begegnungen sind im besten Fall fast schmerzlos, angenehm sind sie nie.

Sabine versucht gegenzuhalten: »Wenn wir zum Pieksen gehen, ist sie ganz tapfer, sie weint überhaupt nicht. Sie sagt mal aua, aber dann gehen wir zu McDonald's, und es ist wieder vergessen. Der erste Arzt machte das richtig gut. Bei dem anderen blieb ein großer blauer Fleck.« Kerstin: »Dieser macht das nicht so gut. Der tut mir ganz doll weh, der drückt auch doller.« Sabine: »Der erste konnte das richtig gut.« Kerstin: »Aber der arbeitet nicht mehr da.« Oft machen Krankenschwestern das viel besser, wirft die Besucherin ein. Sabine: »Da waren keine Frauen dabei.« Kerstin: »Doch, da war eine Frau zum Aufpassen, Schwester Ines.« Kerstin ist eine präzise Beobachterin, ihr Gedächtnis ist hervorragend, ihr Mißtrauen geschärft. Mit dem Stolz einer guten Mutter erzählt Sabine, was ihre Tochter noch so alles kann: »Sie spielt Fußball. Echt gut. Sie ist fit, vital, man merkt ihr gar nicht an, daß sie das hat. Sie besitzt einen Laptop, natürlich spielt sie Nintendo. Sie schließt sich alles an, was sie dafür braucht.« Kluges Mädchen.

Sabine: »Aber wenn wir vom Friseur kommen, könnte man denken, wir haben zwei Jungs. Kerstin hat schon früh gesagt, sie will keine langen Haare.« Warum nicht? Kerstin, bestimmt: »Weil ich das nicht haben will!« Sabine: »Weil man dann einen Zopf machen muß. Mit zwei Jahren hatte sie noch Haare bis zu den

Ohren. Aber ich kann sie mir nicht mehr mit langen Haaren vorstellen. Ich mußte immer lange Haare haben. Mein Vater wollte das so: Mädchen tragen lange Haare.« Kerstin: »Aber ich nicht!« Sabine: »Du nicht. Dein Papa findet kurze Haare auch besser. Am Anfang war sie noch jungenhafter. Mit Fußbällen und Autos hat sie es immer noch, aber jetzt entdeckt sie, daß es auch Puppen, Kinderwagen, Babys gibt. Ich habe als Kind auch alles gemacht, was die Jungen machten. Bei uns ist verkehrte Welt. Mein Sohn spielt mit Puppen. Er würde auch gerne mit dem Puppenwagen draußen eine Runde drehen, aber mein Mann sagt: Stop! Drinnen und nicht weiter. Mich stört das überhaupt nicht.« »Es gibt auch Jungs, die mit Puppen spielen«, informiert Kerstin die Besucherin und fügt großzügig an: »Kann er ruhig, wenn er möchte.« Tolerante Familie.

Sabine findet viel an ihrer Tochter zu loben: »Sie ist total klasse, läßt sich nicht die Butter vom Brot nehmen. Auch im Kindergarten nicht, da beschützt sie eher noch die Kleinen gegen die Großen.« Kerstin: »Kindergarten ist doof.« Warum? Kerstin: »Die ärgern mich. Da waren welche, die haben gesagt, ich bin ein Junge. Lügner!« – »Ach, das sind Rüpel«, wiegelt ihre Mutter ab. »Ganz normale Jungs, die Mist machen, hauptsächlich die türkischen. Wenn sie alleine spielt, kommen die, um sie zu ärgern. Das kann sie nicht leiden. Dann schreit sie los. Die erschrecken gleich, weil sie so eine Stimme hat. Wenn sie laut wird, wird sie richtig laut. Hat sie von mir. Sie mußte sich früh durchsetzen. Wie ich. Ich war auch das einzige Mädchen zwischen all den Jungs. Mein Vater sagt, sie wird mir immer ähnlicher.«

Sabines Stolz auf die Seiten von Kerstin, die nicht traditionell weiblich sind, ist unüberhörbar: Kerstin ist laut, kurzhaarig, durchsetzungsfähig und technisch begabt. Sabine findet das großartig. Ihr eigener Vater hatte auf traditioneller Weiblichkeit bei seiner Tochter beharrt. Dies ist Kerstins Chance, sich ein wenig außerhalb der Normen zu entfalten. Dennoch gibt Sabine ihrer Tochter unbewußt viele Annahmen über Männlichkeit und Weiblichkeit mit auf den Weg. Kerstin: »Mein Bruder hat eine große Milchflasche zu Schrott gemacht, voll auf den Fußboden geballert. Walter (Nachbarsjunge) macht das auch, aber mit Absicht.« Sabine: »Typischer Junge.« Typische Jungs hänseln, machen Mist und machen mit Absicht etwas kaputt.

»Da ist Paaapaaa!« Florian, der auch mitspielen möchte, zeigt auf ein Foto im Familienalbum und verschafft sich Gehör. Sabine: »Florian ist viel lebhafter als Kerstin. Der hat die Gene seines Vaters.« Bisher allerdings hat man kaum etwas von Kerstins kleinem Bruder gehört.

Die Angst des Vaters

In einem kurzen Moment, als es den Anschein hat, die Kinder würden von Müdigkeit besiegt im Kinderzimmer bleiben, erzählt Sabine, daß Kerstins Vater mehr Zukunftsängste als sie wegen der Tochter hat. Wie die Sorge, Kerstin könnte kleinwüchsig bleiben, auch eine mögliche Folge von AGS. Inzwischen hat sie die normale Größe einer Fünfjährigen erreicht. Einmal im Jahr wird ihre Hand geröntgt, um das Wachstum zu überprüfen. Nach neuestem Stand wird sie einmal 1,65 Meter groß. »Prima«, findet Sabine, sie selbst ist 1,60 Meter. Die Sorgen ihres Mannes versteht sie, »weil wir so etwas überhaupt nicht kennen. Hier in unserem Umkreis wurde noch kein Kind mit AGS geboren.« Woher weiß sie das?

Über die Ärzte erhielt sie keine Kontakte zu weiteren Patientinnen. Nur eine Broschüre in Ärzte-Deutsch, mit unverständlichen Fremdwörtern gespickt. Eine Krankenschwester aber gab ihr zwei Adressen von Selbsthilfegruppen. Zu denen nahm Sabine Kontakt auf und ließ sich Informationsmaterial schicken.

»Alle Achtung«, sagt sie, »die geben sich wirklich Mühe: Einladung zum Workshop, psychologische Beratung, Begleitung für Eltern von AGS-Patienten. Echt schön gemacht. Ich bewahre alles auf, wenn Kerstin später will, kann sie das durchlesen.« Teilgenommen an Treffen hat sie noch nicht. Entweder war es zu weit weg, in Berlin, oder ihr Mann war gerade an diesem Wochenende mit seinem Kegelclub unterwegs. Gern hätte Sabine Kontakt zu Familien, deren Kinder so alt sind wie Kerstin. Aber im Krankenhaus hat sie immer das Gefühl, »wir sind die Einzigen mit dieser Stoffwechselerkrankung. Andere Familien dort erzählen nicht, was ihre Kinder haben.«

Kerstins Adrenogenitales Syndrom ist Folge eines Gendefekts, der in der Familie vorher noch nicht sichtbar war. Weil ihr Risiko nun bekannt ist, bekam Sabine in der zweiten Schwangerschaft Kortison. An das runde Gesicht, »mein Vollmondgesicht«, das sie in dieser Zeit entwickelte, erinnert sie sich gut. Kortison würde die Vermännlichung der Genitalien verhindern – oder vermindern –, falls der Embryo weiblich wäre und denselben Gendefekt hätte wie Kerstin. Im dritten Monat wurde aus Sabines Plazenta Gewebe für die genetische Untersuchung entnommen. Das Ergebnis dieser Chorionzottenbiopsie liegt schneller vor als das einer Fruchtwasseruntersuchung und verkürzt dadurch die Kortisoneinnahme. Sabine: »Aber ich wußte vorher schon, daß es ein Junge wird und daß er gesund ist.« Florian eben.

Kerstin ist in ständiger ärztlicher Behandlung. Zweimal im Jahr geht sie zur Blutuntersuchung mit anschließendem Besuch bei McDonald's. Kerstin, aus dem Kinderzimmer zurückgekehrt, hat das Wort »Blutuntersuchung« gehört: »Aua! Aua!« Sabine: »Ja, das tut ein bißchen weh. In zwei Monaten müssen wir dann noch mal ins Krankenhaus zum Bougieren. Unter Vollnarkose. Anfangs war das alle viertel Jahr.«

Bougieren – bei Kindern nicht mehr üblich?
Bougieren bezeichnet das Weiten einer künstlich angelegten Vagina. Dieses sehr schmerzhafte Verfahren, bei dem Stäbe unterschiedlicher Dicke eingeführt werden, hat mehrere Generationen intersexueller Kinder und Jugendlicher traumatisiert. Fortschrittliche Kinderärzte bezeichnen diese Methode als überholt. So Annette Grüters von der Charité Berlin: »Die Bougierung bei kleinen Kindern ist heutzutage eigentlich als obsolet abzulehnen, und diese Behandlungsform ist sicher nicht mehr üblich.«[64]

Warum wird es bei Kerstin dennoch gemacht? Sabine: »Wegen der Narbenbildung, wurde uns gesagt. Sie wurde vor drei Jahren operiert.«

Warum? Sabine: »Weil ihre Vagina zugewachsen war. Die haben uns ans Herz gelegt, das früh machen zu lassen, denn je später man das macht, um so mehr kriegen Kinder das mit. Das Blutabnehmen war schwierig, die kleinen Äderchen findet man kaum. Dann haben sie es am Fuß abgenommen. Kerstin weiß zwar, daß sie oft Besuch hatte, aber von den Schmerzen hat sie vieles vergessen.« Kerstin vielleicht. Aber auch ihr Körper? Sabine ist überzeugt, daß ihre Tochter das alles besser weggesteckt hat als sie selbst: »Ich bin heulend vom OP weg. Aber nach zehn Tagen konnten wir nach Hause, so gut ist das bei ihr verheilt.«

Kerstin (zeigt auf eine Abbildung im Medizinbuch): »Die piksen sich da. Warum machen die das?« Sabine: »Das ist Insulin, die spritzen sich das alleine.« Die Operation war auf zwei bis drei

Stunden angesetzt, dauerte aber fünf. Alternativen zur Operation hatte man der Familie Warncke nicht angeboten. Es schien ihnen einleuchtend, daß ein Mädchen mit einer Gebärmutter auch eine Vaginalöffnung braucht. Aber braucht sie die schon im Alter von zwei Jahren? Die Frage, wozu ein zweijähriges Kind eine Vagina braucht, die ständig geweitet werden muß, um nicht wieder zuzuwachsen, wurde nicht erörtert. Kein Arzt empfahl, wenigstens bis kurz vor den Beginn der Pubertät zu warten. Kerstins vorstehende Klitoris wurde dabei reduziert. Auch hierzu gibt es Bedenken. Zwar sind die Verfahren – meist – besser als in früheren Jahrzehnten, aber eine hundertprozentige Sicherheit, daß die Sensibilität unvermindert erhalten bleibt, gibt es auch heute nicht. Deutlich gesagt: Daß Kerstin jemals einen Orgasmus haben wird, bleibt nur zu hoffen.

Hätte man nicht auf die Klitorisreduktion verzichten können? Sabine: »Ich wollte, daß das gemacht wird. Andere gucken sich das ja an. Kinder laufen im Sommer nackend rum beim Spielen und Schwimmen. Wenn du sagst, das ist ein Mädchen, und die sagen, aber da hängt doch ein Glied! Das finde ich unmöglich. Damit tut man Kindern keinen Gefallen. Diese Hänseleien. Kinder können grausam sein. Wir haben gesagt, wir lassen sie operieren. Das ist gut geworden. Wenn man andere Mädchen danebenstellt, kann man das auf den ersten Blick nicht unterscheiden. So schön ist das geworden.« Das Ende der Toleranz.

Sabine ist überrascht, als sie erfährt, daß bei früheren Operationen die gesamte Klitoris entfernt wurde: »Das wußte ich nicht. Das ist ja wie in Afrika mit Beschneidung der Frauen.« Sie ist empört. Sabine hat für Kerstin das Beste getan, was sie konnte. Und was sie wußte. Nachdenklich sagt sie: »Es gibt ja auch Zwitter. Da wüßte ich nicht, ob ich mein Kind gleich operieren lasse, weil ich nicht weiß, ob es sich innerlich eher als Mädchen oder als Junge fühlt.« Aber bei ihrer Tochter ist sie sich sicher: Kerstin ist ein Mädchen und fühlt sich als eines. Kerstin selbst bestätigt das. Aber hin und wieder gibt sie auch andere Signale. Durch einen Irrtum der Natur badete Kerstin als Embryo in Androgenen, die eigentlich zur Konstruktion eines Jungen gedacht waren. Beeinflußt das nur ihren Körper? Oder auch ihr Selbst?

Ob Kerstin Kinder kriegen kann, ist trotz Gebärmutter und Eileiter unklar. Sabine weiß das: »Trotzdem kann man unfruchtbar sein.« Und dann fügt sie noch an: »Das kann auch normalen

Frauen passieren.« Sabine liebt ihr Kind. In ihren Augen ist es klug, vital, fit, mutig, an Technik wie an Puppen interessiert. Aber nicht gesund. Und normal auch nicht. Sicher war ihr das nur rausgerutscht, wie man so etwas eben mal sagt. Doch Kerstin hat ein gutes Gehör.

Auch darum geht es bei der Intersex-Bewegung, die sich langsam in Deutschland entwickelt: sichtbar zu werden als normale Menschen. Kerstin wird davon profitieren.

Intersexualität – eine Frage des (Er-)Messens?

Wenn es auf die Frage »Mädchen oder Junge?« direkt nach der Geburt keine klare Antwort gibt, ist meist AGS die Ursache. Was ist das, und wie gehen Kinderärzte damit um?

AGS – Das Adrenogenitale Syndrom

Es sind zwei winzige Organe, jedes fünf Zentimeter groß und etwa zehn Gramm schwer. Halb so leicht wie ein Standardbrief, den die Bundespost für 55 Cent Porto befördert: Die Nebennieren. Wie kleine Hüte sitzen diese Drüsen auf den Nieren, produzieren Hormone und geben sie – mit Empfängerangabe und Verwendungszweck – an den Blutkreislauf ab. Dieser transportiert sie an die richtige Adresse. Dort docken sie an einer Zelle an. Und beschleunigen oder verlangsamen deren Arbeit, lösen die Produktion weiterer Stoffe aus oder bremsen diesen Vorgang. So steuern sie unsere Entwicklung, unser Wachstum, unsere Sexualität, unsere Gesundheit. Sie beeinflussen den Energiehaushalt des Körpers, den Flüssigkeitsgehalt, Salz- und Zuckerspiegel, Blutdruck, die Abwehrkräfte. Man könnte sagen, sie entscheiden über Leben oder Tod.

Der Befehl für diese ganze Aktion kommt aus einem höheren Steuerzentrum, das noch viel kleiner ist als die Nebennieren: der Hirnanhangdrüse (Hypophyse). Sie hat den Durchmesser einer Erbse oder kleinen Kirsche und sitzt tief im Inneren unseres Gehirns an der Schädelbasis. Nur wenn sie das Hormon ACTH an die Nebennieren versendet, wissen diese, was sie zu tun haben. ACTH ist die Abkürzung von Adrenokortikotropes Hormon, es regt also (wie Altphilologen den Namen übersetzen würden) die Nebennieren an, kortisonähnliches Hormon herzustellen. Und auf die Reise zu schicken. Ebenso gibt es den Befehl für die Produktion testosteronähnlicher Substanzen, sogenannter Steroide. Wie bei jedem einigermaßen gut organisierten Unternehmen gibt es auch hier einen Rechnungsprüfer: Das ist der Hypothalamus. Wie der Name – hypo – sagt, sitzt er unter dem Thalamus, jenem Teil unseres Gehirns, mit dessen Hilfe wir unter anderem begrei-

fen, was unsere Augen sehen. Der Hypotha'
auf der Hirnanhangdrüse, deren Arbeit er ko'
tioniert wieder über Botenstoffe, die Rück
Organen geben. Zum Beispiel aus den Neb'
Bis jetzt ist also alles noch in Ordnung.
Aber bei einem so komplexen System
Menge schiefgehen. Beispiel: Die erbsengr
ruht normalerweise sehr geschützt in einer knochigen ɛʊκ
res Schädels. Viel Platz ist da allerdings nicht; vergrößert sie sich,
dann drückt sie nach oben gegen jene Teile des Gehirns, die für
unsere klare Sicht verantwortlich sind. Plötzlich kriegen wir Kopf-
schmerzen und Sehstörungen, obwohl unsere Augen gesund sind.

Solche Fehlsteuerungen kann es auch bei der Nebenniere geben. Nur wenn sie genug ACTH von der Hypophyse bekommt,
produziert sie ausreichend kortisonähnliche Stoffe. Tut sie das
nicht, geht eine Menge schief. Der Rechnungsprüfer stellt den
Mangel fest und verdoppelt die Anforderung. Die Nebenniere
gerät in Panik: um den Befehl zu erfüllen, produziert sie irgendwas, leider das Falsche: Testosteron. Mit merkwürdigen Folgen.

Womit wir bei AGS, dem Adrenogenitalen Syndrom angelangt
sind. AGS, diese Störung der Nebennierenrinde, wurde 1950 am
Johns Hopkins Hospital in Baltimore entdeckt. Das Wissen über
die Aufgaben der Nebenniere und ihrer Hormone war damals
noch gering. Kinder mit vergrößerter Nebenniere und auffallen-
dem Salzverlust starben meist. Mit kaum mehr als einer Ahnung
über die Zusammenhänge zwischen bestimmten Hormonen und
dieser Störung gab Prof. Dr. Wilkins damals einem sterbenden
Kind Kortison und rettete so sein Leben. Das Kind war damit
»die erste AGS-Patientin«,[65] wie Eveline Kraus in der Broschüre
der AGS-Eltern- und Patienteninitiative e.V.[66] schreibt.

Mädchen mit AGS haben also eine Nebennierenstörung, die
sich mit Kortison behandeln läßt. Die Störung hat Auswirkungen
auf ihre äußeren Geschlechtsorgane. Je nach Schweregrad kann
die Klitoris schwach bis stark vergrößert sein. In schwachen Fällen lugt sie nur ein wenig aus den Schamlippen hervor, in ausge-
prägteren kann die vergrößerte Klitoris aussehen wie ein kleiner
Penis. Es kann aber auch die Scheide teilweise mit der Harnröhre
zusammengewachsen sein oder der Ausgang der Harnröhre oder
der Scheide fehlen. Die inneren Geschlechtsorgane sind relativ
unbeeinträchtigt, die Mädchen haben Gebärmutter, Eileiter und

. Genauso viele Jungen wie Mädchen erkranken an der
, aber bei den Jungen fällt eine Vermännlichung fast nie
ıd kann nicht als Warnsignal wirken. Daher sterben immer
ıh mehr Jungen als Mädchen an AGS mit Salzverlust.

Es gibt Uneinigkeit darüber, ob AGS zu den intersexuellen Konditionen gezählt werden sollte. Vor allem Eltern betroffener Kinder stehen eher ablehnend dazu. Sie wollen ihre Kinder vor etwas bewahren, was in ihren Augen ein Stigma oder ein gesellschaftliches Tabu bedeuten könnte. Ihr Argument: Bei Menschen mit AGS entsprechen die Geschlechtschromosomen – XX für Mädchen und XY für Jungen – auch der tatsächlichen körperlichen Verfassung. Das »Detail« der Veränderung des äußeren Genitales falle da nicht ins Gewicht.

AGS als Form der Intersexualität ist diejenige mit der größten Zahl von Betroffenen. Man schätzt, daß unter sechs- bis zehntausend Geburten ein AGS-Kind ist. Es gibt auch unkompliziertes AGS ohne Salzverlust – die medizinische Forschung vermutet, daß pro drei Fällen von AGS mit Salzverlust ein unkompliziertes AGS auftritt. Da Menschen mit unkompliziertem AGS bisher als solche von der Medizin kaum erkannt werden, könnte die Zahl auch wesentlich höher sein.

»Wenn beide Eltern es vererbt haben, verschwinden die Schuldgefühle.«
Dr. Jens Commentz, Kinderarzt, Hamburg

Jens Commentz ist Kinderarzt und Endokrinologe. Nach einem Studienaufenthalt am Massachusetts Institute of Technology, wo er sich auf Hormonforschung spezialisierte und die Wirkung von Melatonin erforschte, arbeitete er fast zwei Jahrzehnte in der Kinderklinik des Universitätskrankenhauses Hamburg-Eppendorf (UKE). Seit einigen Jahren ist er niedergelassener Arzt in Hamburg-Altona. In seiner Praxis hängen viele Photos von kleinen Patienten. Neben seinem Schreibtisch an der Wand das Photo eines kleinen Mädchens mit riesigen Augen und einem Schlauch in der Nase. Während des Gesprächs sehe ich in diese ernsten Augen. Irgendwann sagt Jens Commentz: »Ja, das war eine schreckliche Geschichte. Sie hatte Leukämie und ist dann gestorben. Im Unterschied dazu kann man bei AGS wirklich etwas tun.«

Herr Dr. Commentz, Sie arbeiten als Kinderarzt mit intersexu-
ellen Kindern. Intersexualität kann viele Ursachen und Ausprä-
gungen haben. Mit welcher kennen Sie sich gut aus?
Ich fühle mich bei der Nebennierenrinde sehr wohl. AGS, das
Adrenogenitale Syndrom, ist eine Funktionsstörung der Neben-
niere. Damit kenne ich mich aus. Für die Verbindung Chemie –
Medizin habe ich mich immer interessiert, so bin ich auch zur
Kinderheilkunde und zur Endokrinologie gekommen.

Was ist die Folge des Adrenogenitalen Syndroms?
Die Nebennieren können zu wenig oder gar kein Cortisol produzieren. Das kann sehr schnell lebensbedrohlich werden, wenn
man es nicht erkennt und behandelt. Die Nebenniere versucht
den Mangel auszugleichen, und dabei werden sehr viel mehr andere Hormone gebildet, ein Teil davon sind Vorstufen männlicher Hormone, auch bei Mädchen. Diese Hormone bewirken eine
Vermännlichung weiblicher Genitalien.

Also eine Form der Intersexualität?
Wenn man darunter eine nicht-ausdifferenzierte Geschlechts-
entwicklung versteht, also nicht eindeutig männlich, nicht eindeutig weiblich, dann ist AGS ein intersexueller Zustand – jedenfalls in den schweren Formen, bei denen es zu einer Virilisierung,
also zu einer Vermännlichung des weiblichen Genitales kommt.
Wenn aber die psychische Ausprägung im Vordergrund steht,
wäre AGS nur in seltenen Fällen dazu zu zählen. Ich würde es
ganz pragmatisch in den Bereich der Intersexualität einordnen,
weil es zu einer Genitaldifferenzierungsstörung führt. Schauen Sie
sich das an (zeigt ein Schaubild über AGS, das die Entwicklung
weiblicher zu männlichen Sexualorganen als graduellen Übergang zeigt, nicht als zwei Gegensätze): Man könnte sagen, das
eine Extrem ist das eindeutig Weibliche und das andere das eindeutig Männliche. Man sieht, es gibt gleitende Übergänge, und
so ist der Begriff der Intersexualität nicht verkehrt gewählt.

Schönes Bild. Wir sind ja alle irgendwo dazwischen. Bekanntlich
wurden Marilyn Monroe und Rock Hudson, das eindeutig Weib-
liche und das eindeutig Männliche, in ihren Rollen nicht glücklich.
Bei Elterngesprächen wähle ich übrigens nie den Begriff Intersexualität. Wenn Sie aber nach der Definition fragen, würde ich

schon sagen, daß AGS dazu gehört. Aber es gehört für mich niemals bei der Aufklärung dazu, den Eltern etwas von Zwittrigkeit oder Intersexualität zu erzählen. Ist es notwendig, den Begriff zu verwenden? Ich glaube nicht. Man kann doch sagen, es gibt hier eine gonodale Störung ...

Nach Auskunft von Juristen müssen Sie als Arzt schon mehr sagen. Das Wort Gonaden kennt ja kein normaler Mensch.
Eierstöcke kann man da sagen.

Sind es denn welche? Nun sind wir also bei den Schwierigkeiten im Umgang mit den Bezeichnungen. Einige AGS-Selbsthilfegruppen wehren sich gegen die Worte Intersexualität und Adrenogenitales Syndrom. Die äußere Fehlbildung sei lediglich sichtbare Auswirkung eines fehlenden Enzyms, und nach dem sollte man es nennen.
Warum ist das notwendig?

In Intersexualität steckt das Wort Sexualität, in androgenital das Wort genital. Vielleicht möchten sie ihre Kinder vor dieser Stigmatisierung bewahren.
Na ja, aber darum geht es ja nun mal. Ob das wirklich schlau ist, sich da so abzugrenzen, weiß ich nicht. Die wichtigste Frage ist doch: Was hat das eigentlich für diese Kinder zu bedeuten? AGS ist nur eine Überschrift über einem Syndrom. Es gibt sieben Formen von AGS, die häufigsten sind 21-Hydroxylasemangel und 11-beta-Hydroxylasemangel. Diese beiden führen zu einer Vermännlichung von Mädchen. Andere Formen führen zu einer nicht ausreichenden Vermännlichung von Jungen. Das ist extrem selten, über 90 Prozent haben 21-Hydroxylasemangel, vier oder fünf Prozent haben 11-beta-Hydroxylasemangel und ein bis zwei Prozent diese anderen Formen.

Wie ist die Verteilung bei Ihren Patienten?
Meist 21-Hydroxylasedefekte. Ich habe jetzt zwei Kinder entdeckt mit 11-beta-Hydroxylasemangel, aber in den 18 Jahren im Universitätskrankenhaus Hamburg-Eppendorf keinen einzigen. AGS tritt zwar weltweit auf, aber in einigen Kulturen häufiger, etwa im Nahen Osten oder bei den Eskimos. In anderen, wie Japan, ist es extrem selten.

Aus welchem Grund?

AGS ist eine erbliche Störung, und manche Kulturen lassen Verwandtenehen zu, die das verstärken. Bei den Aschkenasim-Juden zum Beispiel trifft diese Heterozygoten-Frequenz jeden Vierten.

Heterozygot heißt ...?

... heißt, die Hälfte der Chromosomen ist betroffen. Man kann die Veranlagung vererben, aber nur wenn man auf einen Partner mit der gleichen Veranlagung trifft, kann ein Kind dieser beiden erkranken. Denn dafür muß man zwei fehlerhafte Kopien des Chromosoms haben. Hat man nur eines bekommen, vom Vater oder der Mutter, kann man nicht selbst erkranken, aber Merkmalsträger sein, es also weitervererben.

Wie häufig tritt es bei uns auf?

Jeder vierzigste von uns hat eine chromosomale Störung, die den 21-Hydroxylasedefekt enthält, das ist weltweiter Durchschnitt. Wenn Sie im Kino sitzen, können Sie sich ausrechnen, wie viele Besucher wohl Vererbungsträger sind. Alles weitere ergibt sich aus den Mendelschen Gesetzen. Trifft diese Vierzigste auf einen Partner, der es auch hat, besteht die Wahrscheinlichkeit von eins zu vier, daß die Kinder erkranken. Von vier Kindern kann also eines völlig gesund sein, eines erkranken und zwei können Merkmalsträger sein. Rechnerisch ergibt sich daraus die Häufigkeit von einem erkrankten Kind pro 6 400 bis 10 000 Geburten.

Erkranken Mädchen und Jungen in gleichem Maße?

Die Virilisierung durch den 21-Hydroxylasedefekt betrifft die Mädchen, weil Vermännlichung beim Jungen keinen Schaden anrichtet. Früher dachte man, daß es eine starke Mädchenwendigkeit hat, so nennt man das, wenn eine Erkrankung sehr ausgeprägt bei einem Geschlecht vorkommt. In Wirklichkeit überlebten die Mädchen nur länger.

Und die Jungen?

Die meisten starben. Die veränderte genitale Entwicklung der Mädchen ist ja im Grunde nur eine sekundäre Folge des Cortisolmangels. Die sah man eben bei Mädchen sofort und wußte, man muß es behandeln. Bei starkem Cortisolmangel kommen die Kinder in den ersten Lebenswochen in die Addisonsche Krise.

Die zieht einen Salzverlust nach sich. Da die Jungen aufgrund ihres normalen Genitales nicht auffallen, hat man es früher bei ihnen nicht erkannt und diese Salzverlustkrise behandelt wie eine normale Magen-Darm-Entzündung. Dann sind sie verstorben.

Seit wann weiß man das?
Genau erst seit etwa 25 Jahren. Damals ging die Entwicklung der Endokrinologie wirklich los, mit dem Nachweis der Hormone und vielem mehr.

Wie früh kann man eine solche Störung heute erkennen?
Wenn man einen Verdacht hat, kann man es in jedem Alter bestimmen. Schon im Mutterleib.

Was sind das für Untersuchungen?
Man macht zuerst nur eine Standard-Blutuntersuchung und schaut die entsprechenden Hormone an. Bei 21-Hydroxylase-mangel ist das 17-Hydroxyprogesteron stark erhöht. Es gibt gleitende Übergänge von leicht bis exzessiv erhöht – wie später auch bei den genitalen Veränderungen. Es gibt auch Zwischenstufen, bei denen man nicht genau weiß, ist der homozygot, also auf beiden Chromosomen betroffen, oder hat er nur eine heterozygote Störung, und das andere Chromosom ist heil, aber funktioniert nur nicht so ganz gut. Diese Übergangsformen kann man mit einem sogenannten ACTH-Test klären. Seit einigen Jahren sind molekulargenetische Diagnosen möglich, man kann also direkt auf den Chromosomen nachweisen, welche Störungen vorliegen, wie stark das Chromosom beschädigt ist und welche Auswirkung vermutlich zu erwarten ist.

Was geschieht, wenn man es schon im Mutterleib feststellt?
Das muß man sehr früh feststellen, denn die Virilisierung beginnt innerhalb der ersten Wochen. Da wissen manche noch gar nichts von einer Schwangerschaft. Wenn das aber schon mal in der Familie auftrat, muß man beide Partner untersuchen. Sind beide heterozygot, haben also die Hälfte dieser Anlagestörung, dann kann ein homozygotes Kind mit dieser Störung entstehen.

Nehmen wir an, daß beide Eltern heterozygot sind. Was dann?
In der neunten bis zehnten Schwangerschaftswoche macht man

eine Chorionzottenbiopsie, also eine Untersuchung des Gewebes, das die Plazenta umgibt, und eine Fruchtwasseruntersuchung und stellt mittels Chromosomenanalyse fest, ob es ein Junge oder ein Mädchen ist. In dieser Frühphase der Schwangerschaft sind nur die Mädchen betroffen. Gleichzeitig stellt man in der molekulargenetischen Untersuchung fest, ob der Defekt vorliegt. Weil aber die Auswertung zu lange dauert, um noch rechtzeitig eingreifen zu können, behandelt man die Mütter vorbeugend hochdosiert mit einem Kortisonderivat, das auf den Fötus übergeht und so dessen Nebennierenrinde hindert, falsche Hormone zu bilden.

Hat diese hochdosierte Kortisonbehandlung Nebenwirkungen?
Ja. Deshalb ist das im Moment ein sehr umstrittenes Verfahren. Wenn sich herausstellt, daß es ein Mädchen ohne chromosomale Störung oder ein Junge ist, behandelt man sozusagen überflüssig – wenn nicht sogar unethisch.

Und die Mutter behandelt man dann wohl auch überflüssig?
Die Mutter auch.

Was für Nebenwirkungen kann das haben?
Ein Cushing, das ist eine Erkrankung mit Kortisonüberschuß, der starke Gewichtszunahme verursacht, ein rundes Gesicht, häufig auch psychische Veränderungen, Depressionen und ähnliches.

Gehen diese Folgen wieder zurück?
Bei der Mutter meist ja. Bei den Kindern wohl auch. Aber es gibt inzwischen ernstzunehmende Theorien, die von einem sogenannten Imprinting, also dem Prägen der Grundstrukturen, ausgehen. In der Entwicklung eines Fötus und später eines Embryos gibt es verletzliche Phasen, wo ganz bestimmte Hormonkonzentrationen notwendig sind, um eine normale Entwicklung zu ermöglichen. Wenn in diesen Phasen zuviel von einem Hormon ankommt, kann das ganze Kontrollsystem aus der Bahn geraten. Dann entwickelt man möglicherweise später Erkrankungen wie Bluthochdruck. Das wird zur Zeit stark erforscht. Es spielt auch bei der Frage nach der Homosexualität eine große Rolle. Vielleicht lag im Mutterleib eine Zeitlang eine veränderte Sexualkonzentration vor, so daß dieses Imprinting nicht ausreichend erfolgte und daher bei Männern nicht genug Testosteron gebildet wurde.

Homosexualität als Folge eines Hormonmangels im Mutterleib?
Daß schwule Männer weniger Testosteron haben als heterosexu-
elle, läßt sich wohl kaum belegen. Ob diese Theorie auf Begeiste-
rung bei Schwulen und Lesben stößt?
Ich weiß es nicht. Für mich hat die Imprinting-These ausge-
sprochen viel Attraktives. Mir als Hormongläubigem erscheint
das wirklich plausibel. Wobei das letzte Wort auch da noch nicht
gesprochen ist. Aber ohnehin sagen viele, pränatale Kortisonbehandlung darf man gar nicht machen, weil man nicht drei gesunde
Kinder gefährden darf, um einem – möglicherweise – erkrankten
Kind zu helfen.

Wenn man es aber macht und dieses Kind tatsächlich gerade die-
ses Defizit hat, wovor bewahrt man es dann?
Konkret bewahrt man das betroffene Mädchen vor der Geni-
talveränderung. Sonst wird es mit dem Vollbild geboren: ausgeprägte Klitorishypertrophie mit Vermännlichung bis zum pseudo-
männlichen Genital. Je ausgeprägter es ist, um so schwieriger ist
es später zu korrigieren.

Wie geht es mit der Kortisontherapie nach der Geburt weiter?
Sie müssen lebenslang Kortison nehmen, um die Nebenniere
nicht zu ermutigen, die falschen Hormone zu bilden, die wieder
diese Virilisierung bewirken würden.

Ist das Mädchen sonst irgendwie eingeschränkt?
Nein, eigentlich nicht. Es kommt natürlich auf die Variante an.
Bei 21-Hydroxylasemangel unterscheidet man drei Formen. Die
schwere Form fällt direkt nach der Geburt auf: Genitalverände-
rung und ausgeprägte Elektrolytstörungen, das heißt Blut-Salz-
Veränderungen. Sie führt sehr schnell zu einer Krise. Die beiden
anderen Varianten nennt man Schwachformen. Eine ist das sogenannte Late-onset-AGS, also spät auftretend. Diese late-onset-
Formen haben nur eine leichte Störung des Enzyms und nur eine
leichte Vermehrung männlicher Hormone zur Folge. Die dritte
Form nannte man früher kryptisches, das heißt verborgenes AGS.
Dabei entwickeln sich bei Frauen später nur geringfügige Veränderungen, die häufig unentdeckt bleiben oder nicht richtig diagnostiziert werden, bei Regelanomalien oder unerfülltem Kinderwunsch etwa. In diesen Fällen sollte man auch eine Schwachform

von AGS in Betracht ziehen, weil männliche Hormone dazu führen können, daß das sehr komplexe Regelgleichgewicht der Menstruation durcheinander gerät. Trifft die Diagnose zu, könnte man das mit Kortison behandeln.

Und bei Jungen?
Da könnte dieser ständige Überschuß an Hormonen ebenfalls die Fruchtbarkeit beeinträchtigen. Die Hormone erscheinen nicht in der richtigen Form im Blut und verursachen eine Störung im Hypothalamus, also in den oberen Hirnstrukturen. Aber nicht so ausgeprägt wie bei Frauen, weil deren System viel komplizierter ist.

Bewirkt AGS noch weitere Veränderungen?
Jungen mit AGS erleben durch diesen Überschuß an männlichen Hormonen einen früheren Beginn der Pubertät. Sie wachsen anfangs zu schnell, hören aber früher als andere Kinder damit auf, eben, weil sie zu früh in die Pubertät kommen. Das heißt, sie werden nicht so groß, wie sie es nach ihrer genetischen Anlage eigentlich könnten. Das betrifft die Mädchen natürlich auch. Ein Kind mit nicht ausreichend behandeltem AGS ist meist für sein Lebensalter zu groß, das Knochenalter ist aber meist schon vorangeschritten. Wenn ein Junge acht Jahre alt ist, sind seine Knochen vielleicht schon 13, bildlich gesprochen. Und bei Mädchen kann es noch zum sogenannten Hirsutismus führen, einer Veränderung der Körperbehaarung: Oberlippenbart, die Augenbrauen können zusammenwachsen, mehr Stirn- und Wangenhaare, mehr Haare unter den Achseln, auch mal zwischen den Brüsten. Im Schambereich wächst vielleicht nicht die klassische Dreiecksbehaarung, sondern weiter Richtung Bauchnabel und Richtung Oberschenkel. Häufig ist das für Frauen ein Problem, das sie kosmetisch sehr belastet.

Begegnen Ihnen Familien, die sagen, meine Großmutter, meine Tante hatte das auch?
Ich habe jetzt eine Patientin, deren Familie schon wußte, daß so etwas bei ihnen vorhanden ist. Aber meist ist es doch ein zufälliges Entdecken, man sieht, dieses kleine Mädchen mit sechs bis sieben Jahren hat eine sehr große Klitoris, woher kommt das? Oder Wachstumskurven sind so auffällig, daß man sich fragt,

wieso wächst sie eigentlich so enorm? Zur Abklärung muß man natürlich noch andere Ursachen überprüfen, aber AGS eben auch.

Prägt die Vermännlichung auch die Partnerwahl?
Meine Patienten sind ja meist noch Kinder. Ob sie lesbisch werden, kann ich nicht sagen. Aber dieses Tom-Boy-Verhalten, Fußballspielen, sich meist mit Jungs abgeben, wenige Freundinnen haben, das ist durchgängig, wenn es spät diagnostiziert wurde.

Ob nun Mädchen in der Kindheit mit Jungs oder nur mit Mädchen spielen, bedeutet das wirklich so viel? Ist unsere gesellschaftliche Einstellung nicht gelassener, offener geworden? In diesem Bereich kommt es mir plötzlich so verengt vor. Wird hier etwas zum Symptom, das in anderem Zusammenhang vielleicht gar nichts mehr bedeutet?
Es ist richtig, man sollte das nicht als allein relevant betrachten, aber wohl in der Summe der Bausteine. Natürlich würde ich nicht auf die Idee kommen, bei einem acht- bis zehnjährigen Mädchen eine Blutuntersuchung zu machen, ob sie AGS hat, nur weil sie gerne Fußball spielt. So darf man das sicher nicht umdrehen.

Sie haben ausschließlich AGS-Kinder als Patienten?
Überwiegend. Manchmal auch Kinder mit AIS, also Androgen-Resistenz-Syndrom. Vom Prinzip her ist es ähnlich, nur tritt hier umgekehrt die Testosteronwirkung nicht ein. Das Testosteron ist wohl da, aber es kann nicht wirken, weil Rezeptur und Gewebe nicht zueinander passen. Dieses betrifft dann eher Jungs, die nicht die männliche Hormonwirkung erfahren.

Sie sagen so locker »Jungs«. Kürzlich saß ich einer schönen jungen Frau gegenüber, schlank, groß, vollkommen weibliche Identifikation, ihre Kindheit, sagt sie, war ein ständiges Spiel mit Puppen. Würden Sie die wirklich als Jungen bezeichnen?
Da geht es schon los. Was nehmen Sie jetzt an? Nehmen Sie die XX/XY-Definition? Oder nehmen Sie das an, wie das Mädchen, der Mensch sich fühlt, welche Identität er hat? Oder nehmen Sie die körperlichen Ausprägungen? Das ist eine Zwickmühle. Ich weiß es auch nicht. Ich denke, wenn jemand seine Rolle gefunden hat, ist es gut.

Was raten Sie den Familien?
Erst mal ist es dringend notwendig, daß man die Eltern wirklich gut aufklärt. Und gut aufklären heißt nicht, man erzählt einmal, so und so ist die Sachlage und jetzt habt ihr's ja kapiert. Man weiß ganz genau, das können die Eltern gar nicht aufnehmen. Die können diese Komplexität im Stadium der Betroffenheit gar nicht erfassen.

Wie gehen Sie dabei vor?
Ich sage, wie gut, daß wir die Ursache gefunden haben. Häufig wissen sie, daß etwas nicht stimmt. Sie sehen das ja beim Windeln und finden es merkwürdig. Und wenn man ihnen sagt, wir wissen, woran es liegt, bedeutet das schon eine gewisse Erleichterung. Die zweite Information: daß man das heutzutage behandeln kann. Sowohl die direkten Hormonschwierigkeiten, aber auch die körperlichen Veränderungen. Man ist abhängig von den Tabletten, muß sich in regelmäßigen Abständen Blut abnehmen lassen, um die Konzentration zu überprüfen – das ist für Kinder lästig, aber dann kann man eine fast normale Entwicklung garantieren.

Was sagen Sie den Eltern noch?
Ich betone, wie wichtig regelmäßige Tabletteneinnahme und ständige Kontrolle sind. Wird es nicht regelmäßig behandelt, verstärkt sich dieser Zustand, der ja jetzt schon zum Arztbesuch geführt hat. Also stärkere Genitalveränderungen, drohender Minderwuchs. Manche sind sehr ängstlich, sobald sie Kortison hören, gehen viele Klappen runter. Dann muß man als erstes den Unterschied zwischen einer Kortisonbehandlung und einer Substitutionstherapie erklären. Man gibt dem Körper ja nur das, was er eigentlich selber produzieren sollte, aber nicht kann. Wenn man das nicht tut, bleiben die Kinder zu klein. Das ist für Eltern erstmal schwer zu verstehen, weil sie ja zu diesem Zeitpunkt ein Riesenkind vor sich haben, das ist ja größer als die anderen in seinem Alter. Dann muß ich ihnen klar machen, daß der Junge oder das Mädchen schon viel weiter ist, als es ihrem Lebensalter entspricht, und deshalb auch früher aufhören wird zu wachsen.

Warum sollte darüber hinaus noch ärztliche Kontrolle stattfinden?
Grundsätzlich besteht immer die Möglichkeit, daß die Kinder in eine Notfallsituation geraten, in der sie auf ihr eigenes Kortison

dringend angewiesen sind. Kinder sind nicht ausreichend kompetent im Umgang mit diesen Situationen. Sie können in Streßsituationen kommen durch einen Verkehrsunfall, durch Verbrennung, Schock, Operationen. Streß löst Kortisolmangel aus, und dann stimmt die Dosierung nicht mehr. Deshalb müssen sie einen Notfallausweis haben. Damit kann jeder Arzt sofort was anfangen. Dieser Patient, bei dem ich 11-beta-Hydroxylasemangel entdeckt habe, war vorher völlig gesund und kam Monate später als Notfall ins Krankenhaus. Weil er den Brief dabei hatte, konnte man gleich reagieren. Sonst hätte es schlimm ausgehen können.

Woran erkennen Außenstehende solchen Notfall?
Die Symptome sind Blutdruckabfall, Unterzuckerung – weil das Kortisol auch für den Blutzucker zuständig ist – und eine ausgeprägte Elektrolytentgleisung ...

... also einen Schockzustand?
Ja. Sie haben einen sehr hohen Kaliumwert und sehr niedriges Natrium. Eine Herzdysfunktion kann eintreten, sehr schnell Bewußtlosigkeit und Gehirnverletzung bis zum Tode.

Als Substitutionstherapie hat Kortison keine Nebenwirkungen?
Doch. Wenn Sie zu wenig Kortison geben, haben Sie einen Androgenüberschuß und Wachstumsbeschleunigung mit der Folge eines späteren Minderwuchses. Doch in der Überdosierung ist es eine der besten Wachstumsbremsen. Man hat nur wenig Zeit, das aufzuholen. Das heißt, man muß immer die geringste notwendige Dosis an Kortison herausfinden. Das ist schwierig, gelingt auch nicht immer. Man muß häufig darauf hinweisen, damit die Eltern sofort reagieren, sehr schnell zum Arzt gehen, wenn ihr Kind ihnen auffällig erscheint. Es sterben immer noch Kinder daran. Im letzten Jahr gab es eine Umfrage, da waren zwei Kinder verstorben, deren AGS bekannt war. Wie konnte das passieren, wo war der Fehler? Häufig ist es zu späte ärztliche Konsultierung oder schlechte Erstbehandlung.

Und was sagen Sie speziell den Eltern der Mädchen?
Bei Mädchen mit vergrößerter Klitoris sage ich den Eltern, daß das auffällig ist und daß man das vielleicht irgendwann einmal operieren sollte. Außerdem kann der Vaginaleingang verengt sein.

Das kann man später nicht mehr gut operativ erweitern. Früher hat man erst die Klitoris verkleinert und später, wenn die Mädchen in das Alter kommen, in dem sie Geschlechtsverkehr haben können, Scheidenerweiterungen gemacht. Das ist relativ schwierig, weil jede Operation zu Narben führt, man müßte auch immer wieder Dehnungen machen.

Wenn man die Klitoris reduziert, ist das Ergebnis überhaupt noch empfindungsfähig?
Früher wurde eine »Weg mit dem Ding«-Klitorektomie gemacht. Jetzt macht man es anders. Die Klitoris ist ähnlich aufgebaut wie der männliche Penis, mit einer Dreiteiligkeit der Schwellkörper, man kann also die Schwellkörper verkleinern, ohne daß die Nerven beeinträchtigt werden, so daß die Empfindung erhalten bleibt.

Mit Sicherheit oder mit Glück?
Eigentlich mit großer Sicherheit. Das kann man, wenn der Operateur Bescheid weiß, wirklich gewährleisten.

Die Schilderungen erwachsener Intersexueller hören sich anders an. Vielleicht weil deren Operationen ein Jahrzehnt oder mehr zurückliegen. Oder weil der Operateur nicht Bescheid wußte?
Das kann man mit den heutigen Verfahren nicht vergleichen.

Intersexuelle sind für die Medizin sicher faszinierende Wesen, die Seltenheitswert haben. Eine Erfahrung, die diese als Kinder oder junge Erwachsene gemacht haben, und an die sie sich alle erinnern, ist die ohnmächtige Situation, in der sie im gynäkologischen Stuhl liegen, ein Trupp Studenten den Raum betritt und ihnen zwischen die Beine guckt. Welches »Imprinting« schaffen solche Erfahrungen?
Wir haben eine ganze Menge an schwarzer Medizinvergangenheit hinter uns, zum Teil aus finstersten nationalsozialistischen Zeiten. Und wir müssen einfach sehen – ich sage das jetzt, ohne Kollegen angreifen zu wollen –, daß manche Chirurgenmentalität ja fürchterliche Katastrophen verursacht hat.

Starke Worte ...
... ja, und ich meine das auch so. Solche Kinder galten als abartig und wurden entsprechend behandelt. Es wäre ein interes-

santes Thema, mal aufzuarbeiten, welche Art Verfolgung dieser Menschen es im Dritten Reich gegeben hat. Aber man muß auch sagen, daß die Pädiatrie ein anderes Fach geworden ist. Es gab jetzt gerade ein Konsensus-Statement von der Europäischen und der Amerikanischen Pädiatrischen Endokrinologischen Vereinigung darüber, wie man mit diesen Patientinnen umgehen soll. Ein heftig diskutiertes Thema ist die klitorale Inspektion: einmal, aber danach nicht mehr, heißt es jetzt. Während der ganzen Kindheit soll man, ich sage es mal grob, die Finger und die Augen davon lassen. Der grundsätzliche Umgang mit dieser Situation ist ein anderer geworden.

Einige Eltern sagen, wir machen das mit der Substitution, ansonsten sollen die Kinder sich später entscheiden, ob sie eine Operation wollen oder nicht. Was ist Ihre Meinung dazu?
Wenn sie nur eine vergrößerte Klitoris haben, die keine außergewöhnlichen Ausmaße besitzt, dann würde ich sie auch in Ruhe lassen.

Wo ist denn in Ihren Augen als Fachmann die Grenze?
Prader zwei bis drei, da fängt es an ...

Wie viele Zentimeter sind das?
Entscheidend ist, ob der Harnabfluß beeinträchtigt wird. Das kann einen Rückstau des Urins in den äußeren Bereich der Scheide verursachen und häufige Harnwegsinfekte. Mit entsprechenden chronischen Folgen an den Nieren. Man muß sehr genau aufpassen, ob es Probleme mit der Miktion, also dem Pinkeln gibt. Wenn das nicht der Fall ist, kann man sicher warten.

Können Sie das in Zentimetern sagen?
Hier auf dieser Abbildung von einer Klitoris im Stadium Prader drei sehen Sie, daß der Abfluß aus der Harnblase gestört ist. Er stößt auf die Scheidenrückwand, dadurch gibt es immer einen Reflux in die Scheide. Das ist bei Prader zwei noch nicht gegeben.

Prader zwei ist etwas größer als normal?
Eins wäre eine leichte Klitorishypertrophie. Es gibt auch Leute, die sagen, eins ist normal und zwei eigentlich erst eine Veränderung.

In den siebziger Jahren waren in manchen feministischen Frauen-gruppen Selbstuntersuchungen an der Tagesordnung, um die ei-genen Genitalien überhaupt mal kennenzulernen. Die wurden sogar fotografiert. Es gibt einen Kalender, für den Frauen ihre Klitoris fotografiert haben, man stand davor und sagte, meine Güte, kann das unterschiedlich aussehen!

Das ist ja beim männlichen Penis auch so ...

... genau, ohne daß wir nun auf die Idee kommen zu sagen, dieser da ist ja ein bißchen groß geraten, nun wollen wir ihn mal kürzer machen, damit er beischlaffähig wird. Da würde sicher ein Auf-schrei durch die Männerwelt gehen. Ist dies nicht ähnlich?

Ja, also ich würde sagen, die Klitorishypertrophie stellt keine Behinderung dar. Erst wenn es tatsächlich zu einer Störung des Urinabfußes kommt. Man kann noch darüber diskutieren, daß Kinder im Kindergarten vielleicht sagen: Wie siehst du denn aus? Oder: Die hat aber ein großes Ding da. Ob das jetzt eine Bela-stung darstellt ..., finde ich noch keine zwingende Indikation, denn abstehende Ohren sind auch nicht unbedingt eine Opera-tionsindikation.

Das ist richtig. Was sagen Sie den Eltern zum Thema Vererbung?

Man muß die Eltern fragen, wollt ihr weitere Kinder haben? Ihr könntet noch ein betroffenes Kind bekommen. Die Wahr-scheinlichkeit ist eins zu vier. Dreimal gesund und einmal krank sozusagen. Ihr solltet euch jetzt untersuchen lassen. Manchmal gerät man auf dünnes Eis, wenn die Chromosomenveränderung des Mädchens beim Vater nicht auffindbar war.

Wie kann das sein?

Es gäbe da die seltene Möglichkeit einer Spontanmutation. Das ist eine Rarität.

Viele Ärzte sind nicht sonderlich gut über Störungen aus diesem Bereich informiert. Wie findet man die oder den richtigen?

Es gibt eine Arbeitsgemeinschaft pädiatrische Endokrinologie.[67] Wir treffen uns einmal im Jahr, im norddeutschen Raum sogar viermal, die Gruppe ist überschaubar. Man weiß, wo die Schwer-punkte sind, was zum Beispiel Olaf Hiort (Endokrinologe im Kli-nikum Lübeck, Anm. der Autorin) sehr gut kann, die anderen nicht so gut und so weiter. Insgesamt aber glaube ich, richtige Arztwahl ist ein großes Glück, und sehr viel hängt davon ab, ob man jemanden findet, der Sachkompetenz hat und zu dem man Vertrauen entwickeln kann. Das Wissen ist nicht generell verbreitet in der Ärzteschaft, viele sind nicht auf dem neuesten Stand. Manchmal will der Arzt auch seine eigene Unkenntnis nicht dokumentieren.

Bisweilen kommen mir Ärzte vor wie Leute in einer fremden Stadt, die man nach dem Weg fragt. Sie wissen ihn nicht, mögen es aber nicht zugeben, und deshalb sagen sie dann »nach links«. Ist das in Ihrem Berufsstand häufiger vertreten?

Nun, ich denke, daß die Pädiatrie da etwas anders ist, ein Tick ehrlicher. Für mich sind das Extrembeispiel diese Chirurgen, die alles können, alles machen und immer sofort zum Messer greifen, so richtig die Kerle der Medizin. Die Artillerie der Medizin: Schießt auch auf die eigenen Leute, Hauptsache, es wird geschossen. Jedenfalls ist der ehrliche Umgang damit, daß man manche Sachen nicht beherrscht, sicher unterschiedlich.

Das war ja ein Knaller, was Sie da gesagt haben. Führen Sie es gern noch etwas aus.

Ich bin bisher immer gut damit gefahren, daß ich gesagt habe, wenn ich etwas nicht wußte. Das muß dann jemand anderes machen. Das ist nicht immer gängig, einige glauben, sie gelten dann als schlechter Arzt. Nach meinen Erfahrungen ist genau das Gegenteil der Fall. Die Leute honorieren das, sagen, der kennt seine Grenzen. Man versucht doch, die Leute aus diesem Grau, dieser Uninformiertheit herauszuholen. Und sagt ihnen, wenn ihr es nicht verstanden habt, ist das nicht euer Problem, dann ist es das Problem des Arztes, er muß es euch noch mal richtig erklären. Ich denke auch, es ist eine wichtige Eltern-Information, daß man sagt, verlaßt euch nicht so sehr auf die Ärzte. Viele informieren sich auch in Büchern, da stehen zum Teil fürchterlich alte Sachen drin. Es ist alles unheimlich in Fluß, es wird sehr viel geforscht.

Das Kind ist ja nicht nur Geschlechtsteil, das ist ja ein Wesen mit Gefühlen, mit einer Seele. Merkt das nicht sehr schnell, wenn die Eltern sich schwer tun mit ihm?

Es stimmt, daß es für manche Eltern ein entsetzliches Problem ist. Deswegen gelten diese zwittrigen Genitale im Kreißsaal als Notfall. Es muß schnellstens jemand dazugeholt werden, der die Sache einschätzen kann. Eltern wollen nicht wissen, daß sie irgendetwas gekriegt haben, sondern sie wollen wissen, haben sie einen Jungen oder ein Mädchen bekommen. Diese Sicherheit ist ganz wichtig für die primäre Identifizierung. Wenn das so vage bleibt über längere Zeit, führt es wirklich zu einer problematischen Eltern-Kind-Beziehung und Entwicklung. Also man muß versuchen, innerhalb kürzester Zeit eine vernünftige Diagnose zu stellen.

Das hat ja wohl mit unserem Personenstandsgesetz zu tun.

Nein, ob es nun Karl oder Karla heißt, ist nicht das Problem, sondern ob die Eltern einen Jungen oder ein Mädchen bekommen haben. Das wollen sie wissen.

Das ist die erste Frage, die gestellt wird. Aber warum ist das eigentlich so wichtig? Und warum ist die Unklarheit so erschreckend? Was geschieht in jemandem, wenn er zum ersten Mal ein AGS-Kind sieht? Wie ist es Ihnen denn gegangen?

Daß ich betroffen war, würde ich schon sagen, aber das ist nicht so sehr professionell. Bedauern schon, weil es etwas ist, was das Kind lebenslang beeinträchtigt, zumindest beeinflußt. Das berührt einen. Aber ich gehe mehr vom medizinischen Optimismus aus, daß man es jetzt behandeln kann. Wenn sie zu spät kommen, denke ich, warum habt ihr nicht früher geschaltet? Wieso habt ihr das nicht gesehen? Das ärgert mich häufig. Daß man nicht früher eingegriffen hat. Psychische Betreuung kann schon notwendig werden, nicht unbedingt vor der Pubertät. Wie alle chronisch Kranken haben die Kinder irgendwann das Problem, daß sie in der Pubertät keine Lust haben, regelmäßig Medizin einzunehmen, das hört man auch von Diabetikern und Asthmatikern.

Was ist das Wichtigste im Umgang mit den Familien?

Für mich ist das Wichtigste die Aufklärung. Die Eltern müssen sich diese Sache zu eigen machen, bis sie es verstanden haben. Denn ich denke, das Verstehen ist auch schon ein Teil des Ertragens. Es verschwinden auch die Schuldgefühle, wenn die Eltern wissen, beide haben das dem Kind mitgegeben. Es bist nicht *du* gewesen, es war nicht *deine Familie,* sondern *wir beide* haben das zustande gebracht.

Intersexualität – überforderte Eltern?

Der Therapeut Knut Werner-Rosen meint, die Eltern intersexueller Kinder bräuchten Hilfe. Doch woher soll die Hilfe kommen? Die deutsche Psychotherapie ist Spiegel der Gesellschaft. Bisher interessieren sich beide nur wenig für Intersexualität.

Unwissende Therapeuten

Ein intersexuelles Kind ist eine große Überraschung. Weder die Eltern noch der Kindergarten noch die Schule sind auf die Ankunft eines Kindes mit uneindeutiger Geschlechtszugehörigkeit vorbereitet. Auch die meisten Psychotherapeuten sind ahnungslos, wenn der erste intersexuelle Klient ihre Praxis betritt. Unter Psychologen ist das Wissen über diesen Bereich nur spärlich verbreitet. Im besten Fall ist der Therapeut wach, offen und bereit, von seinem Klienten zu lernen. Das war auch die Haltung der amerikanischen Psychoanalytikerin Nina Williams, als ihre Klientin Kristin mit vorsichtigen Hinweisen ihre Befürchtung andeutete, daß sie möglicherweise intersexuell sein könnte. Nina Williams las die gesamte psychoanalytische Literatur zum Thema – das war schnell getan –, dann nahm sie Kontakt auf zu ISNA, der Intersex Society of North America, die über wesentlich mehr Informationen verfügte. In einer aufschlußreichen und sensiblen Fallstudie stellt Nina Williams ihre Erfahrungen dar und kritisiert, daß sich die Psychoanalyse bisher so gut wie gar nicht um Intersexualität gekümmert habe.[68]

In Deutschland ist die Situation nicht besser. Als der Berliner Therapeut Knut Werner-Rosen (60) vor zehn Jahren seiner ersten intersexuellen Patientin begegnete, machte er sich auf eine Reise durch Deutschland, um nach psychologischen Erkenntnissen über dieses Phänomen zu suchen. Die Ausbeute war dürftig. In Hamburg half ihm eine Medizinerin, die sich spezialisiert hatte. Er erlebte aber auch, daß dieses Wissen oft an einzelne engagierte Fachleute gebunden ist. Gingen sie in den Ruhestand oder starben, dann setzten Nachfolger eigene, andere Schwerpunkte. Wissen und Engagement verschwanden wieder.

Hat sich daran in den letzten zehn Jahre
wollte ich wissen, und richtete eine Reihe Frage
tionale Newsgroup hochqualifizierter Psychoth
Welt: »Haben Sie Patienten mit intersexueller Kon
pie? Und welche Erfahrungen machen Sie dabei?
ten zeigten eher den Bedarf an Wissen: von 556 F
17 Ländern meldeten sich sieben. Die meisten wollte
Auskunft geben, sondern suchten selbst nach Hilfe un. _information
tionen wegen einer aktuellen Therapie mit Betroffenen.

»Sexualität steht an der Schnittstelle zwischen Leben, Tod und Ewigkeit«
Dipl.-Psych. Knut Werner-Rosen, Psychotherapeut, Berlin

Vielleicht ist es der ungewöhnliche Lebenslauf von Knut Werner-Rosen, der ihm den Zugang zu Menschen erleichtert, die zwischen den Welten von männlich und weiblich stehen. Mit 17 Jahren fuhr er als Matrose zur See, mit 27 machte er Abitur, studierte Psychologie und Bildende Kunst. Seit 1979 arbeitet er als Psychologischer Psychotherapeut, seit 1984 auch als Maler. Viele Welten.

Herr Werner-Rosen, Sie sind niedergelassener Psychotherapeut und arbeiten mit intersexuellen Kindern. Menschen aus dem ganzen Bundesgebiet kommen zu Ihnen. Wie hat sich das entwickelt?
    Vor zehn Jahren fragte eine Beratungsstelle nach einem Therapieplatz. Da sei eine Mutter mit einem Kind, das habe etwas mit Intersexualität zu tun. Ob ich das übernehmen wolle.

Warum fragte man Sie?
    Weil ich einmal ein Kind mit Geschlechtsidentitätsstörungen behandelt hatte. Ich hatte keine Ahnung von Intersexualität, mußte mich erst informieren. Gefunden habe ich nichts, außer medizinischen Informationen. Gut, habe ich dann gesagt, ich kann ja mal gucken, ob ich mit dem Mädchen zurechtkomme.

Wie alt war das Kind?
    Die war sieben oder acht. Und blieb acht Jahre bei mir. Damals bin ich durch die Lande getigert auf der Suche nach psychologischen Erfahrungen. Ich lernte viele Leute kennen, Mediziner,

183

…ologen. Aber keine Psychologen. In Hamburg verwies …nich an eine emeritierte Professorin vom Universitätskran-…nhaus Hamburg, Hedwig Wallis, Expertin für Kinderheilkunde. Eine Medizinerin zwar, aber mit sehr viel Erfahrung und guten Erfolgen in diesem Bereich. Der habe ich den Fall aufgeblättert und gesagt, ich bin völlig hilflos. Meine eigene Sicht der Dinge bildete sich dann vor allem in den Auseinandersetzungen mit dem Mädchen. Bei ihr war die medizinische Versorgung extrem schlecht. Sie hatte eine Gonadendysgenesie. Und eine völlig hilflose Mutter.

War das Kind operiert worden?

Ja, aber medizinisch ist einiges schiefgelaufen. Und die Mutter hatte den Kontakt zu den Ärzten abgebrochen. Ohne Medizin geht es hier nicht, fand ich, nahm den Kontakt zu den Kliniken auf, in denen das Mädchen gewesen war, und stellte fest, welches Chaos da herrschte. Dann »fraß« ich mich sozusagen durch die Endokrinologie.

Wenn Sie zurückblicken, was hat sich seither verändert?

Für Berlin kann ich das sagen. Hier gibt es jetzt eine Zusammenarbeit mit Annette Grüters an der Pädiatrischen Endokrinologie im Virchow-Klinikum. Dort übernahm man damals die Behandlung des Mädchens. Und daraus entwickelte sich das »Berliner Modell« der Versorgung. Jetzt werde ich bei der Geburt jedes intersexuellen Kindes zu den Eltern gerufen. Außer notwendigen Maßnahmen geschieht medizinisch erst mal nichts, sondern ich bearbeite mit den Eltern ihr Trauma. Das ist mein Ansatzpunkt.

Warum ist das so wichtig?

Die Eltern müssen das Kind überhaupt annehmen können. Ich gehe davon aus, daß die Geburt eines intersexuellen Kindes für die Eltern ein Trauma ist. Damit kommen viele nicht zurecht. Und darum muß man sich zunächst kümmern. Kinder sind auf die Widerspiegelung durch die Eltern angewiesen. Sie müssen ja alles lernen, vom einfachsten Handgriff bis zur Bedeutung einer Geste, eines Gefühls, und dafür brauchen sie die Eltern. Aber das funktioniert nur, wenn die Eltern ein klares Gefühl und einen klaren Kopf haben. Sind sie in eigenen Ängsten gefangen, dann können sie ihr Kind nicht einmal richtig wahrnehmen.

Und das machen Sie ihnen klar?

Genau. Das Entscheidende ist, den Eltern klarzumachen, daß sie in diesem Moment, wo sie dermaßen durcheinander sind, gar nicht besonnen, überlegt und ruhig all die Fragen beantworten können, die auf sie einstürmen: Was soll es denn sein? Junge oder Mädchen? Soll man etwas machen, oder soll man gar nichts machen? Wenn die Eltern Vertrauen zu einem haben, sagen die ganz drastisch, was für eine Hölle die Zeit nach der Geburt war. Manche kommen da nie wieder heraus. Sie überdecken das, rationalisieren das, suchen in ihrer Hilflosigkeit den Rat der Ärzte: Bitte, bitte, sagt uns, was wir tun sollen! Und die Ärzte sagen ihnen dann ja auch, was sie tun sollen, und dann wird es getan. Das ist das Grundproblem.

Das ist Ihre Aufgabe der ersten Stunde?

Ja, mit den Eltern an ihrer eigenen Befindlichkeit zu arbeiten, damit der »Spiegel« funktioniert. Und sich kein Filter zwischen sie und das Kind schiebt.

Wie verlief die Therapie dieses intersexuellen Mädchens weiter?

Das war sehr mühsam. Ich konnte mir lange Zeit kein richtiges Bild von der Mutter machen. Sie war wenig zugänglich. Ich habe sie mal gefragt: »Was empfinden Sie, wenn Sie Ihr Kind auf den Schoß nehmen?« Sie sagte: »Ich muß immer an ihre Behinderung denken.«

Was meinte sie damit?

Die Intersexualität. So hat sie es formuliert. Das war ihr Filter. Die beiden kriegen heute noch keinen richtigen Kontakt zueinander. Das Mädchen ist ein intelligentes Kind. Sie spürte ganz genau, daß sie von ihrer Mutter nicht gesehen wurde, wie sie wirklich war. Hat alles mögliche versucht, um mit diesem Gefühlsvakuum leben zu können. Es sieht so aus, als ob sie nicht so gut damit leben kann. Natürlich kommen immer noch andere Faktoren hinzu.

Manche Eltern sagen, wenn das Kind bekleidet ist, kann ich mit ihm umgehen, aber ich kann es nicht wickeln. Gleichzeitig schämen sie sich dieser Reaktion. Weshalb ist das so heftig? Das Kind sieht natürlich das Entsetzen ...

... und weiß nicht, was es bedeutet. Genau. Sie wissen manchmal mit 14 Jahren noch nicht, warum bestimmte Themen vermieden werden. Alle drucksen rum.

Warum muß denn von Anfang an klar sein, ob Mädchen oder Junge? Kann die Gesellschaft uns sonst nicht als Menschen wahrnehmen? Oft sind diese Veränderungen ja nicht lebensbedrohlich.
Vielleicht doch auf eine Weise, die über das hinausgeht, was wir körperlich lebensbedrohlich nennen, etwa wenn ein Kind Diabetes hat. Diabetes wurde vor 100 Jahren auch als Horror erlebt. Heute ist das nicht mehr so. Dennoch kann sich eine heftige Dynamik entfalten. Ich hatte mal ein Kind mit Diabetes in Therapie. Die Krankheit wurde für die Familie zur Katastrophe. Für die Eltern, weil das Kind damit nicht klarkam. Und für das Kind, weil die Eltern damit nicht klarkamen, daß das Kind nicht damit klarkam. Ein System von Widerstand und Kampf, in das die Diabetes eingebaut war.

Warum meinen Sie, daß Intersexualität als lebensbedrohend empfunden wird?
Vielleicht wird sie deswegen als so schwerwiegend erlebt, weil es sich auch um Sexualität dreht. Die Sexualität steht an der Schnittstelle zwischen Leben, Tod und Ewigkeit. Das Leben über unseren Tod hinaus. Das könnte der Grund sein, warum die Leute so aufgescheucht sind. Eine existentielle Geschichte, weil wir uns nur in unseren Kindern in die Ewigkeit phantasieren können.

Was bedeutet das für die Eltern?
Im Bewußtsein der Eltern leben diese Kinder nicht in der Gegenwart, sondern in der Zukunft. Immer sind sie in Sorge, was wird aus meinem Kind? Das machen Eltern sowieso, aber hier fehlt ihnen der Ausgleich, der so beglückend ist an Kindern: daß sie in der vollkommen kindlichen Gegenwart mit leben können, jetzt, in diesem Moment. Das müssen sich diese Eltern erst erarbeiten.

Wie machen sie das?
Ich denke jetzt an eine bestimmte Mutter, alleinerziehend, die Tochter hat auch eine Gonadendysgenesie. Von Anfang an hatte die Mutter die Vision, ich bekomme ein Mädchen. Dann kam das Kind intersexuell zur Welt. Erst war es ein Schock, dann entschied

sie sich relativ schnell: Sie ist ein Mädchen, sie wird zum Mädchen operiert. Die Klinik sagte, so schnell geht das nicht, erst mal machen wir gar nichts über die medizinische Versorgung hinaus. Reden Sie mit dem Psychologen. Die Mutter schilderte mir dann alles, und ich bekam den Eindruck, sie wird hinter dieser Entscheidung stehen. Eine andere Option gibt es für sie nicht. Ich war überzeugt von der Überzeugung der Mutter.

Genügt das? Was geschieht, wenn das Kind später eine andere Überzeugung hat?

Alle Entscheidungen, die Eltern für ihr Kind treffen, gehören zu der Erbschaft, die sie ihrem Kind hinterlassen. Wichtig ist, daß ihre Entscheidungen authentisch und von Liebe für das Kind getragen sind. Dann können Eltern auch noch dazu stehen, wenn sie später zu anderen Schlüssen kommen sollten. Je klarer und bewußter sie zu ihren Entscheidungen stehen, desto produktiver und versöhnlicher können sie sich später mit den Kindern auseinandersetzen.

Selbsthilfegruppen verlangen, daß nicht-lebenserhaltende Eingriffe verschoben werden, bis Betroffene selbst entscheiden können. Können Sie das verstehen?

Ja, das kann ich gut verstehen, und ich bringe auch immer alternative Lösungen zur Sprache. Aber Kinder leben im elterlichen Kosmos, nicht auf einem anderen Stern. Eltern können nur das tun, was ihrem Selbstverständnis entspricht. So ging es auch dieser Mutter.

Wie verlief die weitere Entwicklung des Kindes?

Nach zwei Jahren rief die Mutter an und sagte: »Ich brauche unbedingt ein paar Stunden Therapie. Ich habe Schwierigkeiten mit meiner Tochter.« – »Was für Schwierigkeiten? Berührt das die Intersexualität?« – »Nein«, sagte sie ganz sicher, »daran habe ich keinen Gedanken verschwendet.« Dann lernte ich die Tochter kennen, ein bezauberndes Mädchen. Wo war das Problem? Sie stieg über Tische und Bänke. »Wie kommt das?«, habe ich die Mutter gefragt. »Wenn ich überlege, was für Frustrationen sie später erlebt«, sagte sie, »kann ich sie doch nicht schon im zarten Alter von zwei Jahren frustrieren.« Mit der Intersexualität hatte die Mutter keine Probleme, das Mädchen vermutlich auch nicht.

Aber sie setzt dem Kind keine Grenzen, weil es intersexuell ist?
Von ihrer Entscheidung »Mädchen« ist die Mutter tief überzeugt. Aber dann werden plötzlich solche krassen erzieherischen
Fehler gemacht: ich darf ihr keine Grenzen setzen. So ein Gedanke
zeigt, daß sie gar nicht in der Gegenwart, sondern weit in der
Zukunft ist. Viele dieser Eltern sind täglich auf dem Beobachtungsposten und registrieren, ob ihr Kind sich erwartungsgemäß
verhält.

Das spüren die Kinder natürlich auch.
Ja, nicht selten rebellieren sie. Andere passen sich an, und das
kann mit der Gefahr eines Selbstverlustes verbunden sein. Je ei-
genständiger das Kind ist und seinen Weg geht, desto mehr fühlen
sich manche Eltern bedroht.

*Was geschieht, wenn ein intersexuelles Kind, das zum Mädchen
hin operiert wurde, zunehmend jungenhafte Verhaltenweisen
zeigt?*
Ein Kind fällt mir ein, da trafen die Eltern nach einer Woche
»in der Hölle«, wie sie es nannten, die Entscheidung »Mädchen«.
Dann versenkten sie das Thema in den Tiefen ihres Bewußtseins
und lebten in der Erwartung, das wird jetzt ein Mädchen sein.
Sie gerieten immer mehr in Verzweiflung, als ihre Tochter diesem
Bild nicht entsprach. Als das Mädchen vier war, sagten sie völlig
verzweifelt: Wir haben die falsche Entscheidung getroffen.

*Aufgrund des Verhaltens? Hätten sie auch so empfunden, wenn
das Kind von Anfang an körperlich eindeutig gewesen wäre?*
Wohl nicht. Sie kamen völlig aufgelöst zu mir. Sie waren noch
sehr jung, hoch motiviert und auch sehr klug. Vom Leben noch
nicht so gebeutelt. Im Grunde machten sie alles richtig, nur den
Begriff dessen, was ein Mädchen ist, mußten sie ein wenig erweitern. Mit dieser Erleichterung fuhren sie wieder nach Hause.
Vier Wochen später rief mich die Mutter an und erzählte, wie das
Mädchen zu ihr kam und die Bürste nahm, was sie relativ selten
tat, um sich die Haare zu bürsten. Dazu sagte sie: »Mama, Mädchen kämmen sich doch so oft.« Ja, sagte die Mutter und dachte:
was kommt jetzt? »Ich bin gar kein richtiges Mädchen«, sagte
das Mädchen. Und die Mutter: »Was bist du denn?« Und sie: »Ich
bin ein Junge-Mädchen.« Die Mutter antwortete: »Gut, dann

bist du ein Junge-Mädchen.« Das Mädchen legte die Bürste hin und ging. Das war's. Kommentar der Mutter: Vor der Beratung wäre sie vor Ohnmacht vom Stuhl gefallen. Jetzt gab es überhaupt kein Problem. Ihre Tochter ist ein Junge-Mädchen. Ich war selbst erstaunt, wie schnell die Eltern begriffen, daß das eigentliche Problem ihre Weltsicht, ihre Sicht auf das Kind war, die sie so verengt hatten, daß kein Platz für eine Variante war. Sie schauten immer nur, spielt es mit Puppen? Ein Puppenwagen wurde in das Kinderzimmer geschoben, und das Kind hat eine Raketenabschußbasis daraus gemacht. Dann begriffen sie, daß es ein Vergewaltigungsversuch war, was sie machten. Und hörten sofort damit auf.

Das sind sicher Sternstunden?
Viele Eltern begreifen, worum es geht, wenn man es ihnen erklärt. Sie begreifen auch, daß sie sich ihren Ängsten stellen müssen. Oft geht es dabei gar nicht um ihr Kind, sondern um sie.

Sollte jedes Elternteil Therapie oder Beratung bekommen?
Therapie nein, Beratung ja. Aber das geschieht selten. Doch bei den Kindern wird immer sofort erörtert, ob sie operiert werden sollen oder nicht.

Die Kritik aus den Selbsthilfegruppen trifft die oft problematische ärztliche Behandlung. Wie sehen Sie die Rolle der Ärzte?
Die Ärzte waren lange die einzigen, die sich überhaupt um Intersexuelle kümmerten. Zwar aus ihrer Sicht und in ihrer Begrenztheit, teilweise mit Arroganz und Omnipotenzhaltung, aber immerhin. Psychologen nehmen Intersexualität bis heute nicht zur Kenntnis. Daher finde ich es manchmal unfair, wenn die einzigen, die sich überhaupt gekümmert haben, so angegriffen werden. In den öffentlichen Äußerungen der Betroffenen fehlt mir die kritische Auseinandersetzung mit den eigenen Eltern, und ich frage mich manchmal, ob die Ärzte da auch stellvertretend etwas abbekommen.

Was brauchen die Eltern?
Die Eltern brauchen die Einsicht, daß es sich um ein gesellschaftliches Problem handelt. Und sie brauchen ein Wissen über sich selbst. Was bedeuten Kinder für sie? Was bedeutet ihnen die ei-

gene Sexualität? Was haben sie für ein Lebenskonzept? Eine kleine Forschungsreise durch sich selbst müssen die schon machen. Besonders, wenn sie so starke negative Gefühle haben, zum Beispiel: Ich kann das Kind gar nicht angucken, ich ekle mich vor dem.

Was machen Sie als Therapeut, wenn Eltern solche Gefühle aussprechen?
Ich bestärke sie. Ich glaube es ihnen, wenn sie das sagen. Sie ekeln sich also.

Und dann? Wie geht es weiter?
So etwas sagte neulich ein Vater. Der hatte sich ein Kind gewünscht. Der will sich nicht vor seinem Kind ekeln, aber er tut es. Ich führe ihn ganz sanft an den Konflikt heran. Daß er ein Kind hat. Und doch ekelt er sich davor. Er darf diesen Gedanken im vollen Ernst und der ganzen Wucht denken und fühlen. Das ist erst mal völlig in Ordnung. So sind Menschen manchmal. Die ekeln sich vor ihren Liebsten. Dann kommt langsam der Konflikt zwischen seinem Gefühl und der Bedeutung, die das Kind für ihn hat: Es ist ja nun mal Ihr Kind, was machen wir jetzt? Man muß den Konflikt verschärfen, am Köcheln halten, bis sich eine Lösung abzeichnet. Er muß in sich beobachten können, wie die Waage hin und her schwankt. Positive und negative Gefühle. Bis sie sich zu einer Seite neigt. Welche, ist nicht vorhersehbar. Es ist auch in Ordnung, wenn er sagt, ich finde keinen Zugang zu meinem Kind. Dann geht es wie in jeder Beziehung um Trennung. Wer kann das Kind aufnehmen? Die Großeltern, Onkel, Tante? Denn unter dieser schwarzen Sonne – Ekel – kann kein Mensch leben. Das ist keinem Kind zuzumuten.

Und wie wurde das gelöst?
Ich bin so lange auf seinem Ekelgefühl herumgeritten, bis es dem Vater selbst seltsam vorkam. Plötzlich fing er an, so nebenbei zu erzählen, daß sein Sohn doch ziemlich viel weiß. Natürlich suche ich immer nach solchen Ansatzpunkten. Nicht, um ihn umzustimmen, das kriege ich sowieso nicht hin. Sondern um den Konflikt zu verschärfen. Eine glatte Ablehnung ist kein Konflikt. Darauf kam plötzlich diese Bemerkung: der weiß ja recht viel. Es tauchte also eine andere Stimme auf. Und die habe ich hervorgezerrt.

Also: ich habe ein cleveres Kind?

Ja, der Vater war erstaunt: So weit kann der Sohn altersmäßig noch gar nicht sein, und trotzdem sagt er solche klugen Sachen. Bei einer Kirchenbesichtigung hatte der plötzlich sein Geschichtswissen ausgepackt und den Vater damit sehr beeindruckt.

Wie alt ist das Kind?

Neun Jahre. Ein sehr intelligentes und belesenes Kind.

Machen Sie denn mit Eltern und Kind Therapie?

Nein. Das sind therapiebegleitende Elterngespräche, keine eigenständigen Therapien. Die Kinder wissen, daß ihre Eltern zur Beratung kommen und daß sie nichts aus den Therapiestunden erfahren. Ich frage sie genau, was ich sagen darf. Es sind zwei getrennte Bereiche. Ich lasse mich von den Eltern auch nicht ausfragen.

Wie hält man diese Zerreißprobe als Therapeut aus?

Wenn ich mir dieses Kind anschaue, so ein reizendes Kind. So klug, so altklug, wie es ist. Ich kann mir gar nicht vorstellen, als Vater dieses Kind nicht zu lieben. Und ich sehe in dem Kind den Schmerz, wenn der Vater diese starke Ablehnung äußert. Wenn ich das spüre, kann ich das aushalten. Ich stehe dann vor einer existentiellen Situation wie vor einem Gemälde, einer riesigen Landschaft. Ich sehe das Drama, das sich abspielt. Empfindung, Beobachtung und Reflektion schaffen mir kreativen Abstand. Wenn es mir zu sehr an die Nieren geht, nutze ich professionelle Abgrenzungsmechanismen. Es ist sehr schwer auszuhalten, wenn die Eltern einen so negativen Affekt auf die eigenen Kinder haben. Manchmal sage ich ihnen das auch: Versuchen Sie sich vorzustellen, Ihr Sohn ist hier, und Sie kübeln ihm das über.

Wir haben vorhin gefragt, was den Eltern hilft. Was hilft den Kindern?

Kinder brauchen das Gefühl, so wie ich bin, so bin ich in Ordnung.

Und das kriegen sie in der Familie nicht vermittelt?

Es ist immer gebrochen.

Mit dieser Gebrochenheit kommen die Kinder zu Ihnen. Was machen Sie dann?

Auch die Kinder müssen diese Gebrochenheit erleben können. Es ist ja kein konkretes Gefühl, kein bestimmter Konflikt, unter dem sie leiden, sondern ein diffuses Gefühl, mit mir stimmt etwas nicht, ich bin irgendwie anders. Das Problem an sich haben intersexuelle Kinder mit anderen gemeinsam. Wenn an ein Kind immer riesige Erwartungen gestellt werden, man aber nie Vertrauen hat, daß es diese Erwartungen erfüllt, wird das Gefühl »ich bin in Ordnung« immer gebrochen. Auch hier lasse ich das Problem sich entfalten, versuche, den Konflikt zuzuspitzen. Der aggressive Impuls muß zum Vorschein kommen: Verdammt noch mal, das lasse ich mir nicht gefallen, ich nehme mein Leben selbst in die Hand! Auch wenn ich intersexuell bin, scheiß drauf, ich will ein gutes Leben führen. Es sind sehr aggressive Kinder dabei, die überall anecken, weil sie Frustration nur schwer aushalten können.

Warum ist das so schwer für diese Kinder?

Diese Kinder führen einen Überlebenskampf. Intersexuelle haben in unserer Gesellschaft keinen sozialen Raum. Es gibt kein Modell eines solchen Lebens, das man ihnen vermitteln könnte. Die aggressiven Kinder müssen auch lernen, diesen Kampf zu führen und gleichzeitig Grenzen einzuhalten. Die depressiven Kinder müssen lernen, die Grenzen auszuweiten. Ist der selbsterhaltende Impuls schon mal da, dann muß man ihn nicht erst päppeln. In der Therapie versuche ich, mit dem Kind einzukreisen, wogegen sich der Impuls richtet. Dann kommen diese ganzen tiefen Ängste, die Trauer, die Verzweiflung zum Vorschein und die Frage: Wer bin ich eigentlich? Als ein Mädchen erfuhr, was sie immer geahnt hatte, daß sie nicht eindeutig zur Welt gekommen ist, saß sie völlig verloren da, guckte aus dem Fenster und sagte: Alle Menschen wissen, was sie sind, nur ich nicht. Dann sind sie so konfrontiert mit der Wahrheit und so verloren in diesem Wissen. Dann muß man dabei sein, und man muß es so stehenlassen. Dieses Gefühl von Verlorensein darf man nicht überspielen. Sie müssen die Kraft finden, das zu spüren. Dann können sie das Gefühl in sich integrieren. Das heißt ja nicht, daß das zehn Jahre anhält.

Wie ist das mit dem Gefühl: Niemand kann mich verstehen?

Ich versteh' es auch nicht. Aber du kannst mir das ja zeigen, was hältst du davon? Ich werde mich bemühen. Ich kann dir keine Garantie geben, daß ich das verstehe. Aber ich habe ein bißchen Erfahrung und kann mir vorstellen, daß es mir ein Stück weit gelingen könnte. Die formulieren eine existentielle Not. Das ist mehr als ein individuelles Schicksal. Wie viele Menschen hat man in seinem Leben ganz verstanden? Und das wollen die. Sie wollen das Symbiotische verstehen. Sehr nachvollziehbar. Ich möchte mich einmal eins fühlen mit den Menschen. Was sie in einer ganz frühen Phase sicher auch mal erlebt haben – wenn die Beziehung zu den Eltern nicht ganz desolat war. Die wollen die Isolation des Menschen aufheben. Die erfahren sie, und da erfahren sie was ganz Spezifisches, was andere Menschen heute gar nicht mehr so körperlich erleben können.

Diese Menschen stellen Fragen, die sonst nicht mehr gestellt werden, sagen Sie. Ist das vielleicht auch eine Chance für die Gesellschaft?
So etwas meine ich. Die Betroffenen stellen Fragen mit ihrer eigenen körperlichen Existenz, die die Gesellschaft nicht oder noch nicht aufwirft. Das sind grundsätzliche, existentielle Fragen.

Sie sagen, in der Gesellschaft gibt es keinen sozialen Raum für intersexuelle Menschen. Haben Sie eine Vision, wie es sein könnte?
Ja, wir müssen sie einfach akzeptieren, Rücksicht nehmen und uns auf sie einstellen. Im großen wie im kleinen. Das geht nur, wenn man sich um Integration bemüht, nicht um Anpassung. Wir müssen in diesen besonderen Menschen etwas erkennen können, was für uns als Nicht-Betroffene eine Bereicherung, einen Wert darstellt. Und wir müssen ihre Fragen zu unseren eigenen machen. Dann gelingt die Integration.

Eine kulturelle Leistung also, die aus dieser Gruppe kommt?
Ich glaube, das ist eine Bedingung. Und eine zentrale Aufgabe ist Aufklärung, zum Beispiel an Schulen. Ich bin zum Schulsenator gegangen und habe gesagt, Intersexualität müßte in den Sexual-erziehungsunterricht. Er war einverstanden, und ich wurde auf-gefordert, am Handbuch für Lehrer mitzuarbeiten. Dann hieß es, dafür sei kein Geld da. Aber umsonst konnten sie es auch nicht annehmen.

Absurde Bürokratie?

Ja. Es sollte ein Versuch werden, Intersexualität im Berliner Sexualkundeunterricht zu verankern. Daran hätte sich eine bundesweite Kampagne angeschlossen. Ich wäre auch gerne in den Unterricht gegangen.

Welche Veränderungen sind außerdem nötig?

Die Psychologie muß Kolleginnen und Kollegen ausbilden. Wir brauchen Theorie und Reflektionen. Es gibt ein zweibändiges psychoanalytisches Werk über die Entwicklung der Geschlechtsidentität, da steht kein einziges Wort zu Intersexualität drin, und das ist ein gängiges Standardwerk. Das Thema Geschlechtsidentität halte ich für interessant, aber nicht für die entscheidende Frage.

Was ist die entscheidende Frage?

Was ist der Mensch? Die Frage ist heute nicht mehr aktuell. Sollte sie aber sein. Ich glaube, das eigentliche Problem ist ein philosophisches. Das Phänomen Intersexualität fällt ja aus unserer Kultur heraus. In unserer Gesellschaft haben diese Menschen keinen sozialen Raum, sie sind überhaupt nicht selbstverständlich. Was ist der Mensch? Wenn ich das nicht weiß, ist die Frage nach der Geschlechtsidentität, nach Mann und Frau, sinnlos. Ich entwickle mich ja nicht als Geschlechtswesen außerhalb meiner Selbst.

Mann oder Frau – ist das also nicht so wichtig?

Wenn man Kinder haben will, ist es natürlich unverzichtbar, zu wissen, was Mann und Frau ist. Aber ist das der einzige Leisten, den wir haben für unser tiefstes Selbstverständnis als Mensch?

Warum beschäftigt sich die Psychologie insgesamt nicht mit diesem Bereich?

Ich glaube, die Psychologen sind nur deswegen nicht beunruhigt, weil sie das Problem noch gar nicht wahrgenommen haben. Sonst hätten sie bemerkt, daß unsere herkömmlichen Vorstellungen von Mann und Frau nicht mehr stimmen. Aber wenn man in einem professionellen Rahmen ist, wird man auch eine andere Person. Man wandelt sich zu einer Autorität, die man gar nicht ist. Und wird hilflos. Das gängige Mittel im Umgang mit bedrohlicher Veränderung ist, die Welt zu vereinfachen, bis man sie wieder ertragen kann. Das gilt auch in der Wissenschaft. Wenn man in diesem professionellen Bereich plötzlich entscheiden soll, was ist Junge, was ist Mädchen, trauen sich viele nicht zu sagen, das weiß ich auch nicht. Dazu fehlt oft das Format.

Wenn Sie jetzt – sozusagen als Seemann – mal auf den Beobachtungsposten gehen und per Fernglas in die Zukunft schauen, was möchten Sie dort sehen?

Dann möchte ich auf die Frage, ist das ein Junge oder ein Mädchen, gern sagen: Ach, finden Sie nicht, daß wir die Frage jetzt einfach mal ad acta legen sollten und das Kind in den Arm nehmen?

Ein mögliches Modell: Patenschaften

Englische und amerikanische Intersex-Organisationen[69] machen gute Erfahrungen mit einem Modell von Patenschaften. Jetzt startet auch die Selbsthilfegruppe der *XY-Frauen* den Versuch, Familien mit kleinen intersexuellen Kindern und erwachsene Betroffene auf diese Weise in Kontakt zu bringen. Ihr Anliegen: den Kindern die Einsamkeit zu ersparen, unter der die heute Erwachsenen alle litten. Maria Matthes und die Familie Henningsen sind die ersten.

»Ich habe die Luxusausführung!«
Maria Matthes, 34, Speditionskauffrau, Hamburg

»In 80 Prozent meines Lebens denke ich nicht daran und bin Frau. Aber es gibt Tage, da hänge ich im Tunnel. Da könnte ich das nehmen und gegen die Wand schmeißen.« Meist aber scheint die 34jährige Maria Matthes* ganz gut mit ihrem Leben zurechtzukommen. Sie ist verheiratet – zum zweiten Mal –, arbeitet bei einer Spedition, und sie läuft begeistert Marathon. Zum Marathon hat sie ihre eigene Einstellung: »Die unter drei Stunden laufen, na gut, die machen das eben beruflich.« Aber die anderen, so wie sie, die nicht unter fünf Stunden ins Ziel kommen, das sind die richtigen Marathonläufer.

Was sie – manchmal – »gegen die Wand schmeißen könnte«, ist ihre sogenannte reine Gonadendysgenesie, mit der sie ungewöhnlich offen umgeht. Man könnte sagen, gesteht sie, sie prahle damit: »Ich bin so'n Typ, ich drück' das jedem auf, wenn es mir nur irgendwie gelingt, das Gespräch in die Richtung zu lenken. Viele von uns halten das jahrelang im Schrank. Ich nicht. Bei mir in der Firma weiß jeder: Ich hab' einen männlichen Chromosomensatz und keine Eierstöcke. Kinder kann ich nicht kriegen.« Seit 17 Jahren weiß Maria das. Das Ausbleiben der Regel hatte zu einem Arztbesuch geführt. Die Blutuntersuchung zeigte, daß ihre Hypophyse ausreichend Hormone ausschüttete. »Hormone sind da«, sagte der Arzt, »nun müssen wir die Chromosomen untersuchen.« Man kann sich richtig vorstellen, wie Maria morgens in die Firma kam mit dem Gruß: »Guten Tag allerseits, meine Chromosomen werden untersucht.« Drei Wochen später war das Ergebnis da. Eine halbe Stunde nahm der Arzt sich Zeit, um schließlich mit der Botschaft rauszurücken: »Dann wird es wohl so sein, daß Sie keine Kinder kriegen können.« Marias knapper Kommentar: »Das habe ich mir schon gedacht.«

Warum geht sie so offen mit etwas um, das die meisten am liebsten verbergen würden? Maria hat eine besondere Strategie, ein Minus in ein Plus zu verwandeln. Und irgendwie hat es auch etwas mit ihrer Kindheit zu tun. Maria und ihr Bruder hatten es zu Hause nicht allzu leicht, wenn es darum ging, etwas zu wissen, zu können, gut oder wichtig zu sein. Den Platz hielt schon Papa besetzt. Maria: »Man mußte schon den Mount Everest bestiegen haben, um vor ihm etwas zu gelten. Deshalb bin ich eben ein bißchen geltungsbedürftig geblieben.« Was bleibt einem Mädchen da übrig? Maria sagt, sie brauchte Lob, wollte auch irgendwann diejenige sein, die etwas weiß. Deshalb wurde sie in der Schule zur Besserwisserin. Das macht nicht gerade beliebt. Streber nannten die anderen sie. Da hat sie gelernt, das andere, das Besondere an sich zu schätzen, das, was die anderen nicht hatten. »Die meisten Frauen sind fruchtbar«, so geht Marias These, »und wenn man unfruchtbar ist, ein bißchen Mitleid kriegt man da schon ab.« Doch manches machte der Vater auch richtig. Weder Maria noch ihr Bruder wurden in Geschlechterrollen gepreßt. Sie durften ausprobieren, womit sie spielen, was sie machen und welchen Beruf sie ergreifen wollten. »Er hat uns gelassen«, sagt sie, »vielleicht sogar ein bißchen zu viel.«

Nur den richtigen Mann finden?

Maria hat also XY-Chromosomen, eine Gebärmutter und Eileiter, aber keine Eierstöcke. Lange Zeit habe sie sich nicht damit beschäftigt. Dann gab es wieder Phasen, Mitte 20, da sei es ihr schlecht damit gegangen. Beim Surfen im Internet ist sie vor einem Jahr über eine Homepage gestolpert. Intersexualität? Hermaphroditen? So eine Gruppe gibt es? Sofort hat sie eine Mail hingeschickt. Und dann gleich noch eine. Maria: »In der Mittagspause saß ich dann vor dem Computer und kriegte gleich sechs Mails auf einmal. Und alle schrieben: ›Hallo, ich auch.‹ Das war unbeschreiblich.«

So locker und gelassen, wie Maria es schildert, scheint ihr doch nicht zumute gewesen zu sein, wenn der Kontakt mit anderen solche Erleichterung auslöst. Und ganz so leicht ist der Umgang mit dem Thema auch in der Firma nicht.

Maria: »Einer meiner Kollegen hatte etwas zu feiern, und ich wußte den Anlaß nicht. So fragte ich jemanden. Der erzählte mir, daß der andere die Geburt seines Kindes feierte und ich das später sicher auch so machen würde. Da sagte ich nur: ›Nein, ich nicht. Ich bin unfruchtbar.‹ Da meinte er: ›Ach, das wird schon gehen.‹ Wenn das Gespräch auf Kinder kommt, sage ich meistens, daß ich keine bekommen kann. Ab und zu gibt mir jemand den Rat: ›Du brauchst nur den richtigen Mann, dann geht es schon.‹ Wenn ich dann – meist sehr provokativ – von XY und Intersexualität erzähle, machen sie betretene Gesichter. Ich fühle mich nicht ernstgenommen, und das ärgert mich sehr. Wenn ich aber die ganze Geschichte rausgelassen habe, sind die Leute keinesfalls abgeschreckt, ich fühle mich auch nicht abgelehnt. Es ist nur eine große Mühe, bis man mir das endlich abkauft.«

Gebärmutter inklusive

Meist aber, wenn man Maria zuhört, kann man in Versuchung geraten zu glauben, das Leben sei eine große Gaudi. Zum Beispiel, wenn sie von den Gesprächen mit anderen Intersexuellen über Hormonpräparate berichtet. Den meisten XY-Frauen werden Hormonpräparate verschrieben, weil ihr Körper keine oder kaum weibliche Hormone produziert. Hormone schieben die weibliche geschlechtliche Entwicklung an. Gespräche darüber klingen manchmal ähnlich, wie wenn Frauen über die Anti-Baby-Pille oder Wechseljahrshormone fachsimpeln. »Wieso nimmst du denn ein Zwei-Phasen-Präparat?« fragte Marias Freundin sie verwundert. Ein Zwei-Phasen-Präparat enthält Gestagene, die für das Abbluten der Gebärmutterschleimhaut sorgen. Frauen mit AIS oder 5-alpha-Reduktase haben keine Gebärmutter. Maria schon. Bei Gonadendysgenesie geht die innere Entwicklung zur Weiblichkeit ein bißchen weiter. »Ach, du hast ja die Luxusausführung!« sagte die Freundin ironisch, »mit Gebärmutter.« Nicht nur das, sondern auch mit gebrauchsfähiger Scheide. Und nun kommt wieder ein typischer Maria-Scherz: »Und wie«, fügt sie an. Marias Witze haben hin und wieder eindeutig XY-Qualität.

Mit dieser Ausstattung, Gebärmutter und Scheide, könnte sie ein durch In-vitro-Fertilisation befruchtetes Ei austragen. Sie wäre nicht die erste Frau mit Gonadendysgenesie, die das macht. »Sonst noch was?« meint Maria trocken, als sie diesen Vorschlag hört, und ergänzt: »Da fehlt mir das romantische Element. Die Überraschung.« Und sofort geht sie in die Parodie: »Schatz, oh Gott, ich bin schwanger. Ich habe die Pille vergessen!« Für eine begnadete Mutter, der etwas Unverzichtbares entgangen sei, hält sie sich ohnehin nicht. Wie anstrengend ein ganzer Tag mit spielenden Kindern sein kann, hat sie neulich festgestellt, als sie zusammen mit ihrem Mann die Familie Henningsen in Husum besuchte. Da begann der Tag um 6.30 Uhr, als die süßen Kleinen hellwach und lauthals flüsternd vor ihrer Tür berieten, ob der Besuch wohl schon wach sei.

Auch ihrem Mann hatte Maria keine großen Eröffnungen über ihre Chromosomen zu machen brauchen, er ist einer der Kollegen, denen sie die ungeschminkte Wahrheit erzählt hatte. Und die es offenbar genauso gelassen aufnahmen wie andere Mitteilungen von Maria: daß sie Marathon läuft, ein Internet-Spezi ist, viel surft, in Chats plaudert und über jedes der großen Transportunternehmen eine kleine Geschichte zu erzählen weiß. Das und noch viel mehr macht Maria aus. Kein Grund, mit irgendwas hinter dem Berg zu halten.

»Ich hab' Puzzlesteine vom Jungen,
aber ein Mädchen bin ich trotzdem.«

*Antje, 3, Eske, 38, Hauke, 36, und Sönke Henningsen, 5,
Schleswig-Holstein*

»Wir stehen grundsätzlich auf dem Standpunkt, es ist *ihr* Körper«,
sagt Eske Henningsen*. Sie sagt es gelassen, aber auch entschieden. »Eine Operation aus kosmetischen Gründen kommt nicht
in Frage. Wir haben nur dafür Sorge zu tragen, daß sie gesund
bleibt, solange sie selbst es noch nicht kann.« Im Augenblick sorgt
die 38jährige Eske mit dem Lieblingsessen fast aller Kinder für
die Gesundheit ihrer Tochter: Nudeln mit Tomatensauce. »Hier
geht es etwas rustikal zu«, kommentiert sie und stellt die Pfanne
auf den Tisch. Mit der phänomenalen Geistesgegenwart von Müt-
tern (und einigen Vätern) hindert sie Gläser am Umkippen, volle
Teller am Fallen, Streitigkeiten am Entstehen und redet dabei
genauso ruhig weiter: »Wir können uns unser Kind nicht zurechtschnipseln. Ich könnte ihr ja auch nicht die Haare färben oder
eine Gesichts-OP machen lassen, wenn mir ihr Gesicht vielleicht
nicht paßt.« Niemand würde auf die Idee kommen, am Gesicht
der dreijährigen Antje herumzuoperieren. Es ist ein schönes Klein-
mädchengesicht, an dem es nicht das Geringste auszusetzen gibt.
Wenn man von der Nudelsauce absieht.

Antje hat eine gemischte Gonadendysgenesie, eine untypische
Entwicklung der Keimdrüsen, die oft erst in der Pubertät – besser: wegen der ausbleibenden Pubertät – entdeckt wird. Bei Antje
zeigte die Kernspintomographie Keimdrüsen, die sich auf der einen Seite zu Hoden, auf der anderen in Richtung Eierstöcke ent-
wickelten. Nur wenige Kinder werden im ersten Lebensjahr rönt-
gentechnisch durchleuchtet. Warum Antje? Eske: »Sie hat eine
vergrößerte Klitoris, das konnte man sehen. Man erklärte uns,
bei Neugeborenen komme das manchmal vor, wenn die Mutter
in der Schwangerschaft erhöhte Testosteronwerte gehabt habe.«
Offenbar hatten die Ärzte Antjes vergrößerte Klitoris für ein Symptom von AGS gehalten. Aber sie wollten andere Möglichkeiten
ausschließen: »Wir mußten unsere Einwilligung für einen Bluttest geben«, erinnert sich Eske, »zur Vorsicht, sagte der Arzt.
›Nicht, daß sie ein Junge wäre‹, so drückte der sich aus.«

»Eine Nudel wollte von meinem Teller runter«, verkündet
Antje, voll auf ihr Mittagessen konzentriert. »Die wollte weglau-

fen«, vermutet ihr Bruder Sönke. Die Familie Henningsen lebt
bei Husum und entsprechend friesisch sind ihre Namen. Sönke
ist schon fast fünf, deshalb versteht man ihn auch bei vollem
Mund besser als seine kleine Schwester. »Vielleicht wollte sie in
die Sauce«, geht Antje auf das Nudelspiel ein, »oder meinen ganzen Fruchtsaft austrinken.«

»Wie sagst du immer zu mir?« bemüht Eske eine der raffinier-
teren Mütterstrategien, »mit vollem Mund redet man nicht, sagst
du immer zu mir.«

»Das sag ich immer zu Opa«, verrät Antje, strahlend und mit
vollem Mund.

»Da fällt mir ein guter Witz zu ein, aber den erzähle ich lieber
erst auf der Rückfahrt«, sagt Maria, lacht voller Vorfreude und
ergänzt, als alle sie erstaunt angucken: »Das ist ein Erwachsenen-
witz.«

Maria Matthes hat ein Faible für Scherz, Ironie und Witze in
unerwarteten Momenten. Die 34jährige lebt in Hamburg. Von
dort sind wir frühmorgens gemeinsam nach Husum gefahren,
um die Familie Henningsen zu besuchen. Maria ist Antjes Patin.
Nicht im christlichen, sondern sozusagen im chromosomalen
Sinne. Dem amerikanischen Modell folgend versucht auch die
Selbsthilfegruppe der *XY-Frauen*, Familien mit intersexuellen
Kindern und erwachsene Betroffene in Kontakt zu bringen. Eske:
»Darum sind wir in die Gruppe gegangen. Antje soll erleben, daß
es noch andere Kinder gibt wie sie. Wenn sie eine Patentante hat,
sieht sie, daß man auch als Erwachsener ein ganz normales Leben damit führt. Man ist kein Zombie und landet nicht in einer
Gosse.« Maria (trocken): »Na, guck mich an.« Maria Matthes
ist schlank und groß. Den Umgang mit Antje und Sönke übt sie
noch. Sie sehen sich heute zum zweiten Mal.

»Ist doch wahr«, setzt Maria zynisch nach, »wir sehen alle viel
zu normal aus. Schwarzen Bart schminken, Narbe auf die Wange,
Tattoo: Ich bin intersexuell«, schlägt sie vor, ruft sich aber gleich
zur Ordnung: »Wir sind ja wieder fies heute.« Maria hat keine
eigenen Kinder und wird sie auch nicht haben. Sie wurde ebenfalls mit einer Gonadendysgenesie geboren. Erst als sie 17 war
und ihre Mutter sie wegen der immer noch nicht eingetretenen
Regel zum Arzt »schleppte«, wurde dies diagnostiziert. Maria
hatte sich bis dahin nicht besonders am Ausbleiben derselben
gestört: »Wer will das schon, Blut in der Hose?« meinte sie etwas

schnodderig während der Autofahrt, als sie in ihrem typischen Stakkatoerzählstil ihr Leben vor mir ausbreitete. Auch daß sich damals kein Busen bei ihr entwickelte, scheint sie nicht sonderlich irritiert zu haben. Was sie erzählt, klingt anders als die vielen Berichte, die ich gehört habe.

»Meine beste Freundin damals war auch so ein flachbrüstiges Wesen«, sagt sie. Das mag das Gefühl, anders zu sein, gemildert haben. »Die hatte zwar schon mit 14 die Regel, aber ich hab sie nicht beneidet.«

Krebsrisiken und Wachstumsschübe
Mediziner nennen Marias Konstitution »reine Gonadendysgenesie«. Das Krebsrisiko wird hierbei geringer eingeschätzt als bei der gemischten Form – doch noch sind das nur Vermutungen. Als Maria 19 war, wurden ihre Gonaden entfernt, die sich bis dahin unauffällig im Verborgenen gehalten hatten. Ab 17 nahm sie Östrogene. Die lösten einen Wachstumsschub aus, und sie schoß 20 Zentimeter in die Höhe. Jetzt ist Maria 1,84 Meter groß. Sie hat XY-Chromosomen, genau wie Antje, und genau wie diese sieht sie weiblich aus. Antje allerdings erhielt ihre Diagnose schon im zweiten Lebensjahr. Eske: »Als sie zehn Wochen alt war, sind wir zum Ultraschall in die Klinik nach Lübeck gefahren. Da bekamen wir erste Informationen. Aber die richtige Diagnose gab es erst, als die Gonaden entfernt wurden und sie direkt gucken konnten, was ihrem Bauch vorhanden ist.« Bauch ist ein Stichwort, auf das Antje reagiert: »Ich möchte noch was trinken. Apfelschorle. Ich kann das allein eingießen.«

Sönke: »Ich war bei den Feuerwehrautos in der Garage. Da habe ich auch die Feuerwehr gesehen. In einer Garage waren neun Autos drin. Da haben sie auch die Einsatzzentrale.« Hier kommt jeder zu Wort, ob er über seinen Durst oder den Tag im Kindergarten berichten will. Sönke: »Antje hat mich an den Haaren gezogen!« Eske: »Antje will wohl Ärger mit mir haben. Habt ihr denn schon gesehen, daß ich euer Indianerzelt heute wieder aufgebaut habe?« Trick 17: Das Zelt steht im Kinderzimmer im ersten Stock. Wir sitzen im Eßzimmer neben der Küche. Das ist im Erdgeschoß. Ruhe tritt ein.

Eske ist eine klare und souveräne Mutter. Hin und wieder vermißt sie ihre Arbeit als Steuergehilfin, aber den Entschluß bereut sie nicht: »Wir wollen die Kinder nicht irgendwo abgeben, nur

damit ich sagen kann, ich gehe schließlich auch noch arbeiten.«
Dafür fahren sie nicht in den Urlaub. Der 36jährige Hauke, der
gerade von der Arbeit in der Schreinerei nach Hause gekommen
ist, setzt sich zu uns. Schnell wird deutlich, wie er die Fähigkeiten
seiner Frau schätzt. Einmal, als es um Arztberichte und Informationen über intersexuelle Syndrome geht, sagt er: »Ich hatte den
Vorteil, daß ich meine Frau habe. Die hat das alles sortiert, da
fiel mir die Entscheidung leichter.«

Trotz aller Recherchen dauerte es lange, bis Eske und Hauke
Henningsen genauer wußten, was mit ihrer Tochter war. Sechs
Wochen warten auf den Bluttest, vier Wochen warten auf den
Termin in Lübeck. Eske: »Das war eine lange Zeit, wo man sich
fragte: Warum sollen wir nach Lübeck? Was erzählen die uns da?
Wir hatten damals nur das Blutbild und wußten, sie hat den Chromosomensatz 46,XY, also männlich. Mehr nicht. Und eine vergrößerte Klitoris. Im Krankenhaus sagten die, ihre Eierstöcke
wären vielleicht so klein, daß man sie auf dem Ultraschall nicht
sieht. Gebärmutter und Scheide wären vorhanden. Im Internet
sind wir dann auf den Begriff Hermaphrodit gestoßen, das hatte
ich schon mal gehört. In der Zeitschrift *Eltern* war jemand mit
einem betroffenen Sohn. Die gab uns erste Hinweise. Bei ihrem
Kind war das äußere Erscheinungsbild männlich, er hatte Hoden,
Eierstöcke und Gebärmutter. Eileiter und Gebärmutter wurden
bei der OP entdeckt und gleich entfernt. Die Eltern hat man erst
hinterher aufgeklärt, die fielen aus allen Wolken. Sie machte uns
auch auf Michel Reiters Homepage[70] aufmerksam, so daß wir
nicht ganz dumm nach Lübeck zu Professor Hiort fuhren. Aber
zu Ärzten muß man erst Vertrauen aufbauen, also haben wir uns
doof gestellt. Er mußte bei Null anfangen. Er hat es gut gemacht,
vier Stunden lang, ohne großartige medizinische Begriffe.« Auch
Hauke äußert ein bedächtiges Lob: »Er hat mit Dominosteinen
dargestellt, wie das abläuft mit Ei, Samen, Zellteilung. Jede Ver-
zweigung ist ein Organ, Hormonproduktion hierfür und dafür.
Irgendwo fällt ein Dominostein nicht um, und der Zweig ist tot.
Schön bildlich, da konnte jeder was mit anfangen.«

Was also war in Antjes Bauch versteckt? Eske: »Sie hat eine
Scheide und eine Gebärmutter. Die Scheide ist von außen noch
dicht. Das müßte eventuell gemacht werden, wenn es soweit ist.«
Wann könnte es soweit sein? Eske: »Wir hätten es jetzt machen
lassen können. Aber was nicht unbedingt medizinisch notwendig

ist, muß nicht sein. Wir wollten anfangs noch nicht mal die Gonaden entfernen lassen. Ich habe mich darüber mit allen möglichen Leuten auseinandergesetzt, nicht nur mit den Ärzten. Ich habe Michel Reiter in Bremen, Claudia Clüsserath[71] in Trier angerufen und mich beraten lassen.«

Zur Zeit schätzen Mediziner das Krebsrisiko bei unfertigen Gonaden, speziell bei Mischgewebe aus Eileiter und Hoden, wie es sich dann bei Antje fand, auf 25 bis 30 Prozent. Daher wurde auch den Henningsens empfohlen, Antjes Gonaden entfernen zu lassen. Aus einigen Selbsthilfegruppen wird allerdings kritisch auf das Fehlen von Vergleichsstudien hingewiesen. Wenn allen Betroffenen routinemäßig die Gonaden entfernt werden, woher weiß man dann, wie sie sich entwickeln würden? Andererseits: Wer will schon das eigene Kind als Testfall benutzen, ob es vielleicht doch gutgehen kann? Alle sechs Wochen wurde Antjes Urin damals untersucht, alle drei Monate mußte sie zum Ultraschall. Jede kleine Veränderung schürte die Sorge, erzählt Eske: »Die eine Seite sah im Ultraschall schon anders aus als die andere. Aber vor der OP konnte uns keiner sagen, ob das ein Leistenbruch war oder schon eine zystische Veränderung. Das war beunruhigend.« So rangen sich Eske und ihr Mann Hauke schließlich zu dieser Operation durch. Man bot ihnen auch an, dabei gleich die »Anpassung der Klitoris« zu machen. Aber das lehnten sie ab, denn, so Eske: »Wir wissen ja gar nicht, ob sie vielleicht mal sagt, ich fühl mich gut als Mann, oder ich fühl mich gut mittendrin. Irgendwann wird sie alt genug sein, daß sie es versteht. Wir werden sie darauf vorbereiten, und dann kann sie selbst entscheiden, ob sie eine Operation haben möchte oder nicht. Aus kosmetischen Gründen lassen wir nicht an ihr operieren.«

Die erste Operation liegt Eske ohnehin noch schwer in der Erinnerung: »Ich fand das ganz schrecklich. Sie war zwei Tage angeschnallt, hatte die Arme in einem Leibchen drin, damit der Rücken runtergedrückt wurde. Die Beine wurden festgeschnallt, damit sie sich nicht dreht und wendet und rumspringt. Sie haßt es immer noch, festgehalten zu werden. Eine absolute Panik kriegt sie dann. Aber vor Ärzten hat sie keinen Horror. Ich kann mit ihr zu jedem Arzt gehen, das ist überhaupt kein Problem.« Doch erforderlich ist auch das nicht mehr. Antje ist nicht anfälliger als jedes andere Kind. Ob die häufigen Untersuchungen eigentlich noch nötig wären, hat Eske dann den Kinderarzt gefragt. Die anderen Eltern wollten gern, daß er die Kinder anguckt, sei sein Kommentar gewesen. Die legten da sehr viel Wert drauf. »Wir legen da aber nicht soviel Wert drauf«, hat sie ihm erklärt. »Na gut, meinte er dann, wenn wir nicht soviel Wert drauf legen, genüge seiner Ansicht nach auch ein Besuch kurz vor Schulbeginn.« Merkwürdig sei das aber schon gewesen, ergänzt sie nachdenklich. Derselbe Arzt habe ihr gesagt, daß es in der Gegend keine weiteren intersexuellen Kinder gäbe. »Sie werden so schnell keinen finden, der genauso ist«, an diesen Satz erinnert sie sich noch gut. Da scheinen die alten Geheimhaltungsstrategien noch zu greifen. Eske: »Aber durch so eine Bemerkung – die anderen Eltern wollen das gern – kommt es dann raus.« Auch Maria erhielt die Mitteilung ihrer Einmaligkeit, die auch Einsamkeit bedeutete: »Aber inzwischen kenne ich schon fünfzig, die fast alle in meiner Altersgruppe sind.«

4 300 Intersex-Varianten?

Durch die Webseiten von Intersex-Gruppen geistert die Zahl von 4 300 Intersex-Varianten. Übertrieben finden weder Maria noch Eske diese Angabe. Zwei bis vier Prozent aller Menschen seien intersexuell, meint Eske. Bei 80 Millionen Menschen in Deutschland wären das zwischen 1,6 und 3,2 Millionen »Intersexen«. So viele, ist das nicht ein bißchen hochgegriffen? In den wissenschaftlichen Näherungsversuchen schwanken die Zahlen zwischen zwei aus 100 und einer aus 5 000.[72] Eske bleibt dabei: »Viele werden nicht entdeckt. Eine Frau, die ihre Regel nicht kriegt, geht zum Arzt, der merkt das dann vielleicht. Aber ein Mann, der Erektionsschwierigkeiten hat, geht so schnell nicht zum Arzt. Bei Frauen fällt es einfach eher auf.«

Vielleicht finden sich auch deshalb in den deutschen Intersex-Gruppen mehr Menschen, die ihr soziales Geschlecht als weiblich definieren. Vielleicht liegt es bei der Selbsthilfegruppe *XY-Frauen* auch am Namen, daß sich manche nicht gemeint fühlen. Maria bestätigt: »Ursprünglich waren nur AIS-Frauen in der Gruppe, aber jetzt ...« – und nun schmeißt sie lustig mit Fachbegriffen um sich, als steckten keine Menschen dahinter – »jetzt werden sie allmählich durch 17-beta-Hydroxylase, 5-alpha-Reduktase, 21-Hydroxylase verdrängt.«

Hauke horcht zum Kinderzimmer hin und sagt: »Ich geh mal gucken, ob alles in Ordnung ist. Die Kinder sind so ruhig.« Eske:

»Die sind beschäftigt, die gucken ein Video. Ich habe ›Bob, der Baumeister‹ aufgenommen und ›Benjamin Blümchen‹.« Aufs Stichwort öffnet sich die Tür. Antje: »Mama, ich möchte jetzt ›Benjamin Blümchen‹.« Eske: »›Benjamin Blümchen‹ kommt gleich nach ›Bob, der Baumeister‹. Solange mußt du schon warten. Willst du Teddy nicht mitnehmen, ich glaube, der möchte auch mal ein bißchen mitgucken.« Maria: »Den kenn ich gar nicht, ›Bob, den Baumeister‹.« Hauke: »Wie bitte? Du kennst ›Bob, den Baumeister‹, nicht?« Maria: »Ja, komisch. Dabei habe ich ein Faible für Kinderbücher. Ich besitze schon 1 000 Stück. Habe gerade wieder 20 dazugekauft. Ich würde gern mal ein Kinderbuch schreiben, in dem ein intersexuelles Kind vorkommt, aber keine medizinischen Ausdrücke.«

Bei der ersten Begegnung wirkt Maria burschikos, fröhlich, direkt. Aber wer will, kann die Untiefen kennenlernen, die Unsicherheiten, Verletzungen. Auf der Hin- und der Rückfahrt gibt sie Einblicke preis in eine schwierige Kindheit. Die Beziehung zum Bruder, zum Vater, der selbst keine glückliche Kindheit hatte. Einerseits ringt sie um Abstand, andererseits möchte sie ihm helfen, sich von den belastenden Resten aus dessen eigener Vergangenheit zu befreien. In einer längeren Therapie hat Maria mal versucht, das Projekt »Leben« systematisch in den Griff zu kriegen. Wenn man sie in der lebendigen, offenen Atmosphäre der Husumer Familie erlebt, kann man sich vorstellen, wonach sie sich sehnt.

Die Angst der Eltern vor der Wahrheit

Die Henningsens und Maria Matthes sind gewissermaßen das Versuchsmodell Patenschaften. Sonst hat sich noch niemand getraut. Bis das Modell in Serie geht, wird sicher noch einige Zeit verstreichen. 13 Eltern mit betroffenen Kindern gehörten im Jahre 2003 zur deutschen Gruppe. Zwei Jahre zuvor waren es nur zwei. Doch viele gehen mit der Thematik nicht so offen um. »Bis heute weiß Jenny nicht, daß sie ohne eindeutiges Geschlecht zur Welt kam«,[73] heißt es in einer *Spiegel*-Reportage über die Seelenlage der Eltern eines zwölfjährigen Mädchens. Eltern, die die Wahrheit unbekannten Lesern, aber nicht der eigenen Tochter mitteilen. Bei meinen Recherchen lernte ich auch das kennen: 14jährige, die immer noch glauben, sie hätten eine Blinddarmoperation gehabt, obwohl ihnen in Wirklichkeit die Gonaden entfernt wurden; Jugendliche mit mysteriösen Operationsnarben, für die es noch nicht mal eine Lüge als Erklärung gibt. Die Ängste mancher Eltern sprechen eine deutliche Sprache: Wenn die Wahrheit im Dorf bekannt würde, würde der Vater im Gemeinderat nicht wiedergewählt werden, würden die neidischen Nachbarn auftrumpfen, würde niemand mehr im Geschäft der Eltern einkaufen. Eske: »Wenn Eltern so was sagen, merkt man, daß die das noch gar nicht verarbeitet haben.« Trotz der Aufklärung durch Intersex-Initiativen, entscheiden sich also manche Eltern immer noch gegen Offenheit. Hauke: »Bewußt dagegen, ja. Das ist eigentlich das, was wir anklagen.« Eske: »Einige haben richtig Angst vor uns, weil wir die Revoluzzer sind.«

Die Henningsens wünschen sich, daß ihre Geschichte anderen Eltern Mut macht, wie Eske sagt, »es als von Gott oder von der Natur gegeben zu akzeptieren. Es nicht unbedingt als Nachteil anzusehen. Die Natur überlegt sich auch immer was. Evolution besteht aus Mutationen, und vielleicht ist ein Hintergedanke dabei. Gerade bei diesen spontanen Dingen, die sich kein Mensch erklären kann.« In der Tat, ohne Mutationen wären wir Menschen nie aus dem Wasser gekommen oder – später dann – von den Bäumen herunter. Antjes Gonadendysgenesie scheint auch eine spontane Mutation gewesen zu sein. Eine Ursache konnten weder Endokrinologen noch Genetiker feststellen. Hauke: »Eine Laune der Natur.« Eske: »Sie hat ganz normale XY-Chromosomen, mit SRY-Gen und allem. Dr. Hiort sagte« – im Scherz – »wenn wir Antje klonen würden, gäbe es eine fifty-fifty-Chance, daß ein ganz normaler Junge herauskäme. Es ist ganz wichtig, daß mehr Leute diese Menschen als normal akzeptieren. Man kann sie behandeln wie jeden anderen Menschen auch. Oder möchtest du anders behandelt werden, Maria?« Maria: »Ja, natürlich.« Wie denn? Maria: »Ich fände es gut, wenn ihr mich mit ›Euer Lordschaft‹ anredet.«

Antje: »Ich brauche Milch.« Eske: »Du brauchst Milch? Haben wir noch Milch da?« Antje ist eine energische, durchsetzungsfähige, selbstbewußte Person von drei Jahren. Eine hungrige Person ist sie außerdem. Eske lacht: »Ja, sie mag so gern essen. Von Anfang an schon. Ich habe beide Kinder ein halbes Jahr gestillt. Bei ihr dachte ich, ich hätte zu wenig Milch, bis ich auf normales Essen umgestellt habe. Da habe ich festgestellt, nicht *ich* hatte zuwenig, sondern *sie* hat so gefressen. Obwohl sie gar nicht danach aussah. Da paßt eine Menge rein.« Antje: »Ich habe drekkige Hände.« Hauke holt einen Waschlappen: »Schwupp-di-wupp sind deine Hände wieder sauber. Hier ist ein bißchen dünner Tee für dich. Willst du auch Wasser drin haben?« Antje: »Nö. Ich mach das selber.«

Zu ängstlich, zu sehr bedacht, sich nach außen hin nichts anmerken zu lassen, sind die meisten Familien mit intersexuellen Kleinkindern. Trotzdem kommen immer mehr von ihnen zu den Treffen. Die Männer eher im Schlepptau der Frauen, das war jedenfalls Eskes Eindruck. Vielleicht sind sie besorgt, daß durch den direkten Kontakt noch mehr außer Kontrolle geraten könnte, als es ohnehin schon ist. Nicht so die Henningsens. Warum?

Eske: »Vielleicht haben wir eine andere Einstellung, weil wir selber anderes durchgemacht haben. Einen anderen Lebensweg bis zur Geburt dieses Kindes. Wir sind seit 1997 zusammen. Ich bin einmal geschieden, Hauke hat lange Zeit mit jemandem zusammengelebt, die schon ein Kind hatte. Er hatte einen schweren Autounfall, ich bin an der Gebärmutter operiert, habe jetzt Schilddrüsenprobleme. Vielleicht kommt es daher, daß wir sagen, es gibt Schlimmeres. Wie bei einem Beinbruch. Eine sagt, toll, drei Wochen Urlaub, und der andere: Oh Gott, die Welt geht unter.« Wie war ihnen eigentlich zumute, als der Arzt beim Anblick der neugeborenen Antje sagte: »Nicht, daß sie ein Junge wäre ...«? Eske: »Da haben wir uns, ehrlich gesagt, noch keinen großen Kopf gemacht.« Hauke ergänzt: »Wir waren erstmal froh, daß sie gesund war. Mit allem anderen kann man leben.«

Kein Schock, keine Panik? Manche reagieren entsetzt oder verzweifelt. Warum nicht die Familie Henningsen? Hauke tut sich bedächtig große Kandiskluntjes in den Tee und rührt erst mal um. Dann sagt er: »Da muß ich jetzt vorsichtig sein, ich bin von zweieinhalb Frauen umgeben.« Maria: »He, Moment mal, wenn schon, dann zweidreiviertel.« Hauke: »Gut. Zweidreiviertel. Also, ich finde, bei der ganzen Aufregung der Eltern, Klitorisanpassung oder nicht, ist viel weibisches Gehabe dabei.« Maria: »Da hast du sicherlich recht.«

Vielleicht kann Maria dem Kommentar von Hauke etwas leichter zustimmen als andere. Da ihrem Y-Chromosom das SRY-Gen fehlt, blieb ihr Körper unbehelligt vom Testosteron, das eigentlich einen Mann aus ihr hätte basteln sollen. So aber machte ihr Körper, was jeder normale menschliche Körper tut, wenn er kein

Testosteron produzieren kann: Er entwickelte sich weiblich. Dazu braucht er nicht einmal weibliche Hormone, er macht das ganz automatisch. Man könnte also sagen, das weibliche Modell ist der Prototyp des Menschen. Erst in der Pubertät wird dann ein Östrogenschub erforderlich. Bei Maria trat vor der Geburt keine Vermännlichung ein – besonders nicht die Klitorisvergrößerung, die manche Eltern so irritiert. Eske: »Klitorisvergrößerung ist doch ein kosmetisches Problem. Außerdem weiß jede Frau, die mehr als zwei Männer hatte, daß die auch nicht alle gleich sind. Genausowenig sind Frauen genormt. Das muß man erstmal in die Köpfe reinbringen. Genau wie Haarfarbe, Augenfarbe, Ohren anders sind, so sind die Geschlechtsorgane auch verschieden.«

Wie erzieht man ein intersexuelles Kind?
Macht Eske das Problem kleiner, als es ist? Oder ist es für sie kein Problem? Warum bleibt es dennoch ein Tabu? Eske: »Es ist schon ein Affront gegen unsere Gesellschaft. Man ist außerhalb der Norm. Ich vergleiche das ein bißchen mit den Mischlingskindern, wie man das früher nannte. Das war ein absoluter Makel, ein Mischlingskind zu sein. Das konnte man allerdings nicht operativ angleichen. Und hier wollen die Eltern einfach nicht sehen, daß ihre Töchter oder ihre Kinder anders sind und ignorieren es. Das ist auch nicht der richtige Weg.«

Maria versucht einen anderen Vergleich: »Hier leben meist blonde Kinder«, sagt sie. »Nun stellt euch vor, in eine Klasse mit blonden Kindern kommt einer mit schwarzen Haaren. Da wird auch drüber gesprochen, und er ist deswegen kein Alien.« Und mit Blick auf Hauke ergänzt sie: »Oder einer mit roten Haaren.« Hauke ist rothaarig und rotbärtig. Er antwortet wie aus der Pistole geschossen: »Rote Haare, Sommersprossen sind des Teufels Artgenossen.«

Diesen Satz muß er aus dem Fundus seiner Kindheit ausgegraben haben. Eske: »Du findest bei jedem was. Dieser hat eine Brille, der andere abstehende Ohren. Das fängt schon im Kindergarten an, mit vier oder fünf Jahren, daß die Ohren operiert werden. ›Er hat so fürchterlich abstehende Ohren‹, sagen die Mütter, ›die hänseln ihn nachher in der Schule damit.‹ Ich denke, man sollte möglichst nehmen, was von der Natur gegeben ist. Man kann nicht alles schöner machen. Ganz abgesehen davon, daß ›schön‹ ein relativer Begriff ist.«

Sönke: »Antje hat mir meinen Rennwagen weggenommen.«
Eske: »Nimm dein Polizeiauto und fahr hinterher.« Wir reden
sehr offen über Antjes und Marias Verfassung, ob die Kinder gerade im Raum sind oder nicht. Die beiden sind komplett informiert, Eske Henningsen begann damit parallel zur ersten Operation, als Antje anderthalb war und Sönke dreieinhalb. Eske: »Mit
Genetik braucht man Kindern natürlich nicht zu kommen. Kindgerecht habe ich das gemacht. Gestern hatten wir wieder ein Gespräch, als sie aus dem Kindergarten kamen. Da gibt es noch
Regeln, was Jungen machen und Mädchen nicht dürfen. Dann
habe ich den beiden erklärt, daß Frauen früher vieles nicht durften. Männer durften alles. Heute ist Gleichstand. Früher sagten
die Männer den Frauen, was sie zu machen hatten, so ist das
heute aber nicht mehr. Als ich das erzählte, meinte Antje plötzlich: ›Ich bin aber auch ein Mädchen. Ich habe keine Eierstöcke,
das kommt, weil ich die Puzzleteile vom Jungen habe, aber ein
Mädchen bin ich trotzdem.‹«

Offenheit hat Folgen. Als nächstes muß das Personal im Kindergarten aufgeklärt werden. Es ist vorauszusehen, daß Sönke
und Antje irgendwann mit ihrem Wissen prahlen: Es gibt noch
was zwischen einem normalen Mann und einer normalen Frau.
Dann darf es nicht passieren, daß ein Kindergärtner sie zurecht-
weist: »Das ist verkehrt, was du sagst.«

Wie erzieht man ein intersexuelles Kind? Auch darüber haben
sich Hauke und Eske mit Michel Reiter auseinandergesetzt, der
auf seiner Homepage das umfangreichste deutschsprachige Angebot zum Thema Intersexualität vorhält. Unter anderem auch
einen Aufsatz über Erziehung: »Da stand, man soll diese Kinder
als ›das Kind‹ erziehen. Da habe ich mich fürchterlich aufgeregt.
Jemand, der selbst keine Kinder hat, nicht vor dem Problem steht,
sagt einfach, es muß sächlich aufgezogen werden. Das geht doch
gar nicht. In der Schule fängt es schon an. Da gibt es Umkleide-
kabinen, Jungstoiletten und Mädchentoiletten. Ich kann ein Kind,
das sechs Jahre alt ist, nicht mit der Entscheidung alleinlassen:
Hier sind zwei Toiletten, such dir aus, wohin du gehst. Es muß
wissen, daß es das Recht hat, eine bestimmte Toilette zu benutzen. Warum auch nicht? Sie pinkelt wie andere Frauen auch.«
Die Empfehlung, ein Es zu erziehen, brachte Eske Henningsen so
in Braß, daß sie gleich eine zornige Mail losjagte. Michel Reiter
reagierte schnell, am nächsten Mittag war eine Antwort da, die

Eske überraschte: »Ganz nett, auch vom Ton und von der Wortwahl her.«

Um zu verstehen, warum Eske über den sanften Ton so verwundert war, muß man wissen, daß Michel Reiter etwas von einem zornigen Guru hat. Seine Wut war der Kick-Start für die Entwicklung der Intersex-Bewegung in Deutschland. Aber verraucht ist sie noch nicht. Manchmal trifft sie auch Ahnungslose. Doch kann die Wut über 17 Operationen, Hunderte von Untersuchungen und ein Ergebnis, daß er als falsch empfindet, aber nicht rückgängig machen kann, und die Wut über den Blick hinter die Kulissen, jemals verrauchen? Eske: »Er hat es akzeptiert, wie wir das sehen. Daß sie als Mädchen, was sie vom Standesamt her ist, alle Rechte hat, auch als Mädchen aufzuwachsen. Wenn sie irgendwann mal sagt, nein, ist nicht mein Ding, kann sie in die andere Richtung wechseln. Aber das ist dann ihre Sache.«

Sönke: »Mein Feuerwehrauto! Antje hat mir das weggenommen.« Hauke zu Antje: »Hast du ihm das Feuerwehrauto weggenommen?« Antje: »Ja.« Hauke: »Gibst du ihm das wieder?« Antje: »Nein.« Hauke: »Warum nicht?«

Maria hat lange geschwiegen. Nun zieht sie ein Paar handgestrickte Socken aus der Tasche und sagt im gespielten Ton eines fliegenden Händlers: »Kennen Sie schon meine neue Kollektion?« Eske: »Du hast Socken gestrickt? Ich wußte gar nicht, daß du strickst.« Maria: »Vor zwei Jahren habe ich zehn Paar Socken für den Kirchenbasar gestrickt. Die kamen super an. Jetzt strick ich gerade welche für meinen Zahnarzt.« Eske: »Du strickst Socken für deinen Zahnarzt?« Maria: »Er hat mir eine kostenlose Spritzentherapie gemacht. Ich habe eine Spritzenphobie. Wenn Sie keine Spritze wollen, hat er mir erklärt, sagen Sie nein, stehen auf und gehen nach Hause. Habe ich gemacht. Nur um meinen Mut zu zeigen. Dann hat er mir die Spritze in die Hand gedrückt, ich durfte die angucken, und er hat mir eine Nadel mit nach Hause gegeben. Mittlerweile geht das schon ganz gut. Aber einige Sachen hast du nun mal, und die kannst du nicht ändern.« Hauke: »Ich hab nun mal rote Haare.« Maria: »Der Bart ist immer noch rot.« Hauke: »Der fängt auch schon an, grau zu werden.« Maria: »Waren die Haare auf dem Kopf mal richtig rot?« Hauke: »Die waren mal richtig rot, ja. Zu meiner Zopfzeit.« Das muß damals gewesen sein, in jener Zeit, aus der auch der Herr auf dem Poster in der Toilette stammt: Frank Zappa.

Typisch Frau – typisch Mann

Das Gespräch kehrt immer wieder zu einer Frage zurück, die wir alle nicht beantworten können und die uns fasziniert: Was ist männlich, was weiblich? Wenn es um Verstand, Gefühl und Verhalten geht, unterscheiden sich Männer und Frauen weltweit, in allen Ländern und Kulturen, nur in sechs Punkten, so sagt die Wissenschaft:

1. Frauen zeichnen sich durch sozialeres Verhalten aus, sie sind gruppenorientierter und demokratischer.
2. Männer haben eine höhere Aggressivität als Frauen. Der beunruhigende Aspekt: Männer zeigen mehr unprovoziertes, fremdverletzendes Verhalten als Frauen.
3. Sprachlich – auch das wußten wir schon – sind Frauen den Männern überlegen.
4. Männer haben dafür ein besseres räumliches Vorstellungsvermögen.
5. Männer interessieren sich stärker für flüchtige Sexualkontakte und
6. auch mehr für homosexuelle Kontakte als Frauen.[74]

Das war das statistische Mittel. Nun zu lebendigen Menschen. Maria: »Typisch Frau ist alles, was gut ist.« Hauke: »Ich halte mich zurück. Ich sage da nichts zu.« Maria: »Wenn es heißt, Frauen können nicht rückwärts einparken, dann sage ich, da habe ich was vom Mann. Ich suche mir aus, was paßt. Das ist der Vorteil, den ich mir nehme bei all den Nachteilen. Gestern bin ich im Auto nach Hause gefahren bei super Wetter, Schiebedach auf, laute Musik an. Das machen Männer, wenn sie 18 sind. Ich habe dieses Imponiergehabe auch.«

Eske hält gegen: »Frauen haben meist lange Haare. Im Mittelalter hatten Männer lange Haare. Das ist doch eine gesellschaftliche Sache.« Maria: »Meine Mutter hat mal versucht, mir Puppen nahezubringen, zu Weihnachten. Weil sie es wohl niedlich fand. Aber sie hat es mir nicht aufgedrückt.« Hauke: »Sie hat dir die Möglichkeit gegeben.« Maria: »Ich wußte nicht, was ich damit machen sollte. Dann habe ich meine Mutter gefragt: Was mache ich jetzt eigentlich mit den Puppen? Anziehen, ausziehen, Flasche geben, hat sie gesagt. Das habe ich zwei Wochen gemacht, dann lagen die wieder in der Ecke. Ich hatte mal eine Barbie, der habe ich kurze Haare geschnitten. Ich hatte auch kurze Haare.«

Wie fühlt sich eine Frau?
Von den Unterschieden kommen wir zu den Gefühlen. Wie fühlt sich eine Frau?

Maria: »Ich stelle mir vor, daß sich XX-Frauen in gewissen Bereichen des Lebens anders fühlen als ich. Zum Beispiel in der Pubertät. Normalerweise wacht man mit 13 oder so auf und stellt fest, man hat seine Tage. Bei mir passierte gar nichts. Bis ich eine Diagnose kriegte und Tabletten, da ging es im Eiltempo. Wie das bei einer Frau ist, die sich von alleine entwickelt, weiß ich nicht.« Eske versucht es mit einer milden Dosis Ironie: »Die Grundfrage: Wie hat sich eine Frau zu fühlen?« Doch Maria ist entschlossen, am Thema zu bleiben. Es ist ihr ernst: »Ich stelle mir vor, wie sich andere Frauen fühlen. Und daß ich mich nicht so fühle. Deshalb fühle ich mich nicht als Frau.«

Eske: »Man weiß doch gar nicht genau, wie sich eine Frau fühlt. Da fängt doch das Problem schon an. Wenn man das nicht weiß, kann man auch nicht sagen, man fühlt sich anders.« Maria (hartnäckig): »Also, ich fühle mich anders, als ich mir vorstelle, wie eine normale XX-Frau sich fühlt. Jeder macht sich von dem, was er nicht kennt, Vorstellungen. Ich fühle mich auch nicht wie ein Mann. Wie fühlt sich ein Mann? Oder jemand, der blind ist?« Hauke: »Das kann man sich nicht vorstellen.« Maria: »Wir haben Bilder im Kopf, und jemand, der von Geburt an blind ist, hat die nicht.« Eske: »Der muß erst Farben und Formen lernen.« Maria: »Wie will denn einer, der blind ist, Farben lernen?« Hauke: »Er kann die Harmonie der Farben erlernen, aber nicht die Farben selber.« Eske: »Die Farbe der Sonne ist warm, und Blau ist eiskalt.«

Antje hingegen findet, daß schon allzu lange nicht mehr über Essen geredet wurde: »Wir haben Erdbeeren eingepflanzt und Zwiebeln und Blumenkohl. Pflücken und kochen und dann essen.« Maria steht auf und geht mit den Kindern in den Garten. Eske schaut Maria hinterher und sagt nachdenklich: »Sie glaubt, richtige Frauen würden sich garantiert anders fühlen. Das muß ein großes Problem für sie sein.« Was fühlt eine Frau? Eske sieht auf. Wir gucken uns an. Rein äußerlich sind in dieser Runde die Frauen in der Überzahl: vier zu zwei. Chromosomal steht es allerdings genau umgekehrt. Was ist eine Frau? Ein unlösbares Puzzle, wie es scheint.

Intersexualität – ein rechtloser Zustand?

Kann das Gesetz Intersexuelle vor Fehlbehandlungen schützen, obwohl es ihre Existenz nicht wahrnimmt?

Gibt es ein drittes Geschlecht?

Intersexualität, also »das Vorhandensein von Merkmalen beider Geschlechter bei einem Individuum, wird vom Recht gleichsam ignoriert«,[75] schrieb der Jurist Hans-Georg Koch vor 17 Jahren. Inzwischen gibt es juristische Versuche, die Eintragung eines dritten Geschlechts zu erkämpfen.[76] Allerdings ist im deutschen Gesetz auch nicht definiert, was einen Mann zum Mann, eine Frau zur Frau macht. »Die Rechtsordnung«, so Hans-Georg Koch, »setzt die Unterscheidung, aber auch die eindeutige Zuordnung zum einen oder anderen Geschlecht (...) voraus.«[77]

»Der Gesetzgeber wünscht Eindeutigkeit, auch wenn sie falsch ist«
Dr. Hans-Georg Koch, Jurist, Freiburg

Hans-Georg Koch ist wissenschaftlicher Referent für Medizinrecht am Max-Planck-Institut für ausländisches und internationales Strafrecht in Freiburg und Mitglied der Ethik-Kommission der medizinischen Fakultät der dortigen Universität. Schwerpunkte seiner Arbeit sind rechtsvergleichende Untersuchungen unter anderem zu medizinischen Versuchen am Menschen, Fortpflanzungsmedizin, Schwangerschaftsabbruch, Sterbehilfe, Arzthaftungsrecht und Organtransplantation.

Gibt es den Begriff der Intersexualität im deutschen Recht?
Es gibt ihn nicht als Rechtsbegriff. Aber implizit nimmt das Personenstandsrecht durchaus Bezug auf diese biologische Möglichkeit. So kann ein Geschlechtseintrag im Geburtenbuch berichtigt werden. Damit sind nicht nur Fälle gemeint, in denen sich der Standesbeamte verschrieben hat, sondern auch jene Konstella-

tionen, in denen eine eindeutige Zuordnung
lich war oder man sich in medizinischer H

Warum muß überhaupt eine Einordnung
lich vorgenommen werden?
   Das Personenstandsrecht verlangt, da
Geburtseintrag ein Geschlecht bekomm
sexualität nichts. Das Recht ist aber Irrtümern
Nach Paragraph 21 Personenstandsgesetz wird ins Geburten
neben den Namen der Eltern, dem Zeitpunkt und Ort der Geburt
auch das Geschlecht des Kindes eingetragen. Das kann später über
sogenannte Randvermerke berichtigt werden. Der ursprüngliche
Eintrag wird nicht gelöscht oder überschrieben, sondern bleibt
weiterhin erkennbar, damit man nachvollziehen kann, was früher war. Wenn ein Kind bei der Geburt mehrdeutige Geschlechtsmerkmale hat, dann geht die Praxis oft dahin, daß Eltern den
Kindern »geschlechtsneutrale« Vornamen geben. Nach deutschem
Recht muß der Vorname das Geschlecht zwar eindeutig erkennen
lassen, aber es gibt einige Ausnahmen.

Immer mehr Eltern geben dem medizinischen Wunsch nach Ein-
deutigkeit nicht mehr nach. Müßte es nicht auch einen juristischen
Raum dafür geben?
   Früher, im preußischen Recht, gab es den. Ich würde es auch
heute noch oder heute wieder sinnvoll finden. Aber der deutsche
Gesetzgeber wünscht offenbar Eindeutigkeit, auch wenn sie falsch
ist. Oder sich später als falsch erweist. In anderen Ländern ist da
manches großzügiger. Frankreich zum Beispiel hat keine Regel,
daß der Vorname das Geschlecht eindeutig erkennen lassen muß.
Die Anzahl geschlechtsunspezifischer Vornamen ist dort viel größer als bei uns.

Was ist aus juristischer Sicht im Zusammenhang mit Intersexua-
lität zu beachten?
   Da sind zwei Kategorien auseinanderzuhalten: Erstens, Empfehlungen für zukünftige Fälle. Zweitens, Empfehlungen bei bereits
erlittenen Schädigungen.

Zur ersten Kategorie: Was sollten Eltern betroffener Kinder be-
rücksichtigen?

...m Heranwachsende geht, ist deren Mitwirkungsrecht ... zu nehmen. Bei kleinen Kindern sollten die Eltern die ...idung über entsprechende operative Maßnahmen nicht ...it den Chirurgen erörtern, sondern sie sollten auch Sexual...ediziner befragen und auf ausreichend Bedenkzeit bestehen. Sie sollten sich nicht mit einem einzigen Arzt begnügen, sondern eine Zweitmeinung einholen, auch wenn sie sich bereits umfassend medizinisch aufgeklärt fühlen.

Umfassende Aufklärung war in der Vergangenheit nicht üblich. Das Recht auf welche Informationen haben Eltern?

Das ist abhängig von dem Ausmaß der medizinischen Maßnahme und ihrer medizinischen Dringlichkeit. Außerdem davon, ob es sich um eine Standardmaßnahme handelt oder um mehr oder weniger experimentelles Vorgehen, also um »Neuland«-Medizin. Je weniger dringlich, je experimenteller, je intensiver die Maßnahme, desto umfassender die Informations- und Aufklärungspflichten. Selbstverständlich müssen bei diesen Maßnahmen beide Elternteile informiert werden, wenn ihnen das Sorgerecht gemeinsam zusteht. Wenn Ärzte von Dringlichkeit sprechen, ist stets sorgfältig zu prüfen, ob das auch wirklich zutrifft. Die juristischen Kriterien der Dringlichkeit betreffen Fälle, in denen wirklich von jetzt auf gleich gehandelt werden muß, um Leben zu erhalten. Eine Einschränkung der Aufklärungspflicht kann es in den hier zur Diskussion stehenden Fällen eigentlich nicht geben.

Wenn bei einem Kind mit schwerem AGS-Syndrom ein Harnausgang nach außen fehlt, muß schnell gehandelt werden ...

Natürlich, aber die Frage ist, was man unternimmt. Als Sofortmaßnahme kann man einen Katheter legen und muß nicht gleich auch die Klitoris verkleinern oder Hoden entfernen.

Manchen Eltern wurde gesagt: »Wir haben bei der Operation auch rudimentäre Gonaden entdeckt und gleich entfernt.«

Das ist nicht akzeptabel. Sie haben das Recht auf vorherige Information.

Wie ist das mit der Informationspflicht, wenn Jugendliche betroffen sind, zum Beispiel 16jährige?

Es gibt keine starren Altersgrenzen. Außer bei Sterilisation. Die ist bei Minderjährigen nicht zulässig. Da ist Volljährigkeit erforderlich. Es sei denn, die Maßnahme ist aus medizinischen Gründen notwendig, im Zuge einer Krebsbehandlung etwa. Im übrigen kommt es bei allen ärztlichen Behandlungen auf Einsichts- und Urteilsfähigkeit des Patienten an. Ist er urteilsfähig, dann ist nach juristischer Lehre für die Einwilligung allein seine Entscheidung maßgeblich. Auch wenn er noch keinen wirksamen Vertrag schließen kann, denn für den muß er volljährig sein. Die Praxis geht dahin, bei gegebener Einsichts- und Urteilsfähigkeit die Zustimmung der Eltern und des Minderjährigen einzuholen. Das erscheint mir auch vernünftig, geht es hier doch nicht um Dinge, die man vor den Eltern geheim halten muß, wie unter Umständen beim Schwangerschaftsabbruch. Menschen werden allmählich erwachsen, können ihr Schicksal sukzessive in die eigenen Hände nehmen. Insofern nimmt man heute in der juristischen Fachliteratur an, daß Minderjährige, auch wenn sie noch nicht einwilligungsmündig sind, ein bis zwei Jahre vorher schon eine Veto-Mündigkeit haben. Jugendliche haben das Recht, bestimmte Maßnahmen, die medizinisch nicht zwingend erforderlich sind, abzulehnen, auch wenn sie einer entsprechenden Operation alleine noch nicht wirksam zustimmen könnten.

Was sagt der Jurist dazu, wenn ein Zwölfjähriger nicht operiert werden will, obwohl Eltern und Arzt sagen, du mußt das aber machen, es ist gut für dich?
Theoretisch laufen Eltern, die den Willen des Kindes übergehen, Gefahr, damit ihr eigenes Sorgerecht infrage zu stellen, weil sie nicht zum Wohle des Kindes handeln. Das Wohl des Kindes hat eine psychische und eine körperliche Komponente. Für die Gesundheit im körperlichen Sinne zu sorgen ist das eine, und für die Psyche zu sorgen ist das andere. Beides sind Aufgaben der Eltern. Die eine Aufgabe auf Gedeih und Verderb durchzusetzen, auch wenn es medizinisch sinnvoll erscheint, kann ein Problem darstellen, wenn man dabei die andere ignoriert.

Sprache und Argumente der Ärzte führen häufig dazu, daß die Eltern einfach abnicken. Wenn etwa gesagt wird, rudimentäre Hoden bei einem Mädchen müßten wegen des Krebsrisikos entfernt werden. Es gibt aber keine Studie an Intersexuellen, die das belegt. Wie können Eltern mehr Sicherheit bekommen?

Man sollte nicht von vornherein jedes Argument von medizinischer Seite für verfehlt halten. Wenn etwa das Kind vom Phänotyp, also vom Erscheinungsbild her ein Mädchen sein soll, das Ziel also ein Erwachsener ist, der dem weiblichen Geschlecht zugeordnet ist, dieses Kind aber auch Hoden hat, dann ist es ein medizinisch begründetes Anliegen, die Hormonproduktion dieser Hoden frühzeitig zu stoppen. Ich kann es als sinnvoll nachempfinden, einzelne Teile des Körpers nicht gegeneinander arbeiten zu lassen. Wenn ich selbst ein betroffenes Kind hätte, würde ich mich trotzdem nie mit einer ärztlichen Meinung allein zufriedengeben, sondern auch in solchen Fällen immer eine zweite einholen.

Manche erwachsene Intersexuelle fühlen sich rückblickend falsch behandelt. Von fehlender Aufklärung, zu vielen oder falschen Operationen wird berichtet. Wie können sie sich ihr Recht holen?
Das erste, was ein Betroffener bei bereits erlittenen Schädigungen tun sollte, ist, die Fakten zu klären. Was ist geschehen? Durch wen? Wann? Der Patient hat ein Einsichtsrecht in seine Krankenunterlagen.

Nicht selten wird es verweigert. Was dann?
Das kann man durchsetzen. Man muß nur hartnäckig sein. Und notfalls die Kopierkosten für die Krankenunterlagen bezahlen. Selbsthilfeeinrichtungen sollten Know-how genug haben, um Gutachter zu finden, die sich in der jeweiligen Problematik auskennen. Es wird oft genug nicht so vorgegangen, wie vorgegangen werden sollte. Zum Beispiel macht es nicht viel Sinn, eine Scheidenplastik bei einer Vier- oder Fünfjährigen anzulegen, denn diese wächst nicht mit. Aus juristischer Perspektive wird besonders in dem Bereich Einwilligung und Aufklärung gesündigt.

Manche Fälle liegen zehn oder 20 Jahre zurück. Sind die verjährt?
Bei lange zurückliegenden Fällen ergibt sich vor allem das Problem der Beweisführung. Ärzte müssen die Unterlagen nur 15 Jahre aufheben. Hier stellt sich auch die Frage, will man Strafe, oder will man Schadensersatz? Strafrechtlich sind die Dinge in aller Regel verjährt. Körperverletzung verjährt normalerweise nach fünf Jahren. Bei schwerer Körperverletzung kann es zehn Jahre dauern. Oft sind die Betroffenen aber nicht an Bestrafung interessiert, sondern wollen Entschädigung oder Schmerzensgeld. Da

unterscheidet man juristisch zwischen vertraglichen Ansprüchen und Ansprüchen aus unerlaubter Handlung. Juristisch sind es zwei getrennte Wege für dasselbe Problem. Obwohl eine Gesetzesänderung die Rechtsfolgen beider Anspruchsgrundlagen angeglichen hat, ist die Unterscheidung noch von erheblicher Bedeutung für Fälle, in denen die Schädigung vor dem 1.1.2002 geschah. Deren Ausgleich richtet sich nach bisherigem Recht. Hatte der Patient in einem solchen »Altfall« vor diesem Stichtag keine Kenntnis vom Aufklärungs- oder Behandlungsfehler des Arztes, so kommt es für den Beginn der Verjährungsfrist von nunmehr einheitlich drei Jahren darauf an, wann er von der Fehlerhaftigkeit Kenntnis erlangte oder hätte erlangen können.

Können Sie das durch ein Beispiel klarer machen?

Ein Beispiel aus einem anderen Bereich fällt mir ein: Eine Patientin erlitt bei einer Beckenoperation erhebliche Komplikationen. Ihr Arzt beruhigte sie immer wieder, alles sei mit rechten Dingen zugegangen. Wenn diese Patientin von einem anderen Arzt die Auskunft erhält, da könne etwas nicht gestimmt haben, dann liegen erhebliche Zweifel an der Rechtmäßigkeit der Arzthandlung vor. Damit setzt die Verjährungsfrist von drei Jahren ein, gerechnet vom Ende des laufenden Jahres an. Allerdings verjähren Schadensersatzansprüche wegen Körperverletzung ohne Rücksicht auf ihre Entstehung und die Kenntnis des Verletzten nach 30 Jahren.

Und welche Ansprüche könnte es geben?

Das hängt vom Einzelfall ab. Beispielsweise könnte die Erstattung der Kosten für eine Korrekturoperation durch einen anderen Arzt eingeklagt werden. Was Schmerzensgeldansprüche angeht, so galt bereits nach früherem Recht die Verjährungsfrist von drei Jahren ab Kenntniserlangung. Generell sollte man sich aber nicht voreilig Hoffnungen machen, denn auch hier gilt: Recht haben und Recht bekommen ist zweierlei. Mit dem Verfolgen zivilrechtlicher Ansprüche ist zudem ein nicht unerhebliches finanzielles Risiko verbunden. Bei Verdacht auf Behandlungsfehler könnte man deshalb auch an die Möglichkeit informeller Streiterledigung denken. Es kostet weniger, Gutachterstellen der Ärztekammern einzuschalten. Wenn man dort keinen Erfolg hat, kann man immer noch den normalen Rechtsweg gehen, und man ist schon mal relativ einfach an Beweismittel gekommen.

Nachwort

Die vielen Begegnungen mit intersexuellen Menschen haben mein Bild von den Männern und den Frauen, von den Übergängen zwischen ihnen nachhaltig verändert. Ich nehme diese kuriose Geschlechterwelt jetzt als ein Spektrum wahr. Es hat Extreme: Marilyn Monroe auf der einen und – na, nehmen wir mal den – Rock Hudson auf der anderen Seite. Bekanntlich sind die beiden auf ihren Extrempositionen gar nicht glücklich geworden. Und dazwischen wir anderen in jeweils individuellen Chromosomenmischungen aus dem Genpool unserer Vorfahren. Mal mehr männlich, mal mehr weiblich und in verschiedenen Lebensphasen wieder anders.

In den Gesprächen zeigte sich, daß viele Intersexuelle, die sich öffneten, Freunden, der Familie, Bekannten gegenüber oder auch am Arbeitsplatz, gute Erfahrungen machten. Das Fürchterliche, das man ihnen angekündigt hatte, trat nicht oder nur selten ein. Die Nicht-Intersexuellen betrachteten sie nicht als Unberührbare, Ausgestoßene, sondern sie bleiben die, die sie waren. Aber die Beziehung verbesserte sich.

Zu allen Zeiten gab es Intersexuelle, und es wird sie auch weiterhin geben. Wenn nicht das gentechnologisch Machbare eines Tages dazu führt, daß sie gar nicht erst geboren werden. Dieses Buch ist ein Plädoyer für ihre ganz besondere Individualität und für ihr Recht, so sein zu können, wie sie wollen. Manche sehen sich als Frauen, andere als Männer, einige finden sich irgendwo dazwischen ein.

Es kann nur darum gehen, ein Drittes denkbar zu machen und Platz zu schaffen für andere Lebenswege und -formen.

Anhang

Glossar

5-alpha-Reduktase-Mangel
Enzymstörung, bei der Androgene in den Organen ihre Wirkung
nicht ausreichend entfalten können. Betroffene haben XY-Chromosomen, erscheinen bei der Geburt meist als Mädchen, in der
Pubertät setzt eine Entwicklung in männliche Richtung ein.

11-beta-Hydroxylasemangel
Form von AGS

17-beta-HSD-Mangel
17-beta-Hydroxysteroid-Dehydrogenase-Mangel. Enzymmangel,
bei dem Androstendion nicht ausreichend in Testosteron umge-
wandelt wird, um männliche Entwicklung zu bewirken. Betroffene wirken bis zur Pubertät als Mädchen, dann setzt Stimmbruch ein, die Klitoris kann sich vergrößern und eventuell kann
sich männliche Körperbehaarung, manchmal auch Brustwachstum entwickeln.

21-Hydroxylasemangel
Form von AGS

ACTH
Adrenokortikotropes Hormon. Regt die Nebennieren an, Kortisol und androgene Steroide zu produzieren.

Addisonsche Krise
Nebennierenrinden (NNR)-Insuffizienz mit Ausfall der Kortisol-
und Aldosteronsekretion. Symptome sind Schwäche, Müdigkeit,
Leistungsinsuffizienz, Magen-Darm-Beschwerden, Gewichtsver-
lust, Salzhunger. Die A.-Krise entsteht bei totalem Ausfall der
NNR z.B. bei einigen Formen von AGS. Sie stellt eine lebens-
bedrohliche Situation mit Austrocknung, Blutdruckabfall und
Schock als Zeichen des akuten Kortisonmangels dar. Therapie:
Substitution von Kortison, rascher Ausgleich des Flüssigkeits-
mangels; in Streß-Situationen muß bei AGS eine Anpassung der
Dosierung erfolgen.

AGS
Adrenogenitales Syndrom. Autosomal-rezessiv vererbte Störungen
der Nebennieren. Zwei Drittel der Betroffenen haben als Neugeborene ein Salzverlustsyndrom. Mädchen können bei der Geburt
eine Vermännlichung der äußeren Genitalien haben, z.b. vergrößerte Klitoris; innere Geschlechtsorgane sind weiblich. Jungen
können bei der Geburt ein unauffälliges äußeres Genital haben,
dann kann sich eine rasch fortschreitende Virilisierung bei ver-
minderter Funktion der Hoden entwickeln; unbehandelt kann das
AGS zu verfrühtem Beginn der Pubertät bei vorzeitigem Wachs-
tumsende (geringe Körpergröße) führen. Verschiedene Formen:
a) 21-Hydroxylasemangel ohne Salzverlustsyndrom (häufigste
Form von AGS), b) 21-Hydroxylasemangel mit Salzverlustsyndrom (Addisonsche Krise), c) eine spätmanifeste Form ohne Salzverlust (late onset), d) Form mit biochemischen Veränderungen
ohne klinische Symptome. Es ist umstritten, welche Erscheinungsformen als Intersexualität gesehen werden.

AIS
Androgen Insensitivity Syndrom, dt. Androgen Resistenz oder
Androgen Insensitivitätssyndrom. Veraltete Begriffe: testikuläre
Feminisierung, »hairless woman« (wegen spärlicher Körperbehaarung). Chromosomensatz ist 46,XY, das SRY-Gen ist meist
vorhanden, es fehlen jedoch die Rezeptoren für die männlichen
Sexualhormone, oder sie können nicht oder nur eingeschränkt
wirken. Es können sich Hoden bilden, die den Leistenkanal nicht
verlassen; die äußeren Genitalien erscheinen weiblich.

Akromegalie
krankhaftes Wachstum der Gliedmaßen

Androgene
Sammelbegriff für männliche Sexualhormone, u.a. Testosteron

Androstendion
androgenes Steroidhormon, in geringen Mengen von der Nebennierenrinde und den Eierstöcken gebildet

atrophisch
verkleinert, Atrophie: Mangel an Nahrung, Auszehrung

autosomal rezessiv
autosomal: vererblich über die nicht-geschlechtsgebundenen
Chromosomen;
rezessiv: tritt im Erbgang zurück, nur wirksam mit zweitem iden-
tischen Gen

Biosynthese
der Aufbau chemischer Verbindungen in den Zellen lebender
Organismen

Bougieren
Dehnen und Weiten der Vagina

CAIS
Complete Androgen Insensitivity Syndrom, dt. komplette Form
des Androgen Resistenz Syndroms (AIS)

Chorionzottenbiopsie
Entnahme von Zellen aus der Plazenta in der siebten bis zwölften
Schwangerschaftswoche zur Untersuchung der Chromosomen im
Rahmen der Pränataldiagnostik

Chromosom
fadenförmiges Gebilde im Zellkern, das das Erbgut eines Lebe-
wesens trägt. Bestimmte Veränderungen auf den Geschlechtschromosomen sowie besonders auf den Chromosomen 9, 10 und 17
können zu intersexuellen Entwicklungen führen. Hier ist vieles
noch nicht genau erforscht.

DNA (dt. DNS)
Desoxyribonukleinsäure, Träger des menschlichen Erbguts im
Kern jeder Zelle

Endokrinologie
Lehre von der Funktion der Hormone und endokrinen Drüsen

Enzym
in der lebenden Zelle gebildete organische Verbindung, die den
Stoffwechsel steuert

Gen
in den Chromosomen liegender Erbfaktor, Erbanlage

Genitalhyperplasie
siehe Hyperplasie

Geschlechtsidentität
bewußtes oder unbewußtes geschlechtliches Zugehörigkeitsge-
fühl eines Menschen, oftmals schon sehr früh vorhanden

Gestagen
weibliches Keimdrüsenhormon

Gonaden
Keimdrüsen, Vorstufe von Hoden und Eierstöcken

Gonadendysgenesie
Fehlen funktionstüchtiger Keimdrüsen; Vielzahl unterschiedlicher
Formen

Hermaphrodit
zweigeschlechtliches Fabelwesen in der griechisch-römischen
Sagenwelt

heterozygot
mit ungleichen Erbanlagen versehen

homozygot
mit gleichen Erbanlagen versehen

Hyperplasie
Organvergrößerung

Hypospadie
Harnröhrenöffnung liegt unterhalb ihrer normalen Stelle

Informed Consent (engl.)
dt.: in der Medizin die wissentliche Einwilligung des über alle
Risiken einer Operation gut informierten Patienten

Intersexualität
Eine große Zahl von Ursachen kann bewirken, daß das äußere Erscheinungsbild des Menschen von seinem gonodalen oder chromosomalen Geschlecht abweicht. Es existiert bisher keine einheitliche Definition.

Karyotyp
Bezeichnung für den Chromosomensatz. Zum Beispiel: 46,XY-Karyotyp ist der männliche Chromosomensatz: 46 für die gesamte Anzahl der Chromosomen, XY für das darin enthaltene Geschlechtschromosomenpaar

Klinefelter-Syndrom
Karyotyp meist 47,XXY, oftmals verringerte Testosteronproduktion, sekundäre Geschlechtsmerkmale weniger stark entwickkelt

Klitorektomie
operative Entfernung der Klitoris. Über den Skandal der Genitalverstümmelung von Afrikanerinnen wurde in den letzten Jahren oft berichtet. Daß vielen Intersexuellen in Deutschland die Klitoris amputiert wurde, ist noch nicht allgemein bekannt.

Klitorishypertrophie
siehe Hypertrophie

Laparotomie
Bauchschnitt, operative Öffnung der Bauchhöhle

LH-Rezeptor-Defekt
beeinträchtigte Funktion des Hormons, das Eireifung und Eisprung auslöst – bzw. beim Mann Produktion von Androgenen

Mendelsche Gesetze
Vererbungsgesetze, nach Gregor Mendel (1822–1884)

Müller-Gang oder Müllerscher Gang
embryonaler Geschlechtsgang; wird bei der Frau zu Eileiter, Gebärmutter und oberem Teil der Vagina

Östrogene
weibliche Sexualhormone

p450/c17-Defekt
Gendefekt

PAIS
partielle Form des Androgen Resistenz Syndroms (AIS)

Phänotyp
äußeres Erscheinungsbild des Menschen; kann bei einigen Formen der Intersexualität nicht dem Karyotyp entsprechen

Prader
Einteilung des Überganges von weiblichen zu männlichen Erscheinungsformen der äußeren Geschlechtsorgane bei Intersexuellen;
nach dem Schweizer Arzt Andrea Prader

PTSD
Posttraumatic Stress Disorder, dt. Posttraumatische Belastungsstörung. Definition siehe Nr. F 43.1 im ICD 10, der Internationalen Klassifikation der Krankheiten der WHO

rudimentär
verkümmert, unentwickelt

somatisch
körperlich

SRY
Sex-determining Region of the Y-Chromosome, dt. geschlechts-
bestimmender Teil auf dem Y-Chromosom. Gen, das die Entwicklung von Testosteron in den Hoden aktiviert

Swyer-Syndrom
gehört zur Gruppe der XY-Gonadendysgenesien. Betroffene sind
meist äußerlich weiblich, haben XY-Chromosomen, Vagina und
Gebärmutter, aber keine aktiven Keimzellen (Gonaden), sondern
bindegewebsartige Stränge (sog. »Streaks«). Ursache nach bishe-
rigen Erkenntnissen meist das SRY-Gen. Hormone zur Entwick-

lung von Brust und Schambehaarung fehlen, können aber ersetzt werden.

Testosteron
männliches Sexualhormon, wird hauptsächlich in den Leydig-Zellen der Hoden gebildet; kleinere Mengen entstehen auch in den Nebennierenrinden und Eierstöcken. Durch das Enzym 5-alpha-Reduktase wird Testosteron in Dihydrotestosteron verwandelt.

Testosteronbiosynthese
der Aufbau von Testosteron im Körper

Transsexualität
das zwingende Gefühl, im falschen Körper geboren zu sein. Nach dem DSM-IV, dem weltweit gültigen Diagnostischen und Statistischen Handbuch psychischer Störungen, von 1994: »Tiefgreifende Identifikation mit dem biologisch anderen Geschlecht; dauerndes Unbehagen im tatsächlichen Geschlecht; Ausschluß eines Intersex-Syndromes (z.B. AIS oder AGS); Nachweis von klinisch signifikantem Streß oder Störungen in sozialen, beruflichen oder anderen wichtigen Bereichen und Funktionen.«

Ullrich-Turner-Syndrom
Form der Gonadendysgenesie. Es ist nur ein X-Chromosom vorhanden: 45,X0. Es gibt auch Mischformen, sog. Mosaike, wie 46,XY/45,X0. Meist weibliche Erscheinung und geringe Körpergröße.

Unterbauchlaparotomie
siehe Laparotomie

Virilisierung
Vermännlichung

Wolff-Gang oder Wolffscher-Gang
embryonaler Geschlechtsgang, entwickelt sich beim Mann zu Nebenhodengang, Samenleiter und Samenblase

XY-Frauen
umgangssprachlich für Menschen mit XY-Chromosomen und
weiblichem äußeren Erscheinungsbild (z.B. AIS, CAIS, PAIS, Gonadendysgenesie)

*Erstellt mit Hilfe von: »Diagnostik und Betreuungsansätze bei Interse-
xualität« von O. Hiort, S. Reinecke, H. Richter-Appelt, P.-M. Holterhus,
U. Thyen; Pschyrembel, Klinisches Wörterbuch. Berlin, New York 2001.*
*Vielen Dank an Dipl.-Psych. Sandra Reinecke für wichtige Korrektur-
hinweise.*
Sämtliche noch verbleibenden Fehler sind meine. U.F.

Anmerkungen

1 Publius Ovidius Naso (43 v. Chr.–17 n. Chr.): Metamorphoseon Libri. Rund 250 Sagen der griechischen und römischen Mythologie, die sich um das Thema Verwandlung drehen. Hermaphroditus' Geschichte findet sich in Buch IV, Zeilen 274–388.

2 Vgl. Eugenides, Jeffrey: Middlesex. Reinbek 2003.

3 Vgl. Angier, Natalie: Frau. Eine intime Geographie des weiblichen Körpers. München 2002.

4 Vielen Dank an Familie Henningsen für diesen schönen Vergleich.

5 Siehe Anhang: »Verwendete Informationen«.

6 Colapinto, John: Der Junge, der als Mädchen aufwuchs. Düsseldorf 2002, S. 39.

7 Ebd., S. 47f.

8 Vgl. Diamond, Milton; Sigmundson, Keith: Sex Reassignment at Birth: A Long Term Review and Clinical Implications. Archives of Pediatric & Adolescent Medicine. März 1997, Vol. 151, S. 298–304.

9 Vgl. Schäffner, Wolfgang; Vogl, Joseph (Hrsg.): Über Hermaphroditismus. Der Fall Barbin. Michel Foucault. Gender Studies. Frankfurt am Main 1998.

10 »It is easier to make a hole than a pole.« Dieses Zitat findet sich in chirurgischen Aufsätzen und Handbüchern. Es wird meist auf John Money zurückgeführt, doch der Beleg fehlt. »Vermutlich stammt es von einem unbekannten Chirurgen und wurde immer weitergereicht.« Dr. Milton Diamond, persönliche Mitteilung.

11 Vortrag am 9. Juli 2003 an der Universität Hamburg.

12 Huffman, John W.: The Gynecology of Childhood and Adolescence. Philadelphia 1968. Zitiert nach Schüßler, Marina; Bode, Kathrin: Geprüfte Mädchen – ganze Frauen. Zürich 1992.

13 Vgl. Schüßler, Marina; Bode, Kathrin: Geprüfte Mädchen – ganze Frauen: Zur Normierung der Mädchen in der Kindergynäkologie. Zürich 1992, S. 85.

14 Beispiele für diese Praxis gibt es zu Tausenden; siehe »Intersexuelle – Die Dritten im Bunde«, S. 13ff.

15 Arbeitsgemeinschaft gegen Gewalt in der Pädiatrie und Gynäkologie (AGGPG), siehe Anhang: »Wichtige Adressen«.

16 Vgl. aktuelle Veröffentlichung: Reddemann, Luise et.al.: Imagination als heilsame Kraft. Stuttgart 2002.

17 Siehe »Von Transsexualität zu Intersexualität«, S. 106.

18 Vgl. N. O. Body: Aus eines Mannes Mädchenjahren. Reprint. Hrsg. von Hermann Simon. Berlin 1993.

19 Ebd., S. 11.

20 Ebd., S. 97.

21 Ebd., S. 8.

22 Ebd., S. 138.

23 Ebd., S. 146.

24 Ebd., S. 164.

25 Williams, Nina: The Imposition of Gender: Psychoanalytic Encounters with Genital Atypicality. Psychoanalytic Psychology, Vol. 19, No. 3. Washington 2002, S. 455–474.

26 N. O. Body: a.a.O., S. 202.

27 Ebd., S. 236.

28 Karl M. Baer wanderte 1938 nach Israel aus und starb dort 1950. Er überlebte drei Ehefrauen.

29 Ein Irrtum: Aktuelle Befragungen ergeben, daß auch bei Mädchen viele Nachoperationen erforderlich wurden und vielfach noch werden.

30 Die Internetseiten www.dein-penis.com/hypospadias führen auch Adressen von Selbsthilfegruppen im Web auf.

31 Vgl. Hoepffner, Wolfgang; Hesse, Volker (Hrsg.): Intersexualität im Kindesalter. Wissenschaftliche Beiträge der Friedrich-Schiller-Universität Jena 1984, S. 190.

32 Verschiedene Studien führen das verstärkte Auftreten von Hypospadie auf Umweltchemikalien zurück, die die Wirkung von Östrogen nachahmen und die Androgenrezeptoren des Fötus beeinträchtigen, z.B.: Colborn, Theo; Dumanoski, Dianne; Myers, John Peterson: Our Stolen Future. New York 1997, S. 171–176.

33 Vgl. Hoepffner, Wolfgang; Hesse, Volker (Hrsg.): a.a.O., S. 185.

34 Vgl. Hummel, Katrin: Er, sie, es. *Frankfurter Allgemeine Zeitung*, 15. Januar 2003, S. 7.

35 Umstrittenes Verfahren. In Skandinavien, Australien und Kanada ist dieser Test aus ethischen Gründen gesetzlich verboten. Manche finden ihn diskriminierend, da Männer ihre Männlichkeit nicht beweisen müssen. Außerdem grenzt er CAIS-Frauen aus, die zwar XY-Chromosomen, aber keine Androgene haben.

36 Ausführlich dazu: Warren, Patricia Nell: The Rise and Fall of Gender Testing. www.outsports.com/history/gendertesting.htm.

37 Vgl. Schinegger, Erik: Mein Sieg über mich: Der Mann, der Weltmeisterin wurde. München 1988.

38 Vgl. Diamond, Milton: Pediatric Management of Ambiguous and Traumatized Genitalia. San Francisco 1999 (www.hawaii.edu/PCSS/online_artcls/intersex/management.htm).

39 Siehe »Sexualität steht an der Schnittstelle zwischen Leben, Tod und Ewigkeit«, Gespräch mit Knut Werner-Rosen, S. 186.

40 Transsexuellengesetz (TSG): Gesetz über die Änderung der Vornamen und die Feststellung der Geschlechtszugehörigkeit in besonderen Fällen vom 10. September 1980 (Bundesgesetzblatt Jahrgang 1980 Teil I, S. 1654ff.).

41 Odysseus täuschte einen Angriff vor, und kreischend liefen die Jungfrauen von hinnen, nur das Mädchen Achill nicht: das griff zum Schwert.

42 Ernst Bilke fand diese Hinweise auf intersexuelle Heilige in: Schauber, Vera; Schilder, Hanns Michael: Bildlexikon der Heiligen. Augsburg 1999.

43 Ökumenische Brüdergemeinschaft und internationale Jugendbegeg-
nungsstätte bei Lyon in Frankreich.
44 Vgl. Richter-Appelt, Hertha (Hrsg.): Verführung, Trauma, Mißbrauch.
1896–1996. Freiburg 2002.
45 Detailliert anzuschauen unter www.ensembl.org.
46 46,XY-Karyotyp nennen Fachleute den männlichen Menschen: 46 für
die gesamte Anzahl der Chromosomen, XY für das darin enthaltene
Geschlechtschromosomenpaar, und Karyotyp als Bezeichnung für den
Chromosomensatz.
47 Mensch und Schimpanse unterscheiden sich nur in circa 2 Prozent
ihrer DNA-Sequenz. Die Differenzen der Menschen werden auf tie-
ferer Ebene deutlich: Wir unterscheiden uns in etwa 3 Millionen der
insgesamt 3,2 Milliarden Bausteine, sogenannten Basen, unserer
DNA voneinander. (siehe Deutsches Human Genom Projekt unter:
ww.dhgp.de).
48 Im OMIM (Online-Mendelian-Inheritance of Man-Archiv), dem Ka-
talog menschlicher Gene und ihrer Erkrankungen sind bisher drei Gene
auf dem Y- und 208 Gene auf dem X-Chromosom verzeichnet.
49 Angier, Natalie: a.a.O., S. 41.
50 Vgl. Sykes, Bryan: Keine Zukunft für Adam. Bergisch-Gladbach 2003.
51 Blech, Jörg; von Bredow, Rafaela: Eine Krankheit namens Mann. Der
Spiegel 38, 15. September 2003, S. 150–159.
52 Bosinski, Hartmut A. G.: Determinanten der Geschlechtsidentität:
Neue Befunde zu einem alten Streit. In: Sexuologie 7/2000, S. 103.
Einige weitere Informationen auf diesen Seiten stammen ebenfalls aus
diesem Aufsatz.
53 Angier, Natalie: a.a.O., S. 56.
54 Eugenides, Jeffrey: a.a.O., S. 681.
55 Siehe Interview »Daß ich plötzlich einen Penis bekam wie ein Junge,
fand ich interessant«, S. 39ff.
56 Eugenides, Jeffrey: a.a.O., S. 11.
57 Fröhling, Ulla: Droge Glücksspiel. Frankfurt am Main 1993, S. 35.
58 Pressemitteilung der ISNA vom 30. September 2003.
59 »Health is a state of complete physical, mental and social well-being
and not merely the absence of disease or infirmity.« (dt. Gesundheit
ist ein Zustand vollkommenen körperlichen, geistigen und sozialen
Wohlbefindens und nicht nur das Fehlen von Krankheit und Hinfäl-
ligkeit). Präambel der Konstitution der Weltgesundheitsorganisation,
die am 22. Juli 1946 in New York von Repräsentanten von 61 Staa-
ten unterschrieben wurde und am 7. April 1948 in Kraft trat. Seither
wurde sie nicht verändert. (Official Records of the World Health
Organization, no. 2, p. 100).
60 1993 entwickelte die WHO eine Definition für Lebensqualität hin-
sichtlich Gesundheit: »The perception by individuals of their position
in life, in the context of the culture and value systems in which they
live and in relation to their goals, expectations, standards and con-
cerns.« (dt. Die individuelle Wahrnehmung der Menschen von ihrer
Situation im Leben sowohl im Rahmen der Kultur und Wertesysteme,

in denen sie leben, als auch in Bezug auf ihre Ziele, Erwartungen, Maßstäbe und Sorgen.)

61 Vgl. Tolmein, Oliver: Das verordnete Geschlecht. Siehe »Verwendete Informationen«.

62 Reinecke, Sandra et. al.: Aspekte der gesundheitsbezogenen Lebensqualität und Versorgungsbedarf bei Personen mit Intersexualität – Ergebnisse einer Interviewstudie (Publikation in Vorbereitung).

63 Muskeldystrophie: eine erbliche Krankheit, führt zu starker Muskelschwäche; Mukoviszidose: eine erbliche Krankheit, die zu extremer Drüsensekretion in der Lunge und eingeschränkter Lebensdauer führt.

64 Persönliche Mitteilung.

65 Broschüre der AGS-Eltern- und Patienteninitiative e.V., 1994, S. 4.

66 1992 in Erlangen gegründet. Siehe »Wichtige Adressen«.

67 Siehe »Wichtige Adressen«.

68 Vgl. Williams, Nina: a.a.O., S. 455–474.

69 Siehe »Wichtige Adressen«.

70 Vgl. www.postgender.de.

71 Stellvertretende Vorsitzende der Deutschen Gesellschaft für Transidentität und Intersexualität e.V.

72 Vgl. Bosinski, Hartmut A. G.: a.a.O., S. 104.

73 Lakotta, Beate: Ihre Tochter ist ein Sohn. *Der Spiegel* 45/2002, S. 210.

74 Die Quellen für die einzelnen Aspekte führt Bosinski, a.a.O., S. 108–112, auf.

75 Koch, Hans-Georg: Transsexualismus und Intersexualität: Rechtliche Aspekte. In: *MedR 4/1986*, S. 172–176.

76 Ausführlich unter www.postgender.de und www.oliver-tolmein.de.

77 Koch, Hans-Georg: a.a.O., S. 172.

Verwendete Informationen

Bücher und Artikel

Angier, Natalie: Frau. Eine intime Geographie des weiblichen Körpers. München 2002.

Barth, Ariane: Wie war mein Name? *Der Spiegel 18/2000*, S. 125–138.

Bosinski, Hartmut A. G.: Determinanten der Geschlechtsidentität: Neue Befunde zu einem alten Streit. *Sexuologie 7/2000*, S. 96–140.

Bödeker, Heike: Intersexualität (Hermaphroditismus) – Eine Fingerübung in Compliance? »Dazwischen«, »beides« oder »weder noch«? Köln 1998.

Broschüre der AGS-Eltern- und Patienteninitiative e.V.

Colapinto, John: Der Junge, der als Mädchen aufwuchs. Düsseldorf 2002.

Diamond, Milton; Sigmundson, Keith: Sex Reassignment at Birth: A Long Term Review and Clinical Implications. *Archives of Pediatric & Adolescent Medicine 3/1997*, Vol. 151, S. 298–304.

Ders.: The John/Joan Case: Another perspective. www.hawaii.edu/PCSS/online_artcls/onln_artcls.html.

Ders.; Sigmundson, Keith: Management of Intersexuality: Guidelines for dealing with individuals with ambiguous genitalia. *Archives of Pediatrics and Adolescent Medicine 1997*. www.hawaii.edu/PCSS/online_artcls/onln_artcls.html. Alle genannten Aufsätze von Milton Diamond sind unter dieser Webadresse zu finden.

Dinkelberg, Thomas et.al.: Das Schweigen brechen. Menschenrechtsverletzungen aufgrund sexueller Orientierung. Berlin 1999.

Draesner, Ulrike: Mitgift. München 2002.

Dreger, Alice D.: Hermaphrodites and the medical invention of sex. Cambridge 1998.

Dies.: Intersex in the age of ethics. Maryland 1999.

Eugenides, Jeffrey: Middlesex. Reinbek 2003.

Fausto-Sterling, Anne: Sexing the body. Gender politics and the construction of sexuality. New York 2000.

Foucault, Michel: Über Hermaphroditismus. Der Fall Herculine Barbin. Frankfurt am Main 1998.

Fuchs, Christian; Roedig, Andrea: Sieben Geschlechter hat der Mensch – Ein Gespräch mit Katrin Ann Kunze über eine kleine Chromosomenverschiebung. *Freitag 44*, 25.10.2002.

Hoepffner, Wolfgang; Hesse, Volker (Hrsg.): Intersexualität im Kindesalter. Wissenschaftliche Beiträge der Friedrich-Schiller-Universität Jena 1984.

Hertzer, Karin: Mann oder Frau. Wenn die Grenzen fließend werden. München 1999.

Hiort, Olaf; Reinecke, Sandra et.al.: Diagnostik und Betreungsansätze bei Intersexualität. (forschergruppe-intersex.de/paedprax_webversion.doc).

Holl, Marion: Seele im Spagat. Reise zwischen den Geschlechtern. Stuttgart 1997.

Hummel, Katrin: Er, sie, es. *Frankfurter Allgemeine Zeitung*, 15. Januar 2003.

Kessler, Suzanne J.: Lessons from the Intersexed. New Brunswick 1998.

Koch, Hans-Georg: Transsexualismus und Intersexualität: Rechtliche Aspekte. *MedR 4/1986*, S. 172–176.

Lakotta, Beate: Ihre Tochter ist ein Sohn. *Der Spiegel 45/2002*, S. 210.

Lightfoot-Klein, Hanny: Der Beschneidungsskandal. Berlin 2003.

Menne, Marion: Zwischen den Geschlechtern: Junge oder Mädchen? *Süddeutsche Zeitung*, 11. Juli 2002.

Meyer-Bahlburg, H. F.: Health-related quality of life in intersexuality. *Acta Paediatr,* Suppl. 88, S. 114f.

Money, John; Ehrhardt, Anke: Männlich – weiblich. Die Entstehung der Geschlechtsunterschiede. Reinbek 1975.

Money, John: Ablation penis: Normal male infant sex-reassigned as a girl. *Arch Sex Behav 4/1975,* S. 65–71.

N. O. Body: Aus eines Mannes Mädchenjahren. Berlin 1907, Reprint. Hrsg. von Hermann Simon. Berlin 1993 (Nachwort 1907 von Magnus Hirschfeld, 1993 von Hermann Simon).

Nungeßer, Karin: Ambivalente Argumente – Das Für und Wider eines operativen Eingriffs bei Intersexualität ist schwer abzuwägen. *Freitag* 44, 25. Oktober 2002.

polymorph (Hrsg.): Kein Geschlecht oder viele? Transgender in politischer Perspektive. Berlin 2002.

Pschyrembel. Klinisches Wörterbuch. Berlin, New York 2001.

Reddemann, Luise et.al.: Imagination als heilsame Kraft. Stuttgart 2002.

Dies.: Psychodynamisch imaginierte Traumatherapie – das Manual. Stuttgart 2004.

Reinecke, Sandra et.al.: Aspekte der gesundheitsbezogenen Lebensqualität und Versorgungsbedarf bei Personen mit Intersexualität – Ergebnisse einer Interviewstudie (Publikation in Vorbereitung).

Reinig, Christa: Gesammelte Erzählungen. Berlin 1986.

Reiter, Michel: Menschen denken polar, die Natur ist es nicht. Geschlecht als sozialer Code: Intersexualität zwischen Widerstand und Auslöschung. *Zeitschrift für politische Psychologie 1999,* S. 37–54.

Richter-Appelt, Hertha (Hrsg.): Verführung, Trauma, Mißbrauch. 1896–1996. Freiburg 2002.

Schäffner, Wolfgang; Vogl, Joseph (Hrsg.): Über Hermaphroditismus. Der Fall Barbin. Michel Foucault. Gender Studies. Frankfurt am Main 1998.

Schauber, Vera; Schilder, Hanns Michael: Bildlexikon der Heiligen. Augsburg 1999.

Schinegger, Erik: Mein Sieg über mich: Der Mann, der Weltmeisterin wurde. München 1988.

Schüßler, Marina; Bode, Kathrin: Geprüfte Mädchen – Ganze Frauen: Zur Normierung der Mädchen in der Kindergynäkologie. Zürich 1992.

Serena, Nanda: Neither man nor woman. The Hijras of India. Belmont 1989.

Spiewak, Martin: Der Zwang der Geschlechter. *Die Zeit* 40/2000, S. 33f.

Sykes, Bryan: Keine Zukunft für Adam. Bergisch-Gladbach 2003.

Tolmein, Oliver: Ein Leben jenseits der Geschlechter. *Zeitmagazin* 5/1999.
Wilhelmi, Bernd: Intersexualität im Kindesalter. Jena 1984.
Williams, Nina: The Imposition of Gender: Psychoanalytic Encounters with
  Genital Atypicality. *American Psychological Assn. Journal of Psycho-
  analytic Psychology.* Washington 2002, Vol. 19, No. 3, S. 455–474.
Wuttke, Gisela: Pornographie an Kindern. Die Folgen und Wirkungen von
  Kinderpornographie. Opladen 2003.

Filme

»Das verordnete Geschlecht« von Oliver Tolmein und Bertram Rotermund
  Deutschland, 2001, 62 min. Film-Verleih, Videoverkauf: Bertram Roter-
  mund/Oliver Tolmein (Mail: rotermund@aol.com)
Intersexualität: »Zwischen den Geschlechtern: Von der Schwierigkeit, weder Mann noch Frau zu sein« von Thorsten Niemann. Fernsehfeature
  NDR, Erstausstrahlung 7. Mai 2002
ARTE-Themenabend XXY: Geschlechter zwischen Mann und Frau,
  3. Juli 2002: »Eindeutig zweideutig« von Ilka Franzmann; »Diesseits
  von Eden« von Thomas Schnitt

World Wide Web

Die Internetseiten www.dein-penis.com/hypospadias führen auch Adressen
  von Selbsthilfegruppen im Web auf.
Warren, Patricia Nell: »The Rise and Fall of Gender Testing«,
  www.outsports.com/history/gendertesting.htm.
Diamond, Milton: Pediatric Management of Ambiguous and Traumatized
  Genitalia, San Francisco 1999. www.hawaii.edu/PCSS/online_artcls/
  intersex/management.html.
Der aktuelle Wissensstand über die menschliche DNA: www.ensembl.org.
Deutsches Human Genom Projekt: www.dhgp.de.

Sonstiges

»Intersexualität im Spannungsfeld zwischen täglicher Existenz und rechtli-
  cher Unmöglichkeit«. Kleine Anfrage der Abgeordneten Christina Schenk
  und der Fraktion der PDS sowie die Antwort des Deutschen Bundes-
  tages. Drucksache 14/5627, 20.03.2001, vgl. www.christina-schenk.de/
  Anfrage_14-5627.
»Jenseits der zwei Geschlechter: Zur Situation intersexueller Menschen«.
  Fachgespräch der Bundestagsfraktion Bündnis 90/Die Grünen, Leitung
  Irmgard Schewe-Gerigk. 27.02.2002; vgl. www.dgti.org/isgruene.htm.

Dank

Viele Menschen haben mitgeholfen, damit dieses Buch entsteht. Besonders danke ich meinen Gesprächspartnerinnen und -partnern sowie den Selbsthilfegruppen der *XY-Frauen* in Deutschland und der Schweiz. Außerdem meiner Kollegin Sonja Chevallier sowie Catherina Nink und Gundula Ohm für wichtige Kontakte, Monika Gerstendörfer, der Geschäftsführerin der Lobby für Menschenrechte, die sich frühzeitig für Intersexuelle eingesetzt und mich beständig mit Informationen versorgt hat; Prof. Milton Diamond, Prof. Annette Grüters, Prof. Olaf Hiort für die Beantwortung diverser E-Mail-Anfragen, Martina Jürgensen für wichtige Hinweise, Katrin Ann Kunze für geduldige Antworten, Sandra Reinecke für erhellende Gespräche und sorgfältige Durchsicht des Glossars, Michel Reiter für ungezählte Gespräche und ausufernde E-Mail-Korrespondenz mit einer Unmenge an wichtigen Informationen sowie dafür, daß er ebensoviel Zorn wie Geduld für mich aufbrachte, Dr. Antonia Rötger für kritische Lektüre und Ulrike Weidner, weil sie überzeugt war, daß ich dieses Buch schreiben sollte.

Außerdem danke ich meinem Freundeskreis, der es ertrug, daß ich drei Jahre lang über Genitalien redete.

Und wie immer danke ich Lothar Fröhling für sorgfältige Recherchen und unermüdliche Unterstützung.

Wichtige Adressen

AG Gewalt in der Pädiatrie und Gynäkologie (AGGPG)
Michel Reiter
Brandtstraße 30
28215 Bremen
www.postgender.de

AGS-Eltern- und Patienteninitiative e.V.
Geschäftsstelle:
Andrea Wolters
Hasenkamp 29
21244 Buchholz
Tel.: (04181) 97357
www.glandula-online.de/ags/ags.htm

AIS Selbsthilfegruppe
Kontaktadresse:
KISS-Barmbek (Kontakt- und Informationsstelle für Selbsthilfegruppen)
Stichwort AIS
Fuhlsbütteler Str. 401
22309 Hamburg
Tel.: (040) 631111 0
Fax: (040) 63973428

AIS Support Group (AISSG) Großbritannien
Homepages: www.medhelp.org/www/ais; www.ukia.co.uk

Deutsche Gesellschaft für Transidentität und Intersexualität (dgti e.V.)
Ursprünglich in erster Linie für Transsexuelle, informiert auch
intersexuelle Menschen.
c/o Helma Katrin Alter
Godorfer Hauptstr. 60
50997 Köln
Tel./Fax: (02236) 839018
Homepage: www.dgti.org

Deutsche Klinefelter-Syndrom Vereinigung e.V.
Geschäftsstelle:
Franz Schorpp
Markusweg 4
93167 Falkenstein
Tel.: (09462) 5673
Fax: (09462) 911714
Homepage: www.klinefelter.org

Deutsche Ullrich-Turner-Syndrom Vereinigung e.V.
Geschäftsstelle: Frau Becker-Steif
Am Talstücksbach 7
53809 Ruppichteroth-Fusshollen
Tel./Fax: (022 47) 75 97 50
E-Mail: geschaeftsstelle@turner-syndrom.de
Homepage: www.turner-syndrom.de

Intersex Society of North America (ISNA)
Die ISNA stellt auf ihren Webseiten eine große Menge von Informationen
und nützlichen Links zur Verfügung.
Homepage: www.isna.org

Selbsthilfegruppe für Intersexualität
Postfach 126
CH-4435 Niederdorf
Schweiz
E-Mail: xy-frauen@bluewin.ch

Swyer-Syndrom, Gonadendysgenesie
Homepage: www.swyer.de

XY-Frauen
Für Menschen mit Intersex-Syndromen und deren Angehörige. Ursprüng-
lich von Menschen mit weiblichem Erscheinungsbild und XY-Chromoso-
men, bes. AIS, gegründet. Offen auch für andere Intersexuelle.
E-Mail: info@xy-frauen.de
Homepage: www.xy-frauen.de
Schön gestaltete Web-Seiten mit vielen Informationen

www.tolmein.de
Die Homepage von Oliver Tolmein mit Informationen zum Film
»Das verordnete Geschlecht« und Texten zu rechtlichen Fragen der
Geschlechtszuweisung, u.a. die Beschwerde gegen das Amtsgerichtsurteil,
mit dem Michel Reiters Antrag auf Eintrag von »Hermaphrodit« ins
Geburtsbuch abgelehnt wurde.

www.forschergruppe-intersex.de
informiert über die DFG-Klinische Forschergruppe »Intersexualität – vom
Gen zur Geschlechtsidentität«
Prof. Dr. med. Olaf Hiort
Pädiatrische Endokrinologie und Diabetologie
Universitätsklinikum Schleswig-Holstein, Campus Lübeck
Ratzeburger Allee 160
23538 Lübeck
Tel.: (04 51) 500 21 91
Fax: (04 51) 500 68 67

Seit 2002 unterstützt die Deutsche Forschungsgemeinschaft Projekte an den Universitätskliniken Hamburg und Lübeck, die sich mit Intersexualität beschäftigen. Ab 2004 wird das Bundesforschungsministerium Projekte an den folgenden Instituten fördern: Kinderpoliklinik der Charité in Berlin, Klinik für Kinder- und Jugendmedizin in Lübeck, Institut für Humangenetik der Otto-von-Guericke-Universität in Magdeburg, v.-Haunersches Kinderspital der Universität in München, Fachbereich Sozialpädagogik der Evangelischen Fachhochschule Darmstadt, Poliklinik für Kinder und Jugendliche der Friedrich-Alexander-Universität in Erlangen, Pädiatrische Endokrinologie im Universitätsklinikum Kiel und Institut für Sexualforschung in Hamburg. Darüber hinaus sind etwa 30 weitere Institute in 20 Städten in das Forschungsnetzwerk eingebunden, das sich bemüht, das geringe Wissen zu erweitern. Koordinatorin ist Dr. Ute Thyen: Klinik für Kinder- und Jugendmedizin, Universitätsklinikum Lübeck, Ratzeburger Allee 160, 23538 Lübeck; thyen@paedia.ukl.mu-luebeck.de.